◉ 建築工学 ◉
EKA-2

新・建築材料 II〈第2版〉
［部位構成材料・機能材料編］

横山　裕・三上貴正・髙橋宏樹・宮内博之・
古賀純子・横井　健・石原沙織 共著

数理工学社

ライブラリ「建築工学」について

建築物は，それが建っている場所に固定されるといってよい．地球上の場所は，場所ごとに異なる特性をもっている．部材や部品は工場で大量に生産されたとしても，建築物を，それが支えられている地盤も含めて，全体としてとらえれば，建築物は現地で単品生産されるといえる．

個人の住宅，会社の社屋，公共施設，等，いずれにしても建築物は建主にとってかなり高価である．それは，建築物に多量の資源とエネルギーを使用していることを意味する．それゆえ，建築物は，長期間利用せざるを得ない．性能評価も長期間を対象としなければならない．

数十年あるいは数百年に一回といった自然現象，すなわち，大地震，強風，豪雨，等，に対する性能は，当然のことながら，その現象を被る機会が少ない分，検証しにくく，評価がむずかしい．竣工時から自然災害を被るまでの時間が長いため，責任の所在も曖昧になりがちである．地震で建築物が大きな被害を受けたとき，設計事務所も建設会社もすでに存在していない可能性もある．

建築物を取り扱う学問である建築学は，相当に幅広い範囲を包含しなければならない．比較的小さな領域を分野と考え，具体的に分野を列挙してみれば，計画，歴史，意匠，構造，材料，設備，環境，等となる．建築物に関しては，法令による規制も多々あり，法に関する知識も不可欠である．

これまで述べてきたような特質を有しているので，建築に係わる専門家には，建築物を生産，管理，利用し，最終的に取り壊すまでの過程を総合的に把握することが要求される．建築学を体系的に理解することが肝要となる．

物事を体系的にとらえる能力は，失われつつあるような気がする．情報処理と通信の技術が発達し，極めて大量の細切れの情報を容易に入手し得る，便利な社会になった結果であると考えている．

失いつつあるものに歯止めをかける方法の一つは，その原因となる状況が生ずる前の仕組みで教育することであろう．いうまでもないことであるが，大学の教員にとっては，関連する分野を体系的にまとめておくことが必須である．そこに，個人であれ，数人の仲間であれ，学者あるいは学派としての独自の資料と解釈が芯となっていることが重要である．

このように考えていたので，数理工学社による教科書ライブラリ「建築工学」の企画を伺ったとき，即座に賛同した．建築の各分野で，大学学部の講義に使用することを想定したコア書目と，大学院生，技術者を対象としたアドバンスト書目が配されている．ライブラリ「建築工学」が大いに活用されることを望んでいる．

2004 年 2 月　　　　　　　　　　　　　（文責：瀧口　克己）

編者　瀧口　克己・田中　享二・梅干野　晁・大佛　俊泰

ライブラリ「建築工学」書目一覧

コア書目	アドバンスト書目
1　新・建築材料 I［構造材料編］	A−1　建築エンベロープの性能と材料
2　新・建築材料 II〈第 2 版〉［部位構成材料・機能材料編］	A−2　自然災害の防災システム
3　建築構造工学	A−3　地震防災システム
4　建築構造力学入門	A−4　建物の動特性
5　建築構造工学演習	A−5　建築デザインの科学
6　西洋建築史	A−6　都市空間データ分析
7　建築計画学入門 —建築空間と人間の科学—	A−7　環境設計 —そのプロセスと実例—
8　建築・都市環境工学の基礎	別巻 1　非線形構造力学 —構造物の多軸挙動と塑性論—
9　視環境設計入門 —見え方から設計する光と色—	別巻 2　基本建築構造力学 —片持ち線材の挙動—
10　都市・建築の環境設計 —熱環境を中心として—	別巻 3　線材力学の基礎 —ひずみと応力の解析からの展開—
11　水環境から給排水設備	
12　音と振動	
13　空気清浄設備	
14　建築と都市の環境	(A: Advanced)

第2版まえがき

モノを造るときには，そのモノに使われる材料について深く知ることが必要不可欠である．建築の場合，1つの材料だけで出来ていることは非常に稀であり，通常は数多くの様々な材料が使われている．それぞれの材料には，それぞれの役割がある．特に，使用者の日常生活の質に直接的に影響する仕上材料の場合，異なる役割を担う複数の材料を適宜組み合わせて，バランスの取れた屋根，壁，床などを構成している．なぜ，そこにその材料が使われているのか，その理由を知ることは，文化的側面と技術的側面の双方から建築を理解する第一歩となる．すなわち，それぞれの材料の背景には，その土地々々の気候，風土，文化に育まれながら，各時代の技術に応じて変遷を重ねてきた，試行錯誤の長い歴史がある．このように，人々の建築に対する要求を具現する観点から材料を捉えることにより，現在使われている材料に対する理解が深まるとともに，今後必要となる材料の姿も見えてくると思われる．

本書では，上記のような観点から，個々の材料の解説に入る前に，第1章で，屋根，壁，床といった各部位の果たすべき役割や，各部位に要求される性能について，体系的に整理している．現在使われている材料について学ぶ前に，どのような材料が必要なのかを鳥瞰的に把握し，理想的な材料のあり方について思い描くことこそ，楽しく建築材料学を学ぶコツである．第2章以降では，仕上材料を，構造材料に取り付けて部位を構成するための「部位構成材料」と，さらに断熱，遮音，防水，耐火などの機能を付与する目的で各部位に共通に使用される「機能材料」に分けて解説している．この点は，初版から続く本書の大きな特徴である．ただし，内容の一部はアップデートしており，かつ写真なども適宜追加している．また，初版同様，各章の最後に，理解を確実にさせるための演習問題を用意している．問題の一部は初版を継承しているが，一部はアレンジあるいは新規作成されている．その作業にあたっては，福田眞太郎君の協力を得た．さらに，本書をまとめるにあたっては，数理工学社編集部の田島伸彦氏，足立 豊氏に多大なる御協力をいただいた．3 氏に，心よりの謝意を表するものである．あわせて，貴重な図表や写真を引用させていただいた多くの方々に，厚く御礼申し上げる．

最後に，今回の改訂では，初版の執筆者のうち田中享二先生，川村清志先生に，執筆部分の一部を使用することを快く御了解いただいた．加えて，執筆者のまとめ役であった田中享二先生には，終始貴重な御助言をいただいた．御厚意と御指導に，深く感謝申し上げます．

2021 年 2 月 24 日

執筆者を代表して　横山 裕

初版まえがき

「建築は住む機械である」と，建築の本質をするどく見抜いたのは，ル・コルビジェである．モダニズムの建築家たちは，それまでのどちらかといえば美術品的な建築から，無駄な装飾をそぎ落とし，機能を明快に主張する近代建築作りを強力に推し進めた．この思想は建築材料に対しても大きな影響を与えたと思う．それは新しい材料を建築材料として用いたというようなことではない．建築はいろいろな機能を持ち，それらを満足するように作る必要があるのだということ，そしてそれを具体化するために材料は存在するのだということを，明快に示したのである．その本質は今も色あせていない．むしろ加速されているような気もする．

まず「住む」ためには，我々は外界から守られなければならない．これを具体化しているのは屋根，壁，床といった建築の部位構成材料である．そしてそれは，構造体を兼ねる場合もあるが，最近は分離される傾向にある．また材料の役割も，構造材料では主として力学的性質が重要となるのに対して，部位構成材料では，それに加えてほかの性質，例えば物理，化学的性質，さらには人間の心理，生理からの要求に呼応する性質にも配慮しなければならない．この教科書を，構造材料編と分けて作成したのは，材料に期待される性質が同じではないからである．そして最近の材料は，それぞれの部位に要求される性能を意識して作られる傾向にある．したがって，部位を前提として建築材料を勉強したほうが理解しやすくなる．そのため本書では，屋根や床といった部位を通して材料を学ぶ構成とした．

構造体が用意され，各部位構成材が用意されれば，見かけ上建物はでき上がることになる．しかしそれではまだ不十分である．その中で快適，安全に過ごすことができなければならない．すなわち断熱，遮音，防水，耐火などといった面からの配慮が大切であり，これらを制御する材料も不可欠である．これらは各部位に共通に要求される機能であり，その機能に特化した材料が用いられる．

本書ではそれを機能材料として整理し，理解できるようにした．そして部位と機能とは不可分の関係にある．本書を部位構成材料・機能材料編として１つにまとめたのは，相互の関係に対する理解を深めてもらうためである．

また本書でも，理解を確実にさせるために各章ごとに演習問題を用意した．その作成には，構造材料編と同様，宮内博之君の協力を得た．この部位構成材料・機能材料編が揃って，建築材料に関して，初学者の学ぶべきことはほとんど網羅される．ここまで作り上げることができたのも，編集部の竹田直さん，竹内聡さんの背後からの強い支えがあったからである．心よりの謝意を表すものである．

最後に，貴重な図表や写真を引用させていただいた多くの方々に深く感謝申し上げる．

2005 年 3 月

執筆者を代表して　田中享二

目　次

第4章

床　51

第 9 章

防 水 材 料 167

第 10 章

耐火・防火材料 177

第 11 章

断 熱 材 料 189

第1部
部位構成材料

第1章

建築部位に要求される機能と性能

建築物は，屋根，外壁，床，内壁，天井，開口部などの建築部位で構成されている．各部位には，それぞれ果たすべき役割がある．この役割のことを機能という．また，各部位には，所定の構造的安全性，日常の安全性・快適性，生産性，耐久性，環境性などを確保するために，様々な性能が要求される．要求性能は，建築物の用途や使用者の考え方により変化するが，要求性能に合致した部位を造るためには，使用する材料，構法の選定が重要となる．すなわち，材料について学ぶ際は，その材料を使用して部位を造ったときの性能との関係を常に意識する必要がある．本書では初めに，各部位に要求される機能と性能について総括的に述べる．

なお，本章の内容は，部位構成材料，機能材料のいかんにかかわらず，共通に適用できるものである．

1.1　建築部位に要求される機能

建築物は，屋根，外壁，床，内壁，天井，開口部などの建築部位で構成されている．以下に，各部位に要求される機能を記す．ここで，機能とは，各部位が果たすべき役割のことである．

(1)　屋根に要求される機能

屋根には，屋外と室内とを建築物の上面で分割し，室内の環境に悪影響を及ぼす因子を遮断する機能が要求される．屋外では，雨，雪が降り，夏には強い日射が，冬には凍てつく寒さがある．ときには外の音をさえぎりたいこともある．このような厳しい外的因子を遮断する，もしくはその影響を緩和する役割を屋根は期待されている．

(2)　外壁に要求される機能

外壁には，風雨や日射にさらされる屋外と室内とを建築物の側面で分割し，光・熱・空気・水や湿気・音などの環境因子を遮断あるいは制御する機能が要求される．また，外敵の侵入を防ぎ，外部からの視線をさえぎり，近隣で火災が発生した際は火炎を遮断する機能も要求される．さらに，建築物の構造形式によっては，構造体の一部として，建築物に常時作用する鉛直荷重を支えたり，地震時に作用する水平荷重に抵抗したりする機能も要求される．

(3)　床に要求される機能

建築物内にいる人間や設置されている什器・備品は，ほとんどの場合**床**の上に載っている．床に要求される機能として，第一に，建築物内の人間や什器・備品などの荷重を支える機能が挙げられる．次に，床には，上階と下階の空間を分割し，光・熱・空気・水や湿気・音などの環境因子を遮断あるいは制御する機能が要求される．特に，火災時には，下階からの火炎や熱，煙などを遮断する必要がある．さらに，構造的には，地震時の水平荷重により建築物の平面形状が変形するのを防ぐ機能も要求される．

(4)　間仕切部位に要求される機能

建築物内部の間仕切壁および外周壁の内側壁面を合わせて**内壁**という．また，室空間の上限面を構成する部位を**天井**という．本書では，内壁と天井を合わせて**間仕切部位**と呼ぶ.

間仕切部位には，空間を分割する機能が要求される．すなわち，内壁にあっては，建築物の内部を用途に合わせ分割し，各種の室空間を確保する機能，天井にあっては，屋根裏や上階の構造床の下の空間と当該室空間を分割し，小屋組・床組あるいは設備・配管・配線類を隠して室空間の美観を確保する機能が要求される．また，間仕切り部位には，各種環境因子を遮断あるいは制御する機能も要求されるが，優先される環境因子は，室の用途ごとに異なることが多い．例えば，寝室では音を遮断する機能が優先されるが，台所では熱・水や湿気を遮断する機能が優先される．さらに，建築物の構造形式によっては，構造機能を持つ内壁や天井もある．

(5)　開口部に要求される機能

建築物の**開口部**には，日常的に使用する出入り口や窓の他に，火災など非常時の避難経路となる非常口や防火戸，煙を排出するための排煙窓などがある．天窓や換気口なども，開口部の一種である．これらは，主に建築物外部に面している開口部である．一方，建築物内部を見ると，室間の出入り口をはじめ，和室の障子やふすまなどのように，間仕切を兼ねた開口部もある．設備の点検のために床や天井に設けられる点検口なども，開口部の一種である．

開口部に要求される機能として，人間や物品の出入りを可能とすること，居室への「採光」（建築基準法にも開口面積の最低基準がある）や居室からの「視界」を確保すること，「通気」や「換気」を可能にすることなどが挙げられ，設置された目的に応じて，これらの一部あるいは全部の機能が要求される．また，一方で，防犯やプライバシーの確保，省エネルギーなどの観点から，居住者が望まない人間や物品の出入り，光・熱・空気・水や湿気・音の移動を遮断する機能も要求される．この相反する 2 つの要求に的確に対応するためには，適切な開閉方法の選定，開口寸法の確保，納まりの工夫，使用材料の特性の把握などが重要となる．

1.2 建築部位に要求される性能

性能とは，建築物使用者から見た良し悪しを表すものである．各部位に要求される性能は多岐にわたっており，かつ現在の技術では両立困難な性能の組合せもあることから，使用者の要求に応じてバランスの取れた性能を有する材料，構法を選定する必要がある．

(1) 構造的安全性

構造的安全性とは，建築物に作用する固定荷重，積載荷重，積雪荷重，地震荷重，風荷重，温度荷重などの様々な荷重に対して，破壊や有害な変形を生じず，常時においては通常の生活を維持し，非常時においても人命や財産を守るための性能である．以下，部位ごとに，構造的安全性に関わる要求性能を記す．

(a) 屋根

屋根は，建築物の最上層に位置するため，風の影響を最も厳しく受ける．しっかりと固定していなければ吹き飛ばされる．また，地震時の震動でも屋根材の脱落，ずれ落ちなどの危険がある．まずこれら外力に対して安全なものでなければならない．加えて，我が国は木造の建築物が多いことから，近隣の火災時に飛び火による延焼を防ぐ必要がある．そのため，火災時安全性も要求される．

(b) 外壁

構造部材となっている外壁はもちろん，非構造部材でも，各種の荷重（鉛直方向の荷重のほか地震荷重や風荷重など）に対して，破損したり剥落したりしない性能が要求される．また，近隣で火災が発生した際は，延焼を防止するために，外部からの火炎を遮断する性能が要求される．

(c) 床

床は，人間や什器・備品などによる積載荷重をはじめ，日々の活動により作用する様々な荷重に対して，構造的に安全である必要がある．床には，静的な荷重だけでなく，人間の動作や機器の稼働による動的な荷重，あるいは人体や物品の落下・衝突による衝撃的な荷重も作用する点に注意が必要である．また，地震時には，避難路の確保や什器・備品の転倒に対する配慮など，最低限人命を確保し社会的機能を維持できるだけの安全性を有する必要がある．

(d)　間仕切部位

構造部材となっている内壁，天井を除き，常時の荷重に対する構造的安全性の重要度は比較的低いが，地震時や火災時の安全性は重要である．天井については，地震時における天井の落下が大きな問題となっており，横揺れや壁との衝突による破損，落下を防止するための方策について，様々な研究がなされ基準が定められている．また，火災時には，内壁，天井ともに火炎にさらされることから，不燃性が重要となる．特に，集合住宅の戸堺壁などでは，隣戸で火災が発生した場合の延焼を防止できるだけの耐火性が要求される．

(e)　開口部

常時はもちろん，非常時においても，有害な変形などを生じず，出入りを妨げない性能が要求される．特に，高層ビルの開口部では，耐風圧性や地震時における変形追従性を考慮した設計が重要となる．また，非常用の開口部の場合，避難時の視認性や通行しやすさを確保しつつ火炎や煙を遮断する性能が要求される．

(2)　日常の安全性・快適性

構造的安全性は，建築物が存続する上で必要最低限の性能であるが，その中で人間が健康かつ衛生的に生活し，様々な活動を効率良く行うためには，**日常の安全性・快適性**を確保するための性能が重要となる．日常の安全性・快適性に影響する性能は多岐にわたるが，建築物ならびに室の用途や使用者の考え方によって各性能の重要度や要求水準が変化するのが大きな特徴である．以下に，部位ごとに，日常の安全性・快適性に関わる要求性能を記す．

(a)　屋根

快適な日常生活を送るためには，まず雨を漏らさないことが基本的な要求性能である．我が国は世界でも有数の多雨国（年平均で東京約 1400 mm，特に多いのは三重県尾鷲で 4000 mm 程度）であり，このことが特に重要視される．また夏暑く，冬寒いという気候のために断熱性も必要であり，最近の省エネルギー推進のもと断熱性能向上が図られている．さらには静かな環境を作るための遮音性も必要とされる．屋根は外から見られるため，美観も重要視される．

(b)　外壁

建築物内外の光・熱・空気・水や湿気・音などの流入出を遮断あるいは制御するための性能，すなわち光透過性，断熱性，気密性，防水性，透湿性，遮音性などが要求される．また，意匠性，造形性などの見た目の良さや，汚れにくさ，清掃のしやすさも大切である．

(c)　床

床は，建築物内の人間の身体が絶えず触れている部位であることから，日常の安全性・快適性に最も大きく影響する部位である．すべり，かたさ，表面温度など触覚的観点からの性能をはじめ，色，質感など視覚的観点からの性能，遮音性など聴覚的観点からの性能，断熱性などの熱的性能，汚れにくさや清掃のしやすさなどのメンテナンスに関する性能，それに近年注目されている VOC（p.152 参照）など有害な物質の発生しにくさに関する性能など，居住性の観点から床に要求される性能は枚挙にいとまがない．近年，高齢化社会の浸透に伴い，不要な段差をなくす，誤って転倒し頭などを打ったときにも大きな怪我につながらないよう適度なやわらかさを確保するなどといった性能の重要性がより増してきている．

(d)　間仕切部位

他の建築部位と比較して，日常の安全性・快適性の重要度が相対的に高い．また，優先すべき性能や要求水準が室の用途ごとに異なることが多い．一般には，各種環境因子の流入出を遮断あるいは制御するための性能，意匠性，造形性などの見た目の良さに関する性能，汚れにくさ，微生物のつきにくさ，清掃のしやすさといったメンテナンスに関する性能などが要求される．粉塵や VOC をはじめとする化学物質など，人体に有害な物質の不発生性も重要である．

(e)　開口部

開閉部分を有する開口部では，出入りのしやすさや換気効率などが，基本的な要求性能となる．これらの性能は，開閉機構によって変化する．様々な開閉機構があるが，いずれにしても，開閉部分に人体が挟まれるなどの事故が起きないよう，十分な安全対策を講じる必要がある．また，人体や物品の不意の衝突による衝撃に対しても，安全な開口部でなければならない．窓から賊が侵入する盗難の被害も多く，防犯性も重要な性能である．

居室の出入り口や窓の気密性が低下すると，すきま風（ドラフト）が発生し，室内環境に大きく影響する．また，外部に接する開口部では，気密性に加え，断熱性，遮音性，耐風圧性などが重要となる．開口部とはいえ，壁の一部であることから，できるだけ壁の性能に近づけるよう十分な配慮が必要である．さらに，室内外の圧力差による室内側への雨水の浸入を防止する（水密性）よう，雨仕舞を十分考慮した設計が必要となる．

(3)　生産性

いずれの部位においても，施工の難易度や工期の長短といった**生産性**は，重要な性能である．特に，近年の施工現場における人手不足や工期短縮の流れの中で，効率を重視した様々な材料，構法が開発されている．しかし，過度の省力化は品質の低下を招くので，注意が必要である．

屋根や外壁では，高所における危険な作業を伴う場合が多く，取扱いが容易で，しかも安全に作業を進めることが可能な材料であることが強く求められる．また交換や修理が容易にできる補修・改修性も重要である．一方，床や間仕切部位では，日々の使用状況に応じた部分的な劣化や，模様替えなどの社会的要因により，補修・改修が高頻度で行われるため，部分的な修理，修繕も含め，より高い補修・改修性が要求される．これら内装の補修，改修の場合，供用中の建築物において短期間で施工するよう要求される場合が多々あることから，工期の短さとともに，施工中の騒音・振動・粉塵・臭気・有害物質などの不発生性も重要となる．開口部では，窓ガラスなどが破損した際の修理・修繕が容易に行える必要がある．

なお，今後は，新築時および補修・改修時と同様に，解体時の生産性も考慮する必要がある．

(4)　耐久性

耐久性とは，建築部位が当初有している各種性能が経年に伴い低下することに対する抵抗性をいう．

屋根や外壁では，気温の変動や日射，紫外線，オゾンや亜硫酸ガスなどの有害気体，雨や湿気に対して十分な抵抗性を持つことが要求される．また，風圧力や飛来物による衝撃に対する抵抗性も要求される．さらに，汚れのつきにくさは，視覚的観点のみならず耐久性の観点からも重要な性能である．床は，人間や什器・備品などの接触による様々な負荷が作用することから，考慮しなければならない劣化要因が多い．具体的には，耐傷性，耐摩耗性，耐衝撃性，耐局部変形性，変形回復性など力学的損傷や変形に関する性能のほか，耐熱性，耐水性，耐薬品性なども要求される．また，用途に応じて考慮すべき劣化要因が大きく変化することも，床の特徴である．間仕切部位に関しては，直接外界にさらされる屋根や外壁，あるいは種々の劣化要因が作用する床と比較すると，要求される耐久性の水準はやや低い．開口部は，繰り返して開閉されるのが常であり，繰り返しに対する部品・部材の耐久性が重要となる．また，断熱性とも関連するが，ガラス面や枠材に生じる結露も大きな劣化要因であり，十分な配慮が必要である．

(5)　環境性

消費するエネルギーが小さい，あるいは有害な物質を発生しないといった**環境性**は，部位のいかんに関わらず非常に重要な性能である．近年は，材料生産時，施工時のみならず，供用時，補修・改修時，解体・廃棄時を含めた，建築物のトータルライフにおける環境性が重要視されている．建築は，他の産業と比較して使用する材料の量が多く，その分環境への影響も大きい．また，いずれの部位でも，使用されている材料の種類や組合せが多岐にわたっているのが，大きな特徴である．このことは，補修・改修や解体・廃棄などの際，材料の分別などに多くの労力を要することを意味し，リサイクルやリユースなどを困難にする一因となっている．さらに，施工の際に用いられる接着剤などの影響も無視できない．木材やガラスのように，材料学的には環境に優しい材料も古くから使用されていることから，経済性とのバランスを考慮しつつ，環境性の高い材料への置き換えや，リサイクル，リユースを容易にする構法の開発などが期待されている．

1 章の問題

□**1** 次の各記述がそれぞれ正しければ○，誤りならば×を付けよ．

① 屋根には，屋外と室内とを建築物の上面で分割し，雨や雪，日射や外気温などの環境因子を遮断する機能が要求される．

② 外壁には，屋外からの環境因子を遮断あるいは制御する機能とともに，外敵の侵入を防いだり，近隣からの火災を遮断する機能も要求される．

③ 床には，建築物内の人間や物品の荷重を支える機能のみが要求される．

④ 間仕切部位には，空間を分割して室空間を確保する機能とともに，各環境因子を遮断あるいは制御する機能が要求される．室の用途に関わらず，優先的に遮断，制御すべき環境因子は熱である．

⑤ 開口部には，設置された目的に関わらず，人間や物品の出入りを可能とする機能は必ず要求される．

⑥ 構造的安全性とは，常時，非常時に関わらず建築物に作用する様々な荷重に対して，破壊や有害な変形を生じさせないための性能である．

⑦ 日常の安全性・快適性とは，人間が健康かつ衛生的に生活し，様々な活動を効率良く行うための性能である．

⑧ 生産性とは，施工のしやすさや工期の短さに関わる性能であり，新築時および補修・改修時にのみ考慮すべきものである．

⑨ 間仕切部位に要求される耐久性の水準は，他の部位と比較して高い．

⑩ 環境性は，材料生産時や施工時だけでなく，供用時，補修・改修時，解体・廃棄時も含めた建築物のトータルライフにおいて重要視されている．

□**2** 次の各記述について説明せよ．

(1) 屋根に要求される構造的安全性について説明せよ．

(2) 床に要求される日常の安全性・快適性について説明せよ．

JIS とは

JIS とは**日本産業規格**（Japanese Industrial Standard）の略であり，我が国の国家規格である．2019 年以前は日本工業規格の呼称で用いられてきた．

JIS には令和 2 年時点で 10000 以上の規格が規定されており，部門を表すアルファベットおよび 4 桁の規格番号で表示される．建築・土木分野のアルファベットは A が割り当てられている．各規格は定期的な見直しが行われており，改正前の規格と区別するため，改正の年をあわせて記述する場合がある．例えばレディミクストコンクリートの規格は JIS A 5308:2019 と表示される．

JIS が法令などの技術基準に引用される場合には，JIS の規定を守らなければならない．この場合，最新の JIS を参照する．一方で，既存建築物の建材，部品等については当時の JIS の規定内容を参照する．

国際協定においては，製品の国際貿易のため，JIS と国際規格との整合性の確保が求められているところである．

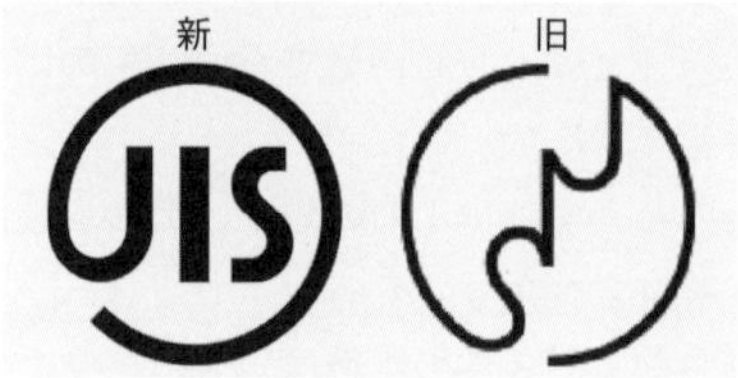

図 1.1　JIS マークおよび旧 JIS マーク（平成 16 年以前）

第2章

屋　根

建築の最も根源的な姿は屋根である．人類がすみかを求めたとき，まず作り始めたのは屋根であった．雨や日射などの屋外の厳しい環境から身を守る必要があったからである．そのためにいろいろな材料を使ってきた．当初は草や木材が主体であったが，次第に瓦など自然素材の加工度の高い材料を使うようになり，最近は金属，高分子材料へとその範囲は拡大している．屋根では材料個々の性質も大切であるが，屋根として組み上がった後にその機能を発揮する．したがって材料をどのように構成させるか，どのように作りこむかといった技術も不可欠である．本章ではまず材料の性質を述べ，さらにその性質を活かして作り上げる屋根構工法の基本的事項についても説明する．

2.1 屋根の分類と構成

2.1.1 屋根の分類

屋根の形は図 2.1 に示すように，傾斜を持つ**勾配屋根**と，水平な平面（実際はわずか 1/100〜1/20 の勾配を持つ）の**陸屋根**（ろくやね）とに大別される．勾配屋根では雨水を，勾配を利用して軒先から排水する．これには比較的小型の材料を葺き重ねる方法が採用される．そのための材料は屋根葺き材と呼ばれる．一方，陸屋根では勾配がわずかであるため，屋根面に雨水が滞留しやすくなる．そのため雨水排水が遅くなるため，屋根を不透水の材料で覆わなければならない．皮膜のことを英語で membrane というが，そのためこの不透水の材料は**メンブレン防水材**と呼ばれる．なお雨水は**ドレン**を設け，**縦樋**（たてどい）を通して排水する．

2.1.2 屋根の構成

(1) 勾配屋根の構成

勾配屋根は図 2.2 に示すように表層，中間層，下地層から構成される．

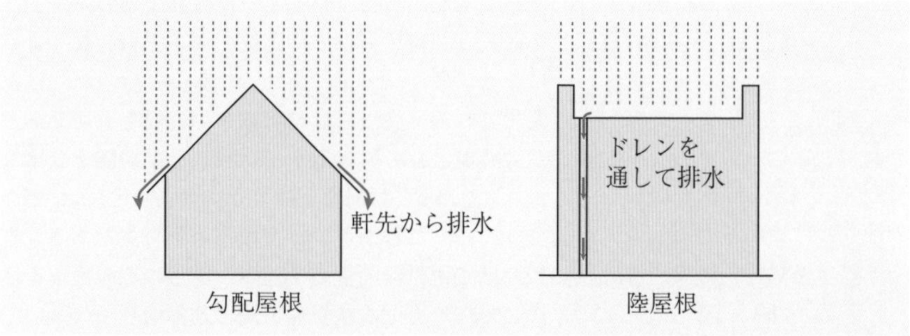

図 2.1 勾配屋根と陸屋根

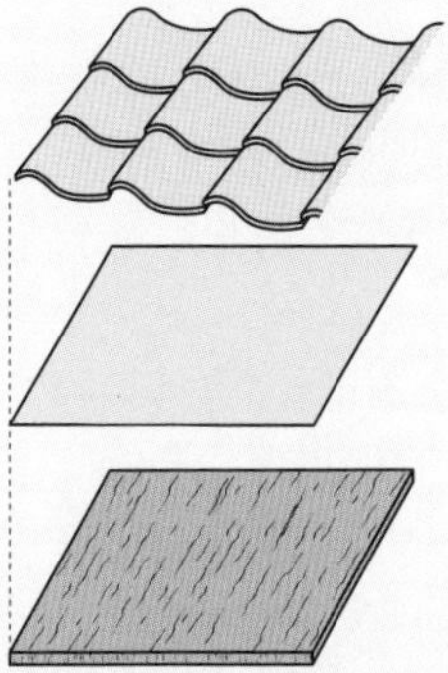

図 2.2　勾配屋根の基本構成

(a)　表層（屋根葺き材）

勾配屋根では作業場所に勾配があるため，作業が安全に行えることが大切である．そのため材料は人間が容易に持ち運び，取り付け可能な大きさが原則である．したがって，重い材質のものは小型となり，大型の材料は軽い材質のものに限定される．なお，詳細は 2.2 節を参照のこと．

(b)　中間層（下葺き材）

屋根葺き材だけでは，防風雨のとき，その隙間から雨水が浸入する．それを排水するためには，その下に下葺き材が必要である．それには表 2.1 に示す幅が 1 m 程度のシート状材料が敷き込まれる．

(c)　下地層

上層部分を力学的に支える部分である．小屋組みの上に張られた**合板**などの**野地板**が，その役割を担う．

表 2.1　下葺き材の種類

材質	材料
アスファルト系	アスファルトルーフィング，改質アスファルトルーフィング
樹脂系	軟質塩化ビニル樹脂シート

茅葺（かやぶき）屋根は何故雨が漏らないか

我が国の勾配屋根の原点は**茅葺屋根**である．これは屋根材として茅（ススキなどの細長い植物を乾燥させたもの，2.2 節 (7) 参照）をのせただけで，隙間だらけの屋根なのに雨が漏れない．この理由を調べるために，ガラス棒を使って実験を行った．ガラス棒を使ったのは水の流れをみやすくするためである．

ガラス棒にセロハンテープを巻き，隙間を作り，茅葺屋根と同じようにそれを何層か積み重ねて，勾配を変えながら，雨を降らせて実験を行った．これにより何層も重ねるほど雨が漏れにくいこと，急勾配にすると漏れにくいことが確かめられた．また驚いたことに，図 2.3 に示すようにガラス棒の隙間が 0.3～0.5 mm 位のときは雨が全く漏らなかった．2 層以上だと図 2.4 に示すように，雨水が上下の棒でできた隙間に入り，水封状態となり軒先まで流れるので漏れないのである．間隙が広いと漏れるのは当然であるが，狭くしすぎても，間隙を流すことのできる水の量が減り，真下に押し出されて漏水する．適当な隙間が防雨の観点から効率的な屋根にしているのである．

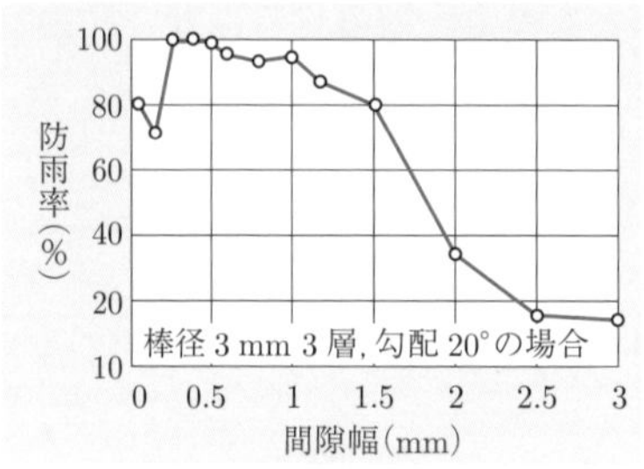

図 2.3

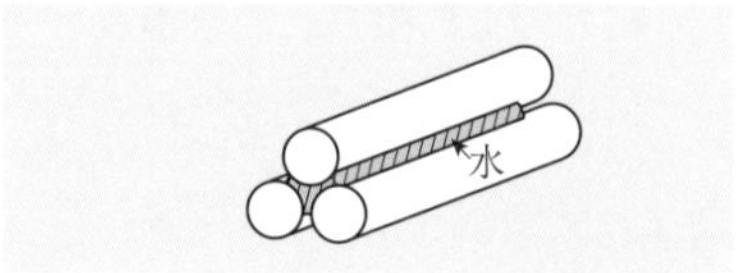

図 2.4

写真 2.1　茅葺屋根の民家
［山形県朝日村］

(2)　陸屋根の構成

陸屋根は図 2.5 に示すように，原理的には表層と下地層だけの構成である.

(a)　表層（メンブレン防水材）

下地の上に直接，あるいは通気層や断熱層を介して接着材や金具で固定されるため，それ自身は強い剛性を持つ必要はなく，柔軟性や施工性の良さが求められる．そのため**合成ゴム**や**合成樹脂**，**アスファルト**などが多く用いられる．また 0.4 mm 程度の薄い**ステンレス**などの**金属板**も使用される．なお，詳細は 2.3 節を参照のこと.

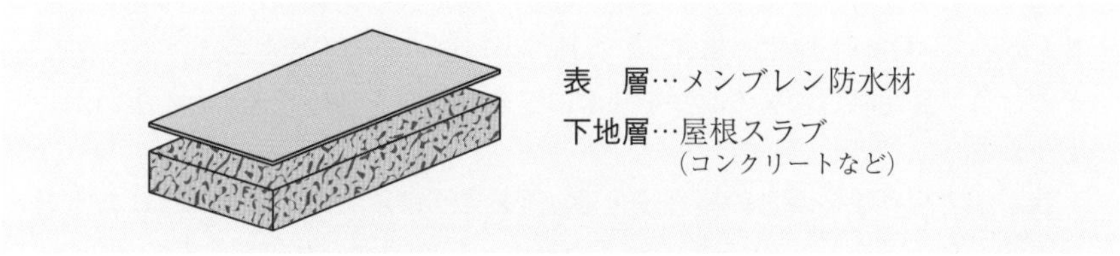

図 2.5　陸屋根の基本構造

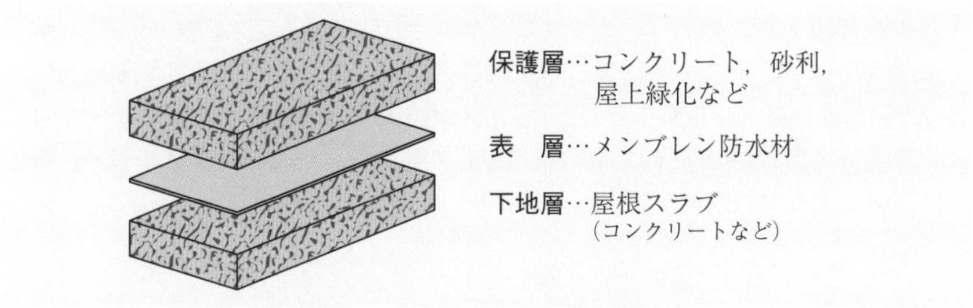

図 2.6　保護層のある陸屋根の構造

(b)　下地層

屋根スラブが下地となる．最も多いのは**鉄筋コンクリートスラブ**である．そのほか**プレキャストコンクリート板**，**ALC 板**（詳細は 46 ページ参照のこと），**デッキプレート**なども使用される．木構造も適用可能であるが，耐火被覆などの火災時の備えが必要である.

また図 2.6 に示すように，表層の上部に保護層を設ける場合がある．これは表層のメンブレン防水材を外的な環境因子や歩行，走行などによる損傷から保護する目的で設ける．保護層は，我が国では押えコンクリートが，欧米では砂利などが用いられることが多く，**屋上緑化**も保護層の1つと考えられる．

屋上緑化とメンブレン防水材

屋上緑化には様々な効果があるが，その中の1つに防水層を保護する効果がある．防水層は日射や風雨，温度変化などの環境因子に曝され，経年と共に劣化していくが，屋上緑化の場合は，これらの環境因子の影響を受けにくくなる．そのため，長期間防水層の改修をせずに健全な状態を維持できている事例がいくつかある．

我が国で現存する最古の屋上緑化は，写真2.2に示す山口県下関市にある旧秋田商会ビルである．1915年の竣工当初から「棲霞園（せいかえん）」と名付けられた，茶室や池を有する屋上庭園が備えられた．メンブレン防水材はアスファルト防水が使用されており，コンクリート押えの保護工法である．竣工から100年以上が経過しているが，ヒアリングによると竣工当初から一度も防水層の改修を行っておらず，防水層の不具合による漏水は発生していないという．旧秋田商会ビル以外にも同様の工法を用いている東京都の朝倉彫塑館やコマツビルでは50年以上防水層の改修なしで健全な状態を維持できており，正に保護層としての役割を果たしているといえる．

写真2.2　現存する日本最古の屋上緑化（旧秋田商会ビル［山口県］）

2.2　勾配屋根の種類と屋根葺き材

屋根葺き材の分類を図 2.7 に示す．

(1)　瓦葺

強い風をともなう雨のとき，瓦などの裏面に雨水が回り込むおそれがある．その浸入防止のため，図 2.8 に示すようにその下側に下葺き材を敷き込むのが原則である．下葺き材を敷いた屋根に所定の間隔で桟を止めつけ，それに引掛け桟のついた瓦を引っ掛け，ステンレス線または銅釘，ステンレス釘で固定する．これは**引掛け桟瓦葺**と呼ばれる．また，図 2.9 に示すように屋根の上に土をの

勾配屋根の種類	瓦葺	粘土瓦，プレスセメント瓦，金属製瓦
	屋根スレート葺	屋根スレート，天然スレート
	スレート波板葺	繊維強化セメント板
	金属板葺	鋼板，アルミニウム板，ステンレス鋼板，銅板，チタン板
	樹脂板葺	硬質塩化ビニル板，ポリカーボネート板，アクリル樹脂板
	アスファルトシングル葺	アスファルトシングル
	植物系材料葺	こけら板，檜皮，茅

図 2.7　屋根葺き材の分類

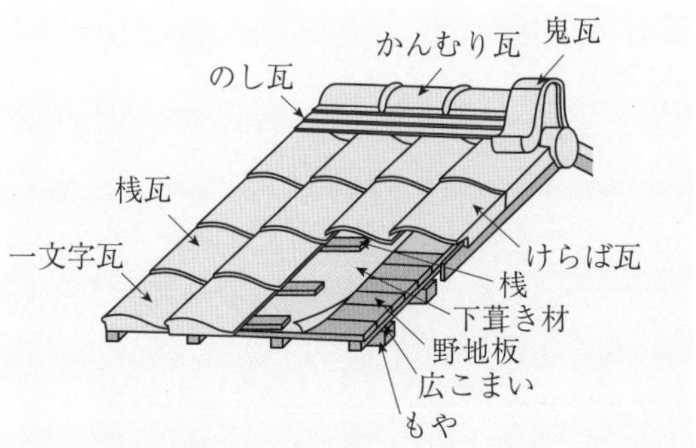

図 2.8　瓦葺（引掛け浅瓦葺）

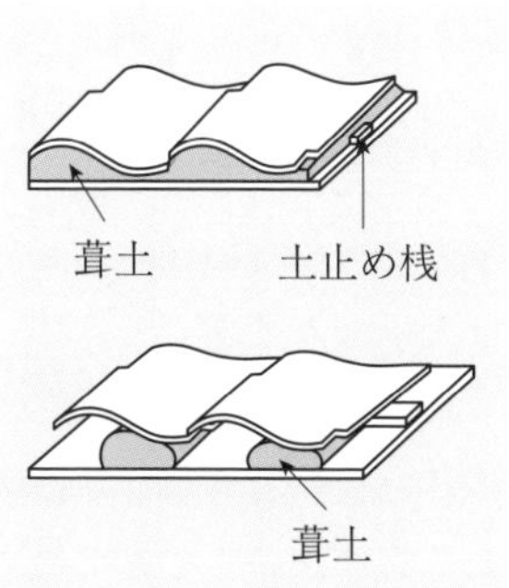

図 2.9　瓦葺（土葺）

せ，瓦を葺く，**土葺**と呼ばれる構法もある．ただし，これは屋根の重量が大きくなるため，地震に対して不利であり，最近は使用が避けられる傾向にある．

ワンポイント建材解説

瓦

(1) 瓦（粘土瓦）の製法

瓦は粘土を主原料として，混練，成形の後，焼成したもののことをいう．これは粘土を主成分としているため**粘土瓦**と呼ばれることもある．製法により表面の状態は変わり，次のように分類される．

(a) 釉薬瓦

粘土を成形し，乾燥した後，その表面に釉薬をかけ焼成したもので，**陶器瓦**といわれるものである．この中で**塩焼瓦**は，焼成の最後の段階で岩塩を投入し，表面にガラス状の被覆を付けたものであり，赤褐色となる．

(b) いぶし瓦

黒瓦，**銀色瓦**と呼ばれるもので，焼成の最終工程に松葉，松枝などをいぶし焼きし，発生する炭素を表面に固着させたもの．

(c) 無釉瓦

素焼き瓦と呼ばれるもので，粘土を成形し乾燥した後，釉薬をかけずに焼成したもの．色はオレンジ系となる．

(2) 瓦（粘土瓦）の形状，寸法

粘土瓦は，その形状により**和瓦**と**洋瓦**に分類される．その形状には図 2.10 に示すようなものがある．代表的な瓦の各部名称と寸法を図 2.11 に示す．また瓦は大小様々であり，1 坪（$3.3\,\mathrm{m}^2$）当たりの葺き枚数をもとに区分されている．これは使用される地域の気象環境のためであり，雨量の少ない地域では比較的小さい寸法でもよいが，雨量や降雪量の多い地方では谷の深い瓦が適しており，大きな寸法のものを必要とするからである．

(3)　プレスセメント瓦

プレスセメント瓦は，セメントや骨材を加圧成形して作るものであり，セメント系屋根葺き材であるが，形態的には粘土瓦に近いものである．そのため工法も粘土瓦に準ずる．最近は図 2.12 に示すような平板形や波形が多く用いられる．

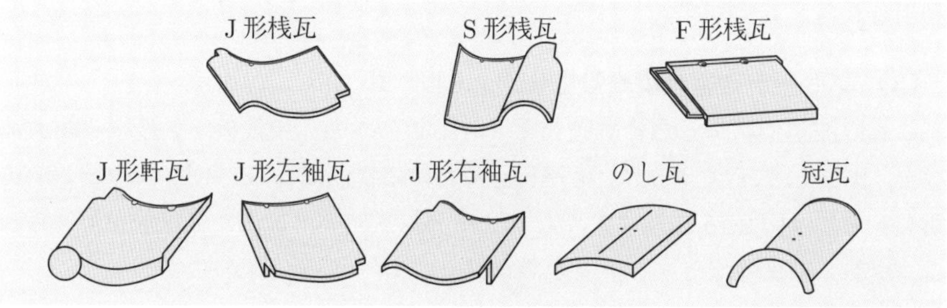

図 2.10　瓦の形状 [3]

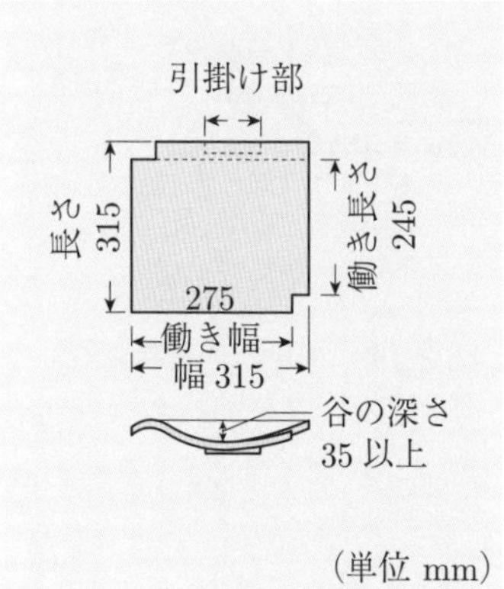

図 2.11　J 形浅瓦と 49A（JIS 規格）の場合の寸法

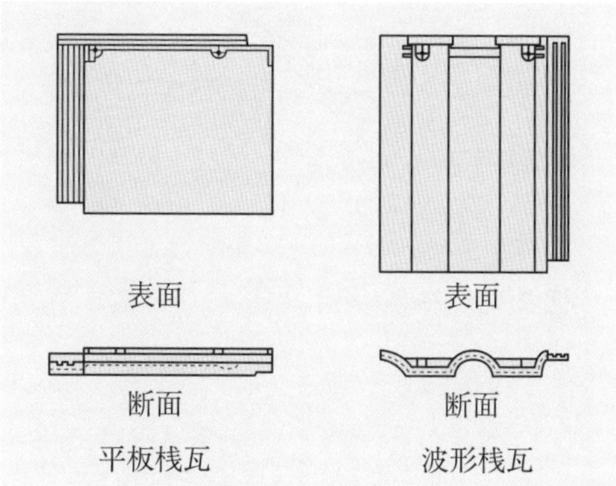

図 2.12　プレスセメント瓦

(4)　その他の瓦

その他の瓦として，**チタン瓦**や木製の瓦の上に鉛板を打ち付けて作製される**鉛瓦**などがある．特にチタン瓦は粘土瓦に比べて軽量なため，屋根荷重が軽減され，建物の耐震性能の向上が期待できる．

(2) 屋根スレート（住宅屋根用化粧スレート）葺

これは住宅屋根用化粧スレートを，図2.13に示すように野地板などの上に施工する構法である．この材料はセメントおよびケイ酸材料を主原料とし，その他繊維などで強化成形し，オートクレーブ養生もしくは常圧養生によって作られる．形状は平板状で，表面に小じわ状の凹凸の付けられているものが，多く利用される．

(3) スレート波板（繊維強化セメント板）葺

これは波状形状をした繊維強化セメント板のうち，中波板，大波板，超大波板を，図2.14に示すように，もやに止め付ける構法である．木造下地には釘が，鋼製もやには図2.15に示すようなフックボルトやチャンネルボルトが用いられる．なお，繊維強化セメント板の詳細は，47ページを参照のこと．

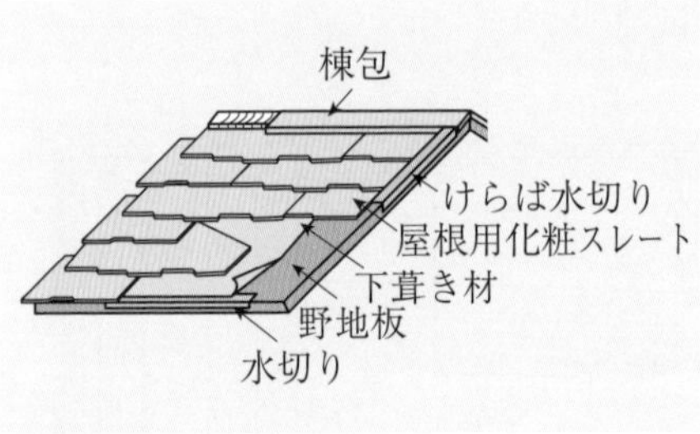

図2.13 住宅屋根用化粧スレート葺

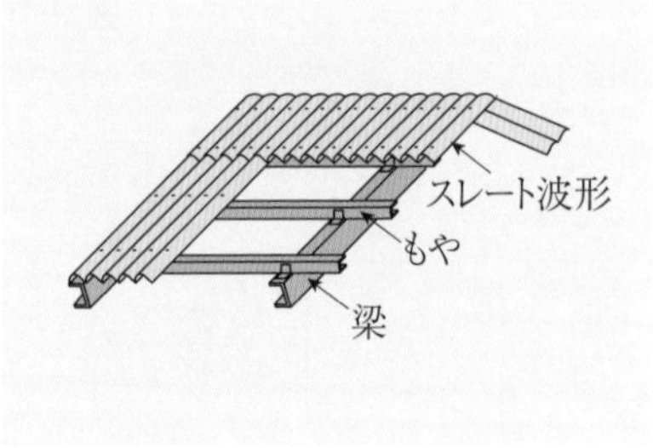

図2.14 スレート波板葺

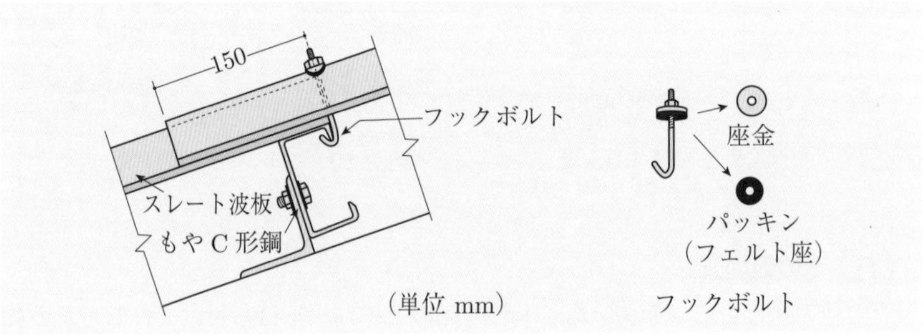

図2.15 銅製もやへの固定（フックボルトの例）

参考　天然のスレート

我々はスレートというとセメントを使った人工的な製品をイメージするが，もともとは粘板岩や頁岩の薄板のことである．写真 2.3 に示すように東京駅舎の屋根は**天然スレート**で葺かれているが，海外では戸建ての住宅に今でも使われている．□

写真 2.3　天然スレート葺の東京駅［東京都］

(4)　金属板葺

長尺の金属板を用いる屋根としては，**縦葺き**と**横葺き**があり，縦葺きとしては金属板を木材の角棒（心木）に沿わせて立ち上げ，その上から金属性キャップをかぶせる**心木あり瓦棒葺**，角棒のかわりに通し吊り子を用いて金属キャップをかぶせる**心木なし瓦棒葺**（図 2.16），立てはぜを作り，水が入らないようにした**立て平葺**（図 2.17）がある．また大型の屋根用折板を，梁上のタイトフレームにボルトなどで固定する**折板葺**（図 2.18）がある．折板葺は主に緩勾配屋根に用いられる．横葺きとしては小形の金属板を用いるものには，金属板同士を引っ掛けながら葺き上げる**平葺**（図 2.19）がある．

屋根用金属板は表 2.2 に示すシート状金属板が用いられる．

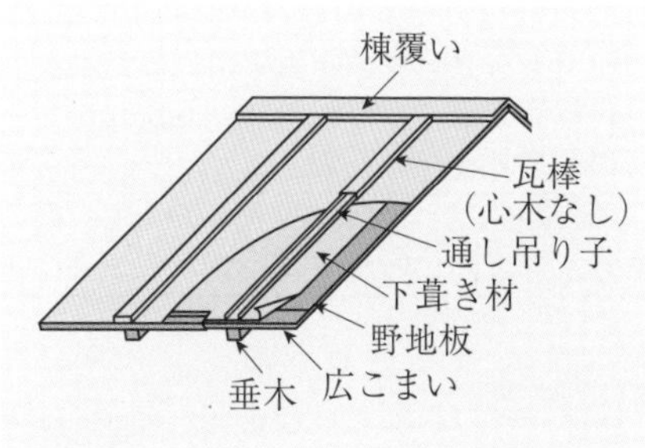

図 2.16　心木なし瓦棒葺（縦葺き）

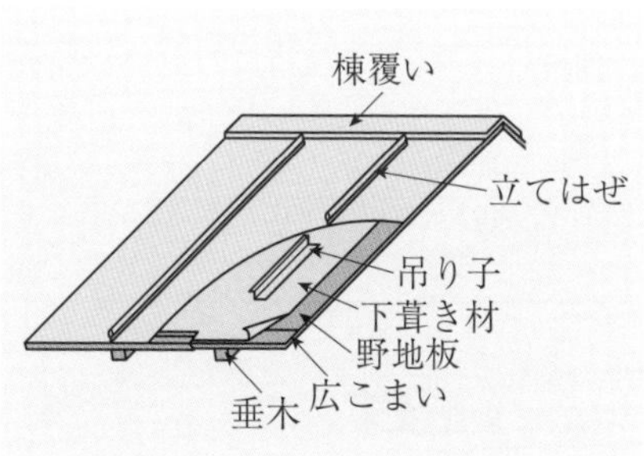

図 2.17　立て平葺（縦葺き）

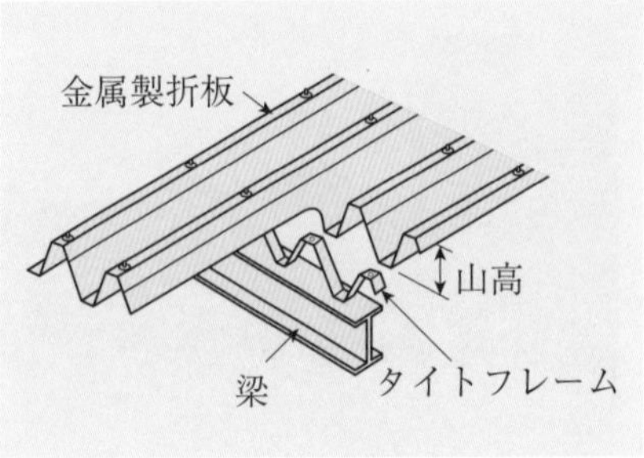

図 2.18　折板葺

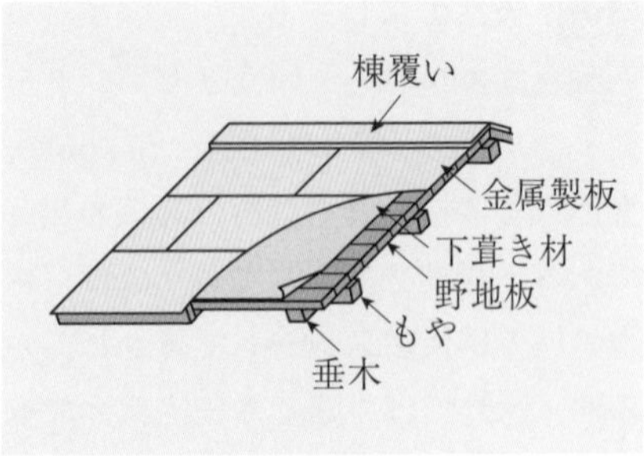

図 2.19　平葺

表 2.2　屋根用金属板

材料名	説明
鋼板 溶融亜鉛めっき鋼板（トタン板） 塗装溶融亜鉛めっき鋼板（カラー鉄板） 溶融アルミニウムめっき鋼板（ガルバリウム鋼板） ポリ塩化ビニル樹脂金属積層板	圧延された鋼板であるが，必ず表面処理もしくは塗装などによる保護がなされている．厚さは 0.35～0.8 mm のものが多く使用される．ただし折板葺では山高に応じて 0.6～1.0 mm のものが使用される．
アルミニウム板	厚さ 0.35～0.8 mm 程度のものが多く使用される．塗装板もある．折板葺では山高に応じて 0.6～1.0 mm のものが使用される．
ステンレス鋼板	厚さ 0.35～0.8 mm 程度のものが多く使用される．塗装ステンレスもある．折板葺では山高に応じて 0.6～1.0 mm のものが使用される．
銅板	銅板の中でも，リン脱酸銅板を用いる．経年とともに緑青が葺く．厚さ 0.35～0.6 mm 程度のものが多く使用される．
チタン板	耐久性，耐食性に特に優れている．ただし，高価であり，加工性に劣る．

(5)　樹脂板葺

波形や折板形をした樹脂板を専用のボルトや釘，金物を用いて，図 2.20 に示すように，もや材に止め付ける工法である．樹脂板は光透過性に優れるため，光を取り入れる屋根としての利用が多い．

材料として表 2.3 に示す，透光性のある樹脂板が多く用いられる．樹脂だけで作られているもののほかに，補強のための金網，ガラス網の入っているものもある．多く用いられる波形のものでは，波形のピッチ間隔は 32〜130 mm，厚さは 0.8〜2.0 mm である．

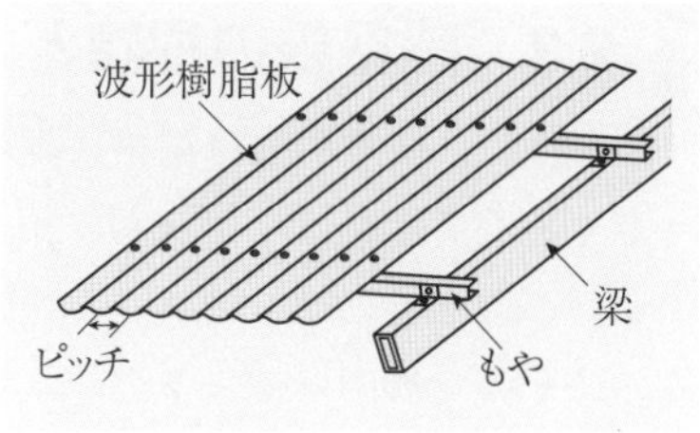

図 2.20　波形樹脂板葺

表 2.3　屋根用樹脂板

材料名	説明
硬質塩化ビニル板	塩化ビニル樹脂の板であり，多くは波形の形状をしている．樹脂だけで作られているもののほかに，金網などで補強されているものもある．
ポリカーボネート板	高い透明性を持つ． 平板，波形，折板の形状がある．
アクリル樹脂板	ポリメチルメタクリレート（PMMA）の板であり，高い透明性を持つ．

(6)　アスファルトシングル葺

図 2.21 に示すようにアスファルトシングルを釘打ち，あるいはシングルセメントで固定する工法である．独特のテクスチャ，色彩を持ち，やわらかな印象を与える屋根葺き材である．アスファルトシングルは，ガラス繊維不織布にアスファルトを含浸塗布し，着色砂粒を付け，所定の形に切断したものである．一般に可燃性であるが，防火性を向上させた不燃シングルもある．

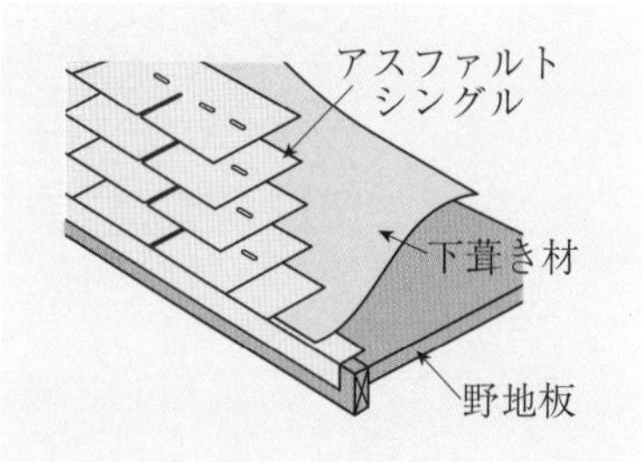

図 2.21　アスファルトシングル葺

(7)　植物系材料葺

茅葺きに使用されるススキ，チガヤ，ヨシ，アシなどの細長い棒状の植物，こけら葺きや栩葺き（とちぶき）や板葺きに使用されるサワラ，スギ，クリなどの板材，檜皮葺きに使用されるヒノキの樹皮など，植物系の材料を加工して屋根葺き材に使用されるものがある．

2.3　陸屋根の種類とメンブレン防水材

陸屋根は，基本的には屋根に雨合羽をかぶせることにより雨水の浸入を防ごうとするものである．雨合羽に相当する部分は**防水層**と呼ばれる．これは隙間のない不透水性の膜（メンブレン）を形成しており，メンブレン防水と呼ばれるのはそのためである．また防水層はその下側に剛性のある屋根スラブの存在が前提であるので，防水層自身は自立する必要はない．そのため，材料としては柔軟性のあるアスファルト，ゴム，プラスチック，薄いステンレス板などが使用されている．

屋根用のメンブレン防水層としては，**アスファルト防水層**，**改質アスファルト防水層**，**シート防水層**，**塗膜防水層**，**ステンレス防水層**がある．これらが，屋根の形状，下地の種類などに応じて使われる．これら防水層の屋根での使用例を図 2.22，図 2.23，写真 2.4，写真 2.5 に示す．なお各防水層の詳細は，第 9 章を参照のこと．

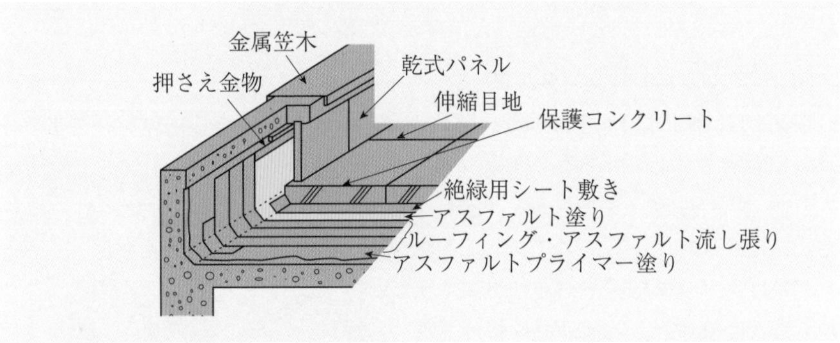

図 2.22　アスファルト防水の屋根
（屋上利用を可能とするため保護コンクリートが打設されている例）

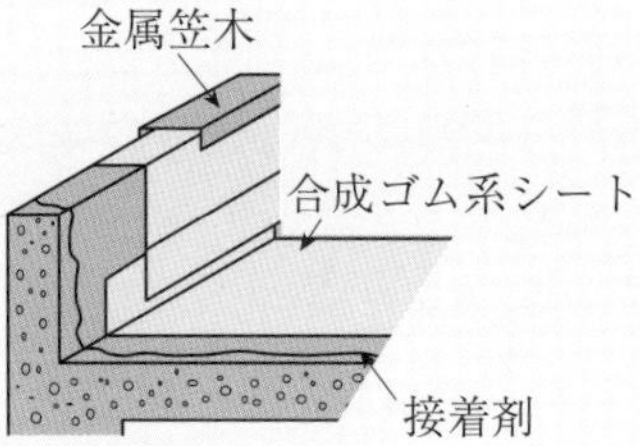

図 2.23　シート防水の屋根
（防水層が露出しているため屋上利用しない場合の例）

写真 2.4　ウレタン塗膜防水の屋根
（継ぎ目のないのが特徴）

写真 2.5　ステンレス防水の屋根
（札幌ドーム［北海道］，写真提供：札幌ドーム）

2章の問題

□**1**　次の各記述がそれぞれ正しければ○，誤りならば×を付けよ．

①　勾配屋根では，比較的小型の葺き材を葺き重ねる．

②　プレスセメント瓦は，粘土を主材料として，混練，成形の後，焼成したものである．

③　雨量や積雪量の多い地方では，谷の浅い瓦がよい．

④　瓦棒葺は，角棒もしくは通し吊子を用いて金属キャップをかぶせる金属板葺の一種である．

⑤　住宅屋根用化粧スレートは，粘板岩や頁岩の薄板のことである．

⑥　金属板葺の屋根用金属板は，材料によらず厚さが1.0 mm以下の薄い板が使用される．

⑦　樹脂板葺は光透過性に優れるため，光を取り入れる屋根としての利用が多い．

⑧　陸屋根では，メンブレン防水材で屋根を覆い，雨水はドレンを通して排水する．

⑨　メンブレン防水材には，合成ゴムや合成樹脂，アスファルトのほかに，薄いステンレス板なども使用される．

⑩　メンブレン防水材は，必ず屋根の表面に露出するように施工される．

□**2**　次の各記述について説明せよ．

(1)　勾配屋根と陸屋根の構成と各層の役割をそれぞれ述べよ．

(2)　釉薬瓦，いぶし瓦，無釉瓦について製法と特徴をそれぞれ述べよ．

第3章

外　壁

外壁は建物の外側にあり，建物のデザインに最も大きな印象を与える部位である．そのため，無機材料から金属，木材，高分子材料に至るまで，非常に多種類の材料が使われる．ただし，壁本体に用いられる材料は，基本的には構造材料編で述べられたものと同じであり，詳細はそちらを参照して勉強していただきたい．本章では主に外壁仕上げに用いられる材料について述べる．それらは，張る，塗るという方法により作られる．その各々に対応してタイルや左官材料などの具体的な建築材料がある．また近年の高層建築外壁のほとんどは，カーテンウォールとして事前に作られた壁部材で構成される．それらについても説明する．

3.1 外壁の分類と構成

3.1.1 外壁の分類

壁は建築部位のうち柱以外の垂直部位を指し，建築物の外周を構成する**外周壁**と，建築物の内部空間を仕切る**間仕切壁**（まじきりかべ）に分類される．一般に**外壁**といえば外周壁を，また**内壁**といえば間仕切壁を指すことが多い．

ただし場合により，外壁（外周壁）のうち，建築物の外側を外壁（面），内側を内壁（面）と呼び分けることもある．本書では，内壁に関しては第5章で述べる．

壁を構造耐力を負担する機能の有無の観点から分類することもある．この場合，壁は**耐力壁**と**非耐力壁**に分類される．非耐力壁は**帳壁**（ちょうへき）とも呼ばれる．基本的に，組積造の外壁や壁式鉄筋コンクリート構造の外壁は耐力壁であり，一方，ラーメン式の鉄筋コンクリート構造や鋼構造の外壁は非耐力壁である．

古代の壁材料

第I巻でも述べたように，特に古い時代には，それぞれの地域で最も入手しやすい材料が建築材料として使用された．

木材資源の少ないメソポタミアでは，古くは土で壁が造られ，次いで紀元前6000年頃には日干しれんがの壁が登場した．その後，紀元前2000年頃には焼成れんがの壁，紀元前9世紀以降には施釉れんがの壁も現れた．エジプトでは，神殿建築の壁には石材が用いられたが，住居の壁は主に日干しれんがが用いられた．古代ローマでは，石材やれんがの壁のほか，れんがを型枠代わりにして，その中にコンクリートを打設した壁も現れた．一方，木材資源の豊富な北ヨーロッパでは，古い時代には組積式の木壁が造られた．

我が国でも，草や木を使った竪穴式住居を経て，古代の住居ではまず組積式の木壁が造られた．この壁は耐力壁であり，伊勢神宮の蔵にこの形式の壁が残る．その後，仏教の伝来とともに寺院建築の技術が伝わり，土壁の技術も伝来した．しかし，同時代の一般的な住居の壁は，土壁ではなく木壁や竹などを編んだ壁であった．土壁が一般の住居にも普及したのは室町時代からである．

3.1.2　外壁の構成

外壁は，通常「**仕上層** ＋ **中間層** ＋ **壁下地**（または**壁体**）」という要素で構成される．また，外壁の仕上げの種類は，後述するように張り仕上げと塗り仕上げに大別される．表 3.1 に外壁の主な構成例を示すとともに，以下に主要な構造形式別に，外壁の構成を説明する．

表 3.1　外壁の主な構成例

構造形式		壁体	張り工法		塗り工法	
			乾式	湿式	左官系	塗材系
一体式構造	RC 造（低中層ラーメン）	コンクリート	○	○	○	○
	RC 造（壁式）		○	○	○	○
	RC 造（中高層ラーメン）	カーテンウォール	○	－	－	－
架構式構造	木構造（在来軸組）	木質組壁	○	△	○	○
	木構造（枠組壁式）	木質組壁 ＋ 合板	○	△	△	○
	木構造（プレハブ）	木質パネル	○	△	△	○
	鋼構造（低層ラーメン）	鋼製組壁	○	△	△	○
	鋼構造（低層複合）	無機質パネル	○	△	△	○
	鋼構造（中高層ラーメン）	カーテンウォール	○	－	－	－
組積式構造	組積造	組積材	○	○	○	○

[注] ○：よく用いられる，△：ときどき用いられる，－：ほとんど用いられない

(1)　鉄筋コンクリート構造の外壁の構成

一体式構法である鉄筋コンクリート構造のうち，低中層ラーメン構造や壁式構造の場合，外壁の壁体は構造材料であるコンクリートが「隙間なく詰まった状態」にある．したがって仕上層や中間層がなくても，最低限，壁体だけで外壁として成立する．これが一体式構法の外壁の特徴である．外壁の主な構成には次の種類がある．

(a)　「壁体」のみ

本来の打放しコンクリート仕上げなど，壁体材料のみで構成される外壁．

(b)　「仕上層 ＋ 壁体」

壁体コンクリートに仕上塗材を吹付け仕上げした場合などの外壁の構成．

(c)　「仕上層 ＋ 中間層 ＋ 壁体」

壁体コンクリートに，下地モルタルを介して，セラミックタイルを張り仕上

げした場合などの外壁の構成.

なお，仕上層には，後述するように多くの材料が用いられる．また，仕上材が同じ場合でも，仕上工法により中間層の有無や構成は異なる.

図 3.1，図 3.2 に，乾式工法による天然石張り，および湿式工法による陶磁器質タイル張りの外壁の例を示す.

中高層の鉄筋コンクリート構造の場合は，カーテンウォール（(3) 項参照）を外壁に採用することも多い.

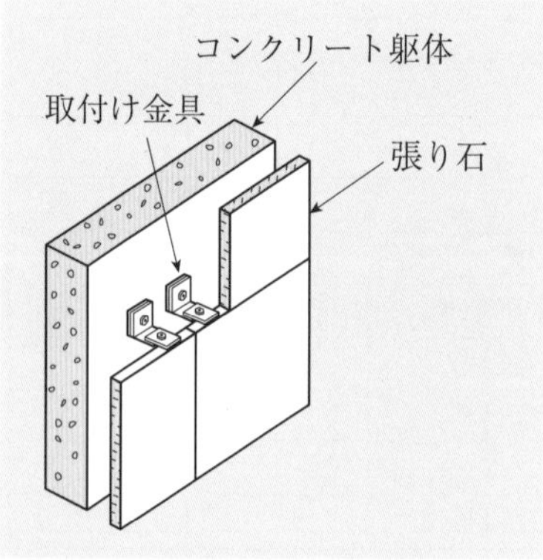

図 3.1 天然石張りの外壁の例 [1]

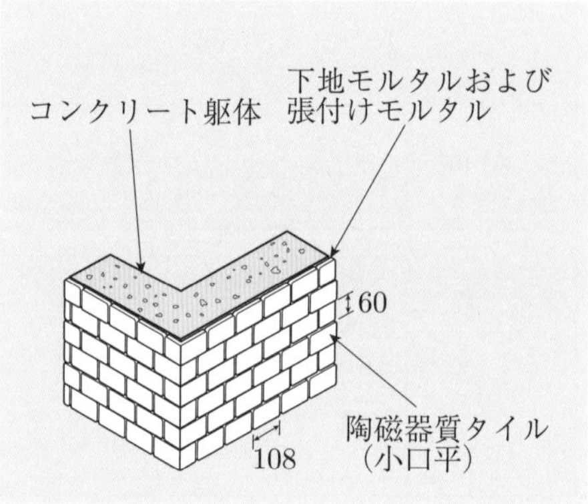

図 3.2 陶磁器質タイル張りの外壁の例 [1]

(2) 木構造の外壁の構成

在来軸組式構法の場合，外壁の壁体に相当する部分は組壁であり，**間柱**（まばしら）や筋かいなどの細長い構造材料が組み合わさっていて「空間的に隙間の多い状態」にある．したがって，壁として平面を構成するためには，壁体に相当する部分またはその外側に，面状（または板状）の壁下地あるいは壁仕上げが必要となる．多くの場合，間柱の外側に**胴縁**（どうぶち）あるいは胴縁に面材を張ったものや，下地板またはこまい（小舞，3.2.3 項参照）下地が壁下地となる.

枠組壁工法の場合，壁体に相当する部分は枠材や筋かいの外側に構造用合板などが張られ最終的に壁面を形成するので，それが壁下地となる．木質系プレハブ工法の場合も同様で，外壁パネルが壁下地となる.

外壁の構成は，ほとんどの場合，「仕上層 + 中間層 + 壁下地」である．中間層と壁下地を適切に選定すれば，仕上層の材料選択の自由度は高い．

図 3.3，図 3.4 に，金属板（金属系サイディング）による張り仕上げ，およびモルタル塗り仕上げの外壁の例を示す．

ログハウスなどの木質系組積造の外壁の場合は，壁体を構成する組積材がそのまま外壁となることが多い．

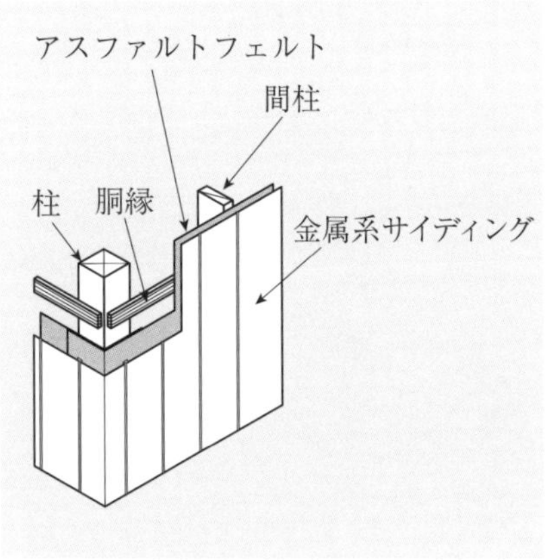

図 3.3　金属系サイディング張りの外壁の例[1]

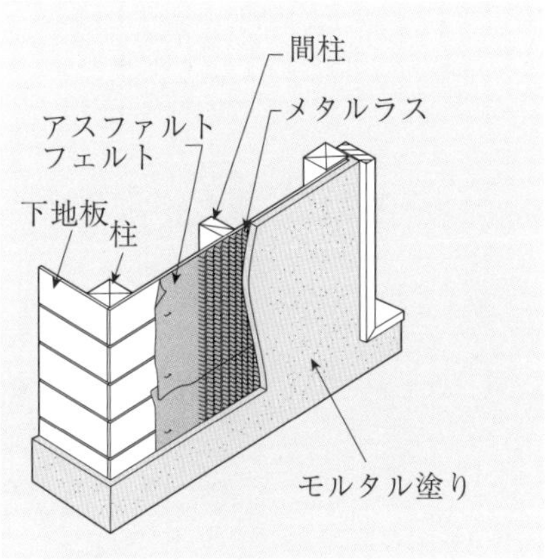

図 3.4　ラスモルタル塗りの外壁の例[1]

(3)　鋼構造の外壁の構成

低層の架構式鋼構造の場合は，在来軸組構法による木構造の場合と同様に，鋼製部材による組壁が下地壁となる．金属系壁材などをその上に張って仕上げることが多い．

ALC 板などの無機系パネルを併用する低層の複合鋼構造においては，パネル表面に種々の仕上げが施される．また，表面に仕上げを施したパネルも用いられる．

高層の鋼構造の場合，構造骨組としては，外壁の壁体に相当する部分は「空間的に何もない状態」にある．今日，このような鋼構造のほとんどの外壁は**カーテンウォール**と呼ばれる非耐力壁で構成される．カーテンウォールとは，工場生産された大型の壁用部品を現場施工する工業化工法による非耐力外壁を指す．図 3.5，図 3.6 に，プレキャストコンクリート系カーテンウォールとメタル系カーテンウォールの例を示す．

カーテンウォールは構成部材の形状により，主に線状の部材を用いるマリオ

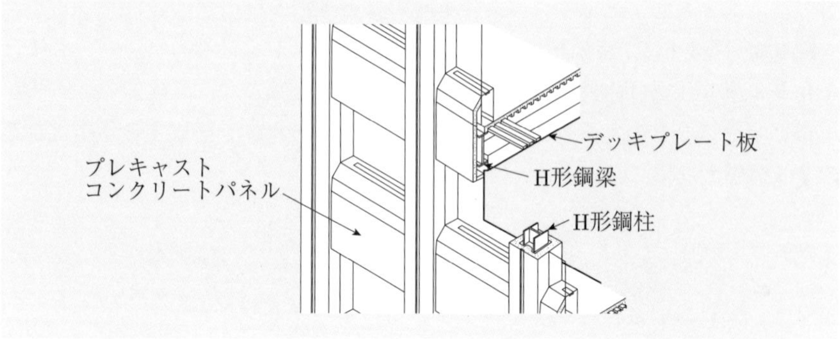

図 3.5 プレキャストコンクリート系カーテンウォールの例 [1]

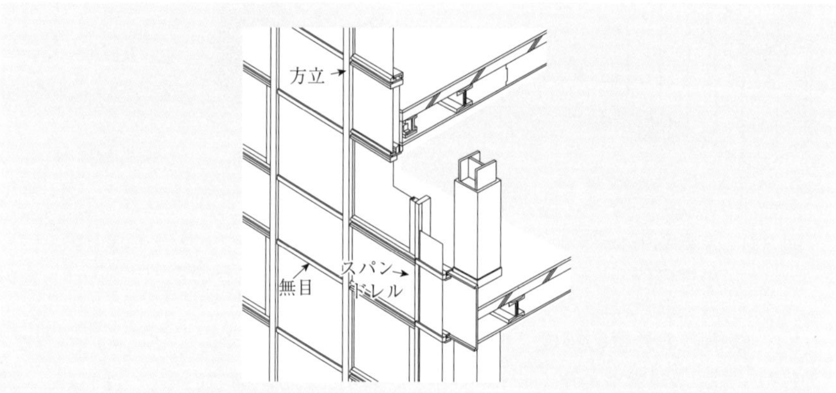

図 3.6 メタル系カーテンウォールの例 [1]

ン方式と，パネル状の部材を用いるパネル方式に大別される．

マリオン方式では，マリオン（方立（ほうだて））と呼ばれる縦部材を上下階の床または梁の間に渡し，そこにガラスやスパンドレルと呼ばれる板状部材をはめ込む．初期のカーテンウォールではガラスは方立の奥に取り付けられることが多かったが，近年は SSG 構法（第 8 章参照）などを用いて方立の屋外側にガラスを取り付けるバックマリオンと呼ばれる方式も増えている．また，無目（むめ）と呼ばれる横材を構造材として，そこにガラスやスパンドレルをはめ込む方式もある（無目通し方式）．

パネル方式では，ガラス窓を有するパネルを並べて壁面を構成するか，パネルを並べた後に残った部分にガラスをはめ込む．また，柱，梁を包み込むような形状のパネルを用いるもの（柱・梁カバー方式）や，梁・腰壁前面だけをパネルで構成し，横方向にガラス窓を連続させるもの（スパンドレル方式）もある．

地震や風などの外力により，建物は変形する．この時の各階の水平方向の変位を**層間変位**という．カーテンウォールをロッキング方式，スウェイ方式（スライド方式）などの方法により取り付けることで層間変位に追従し脱落や破損を防ぐ．図 3.7 にロッキング方式およびスウェイ方式の概要を示す．

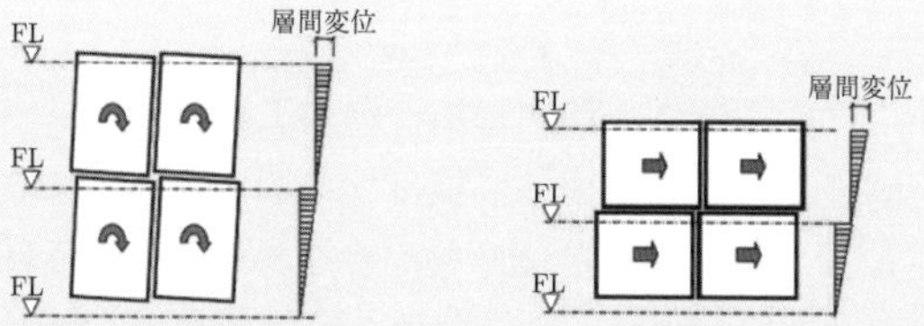

(a) ロッキング方式　　(b) スウェイ方式

図 3.7　カーテンウォール（資料提供：プレコンシステム協会）

(4)　組積造の外壁の構成

石造やれんが造などの組積式構法に関しては，外壁の構成の基本は (1) 項の中低層ラーメンや壁式の鉄筋コンクリート構造の外壁と同様である．壁体のみの外壁もあれば，仕上層，中間層を有する外壁もある．

3.2 外壁仕上げの種類と材料

一般に外壁の仕上げは，張り仕上げと塗り仕上げの2種に大別される．

3.2.1 張り仕上げに用いられる材料

張り仕上げとは，おおよそ板状の仕上材料を，必要に応じて中間層を介して，壁体（あるいは壁下地）に張り付けて仕上面を構成する工法をいう．「板状材料」は実際には多種多様であり，材種や形状・寸法，あるいはシステム化の程度などによりタイル，ブロック，ボード，パネル，サイディングなどと様々な名称で呼ばれる．

また，張り仕上げの工法は，**乾式工法**と**湿式工法**に分類される．乾式工法とは，板状材料を固定金具などを用いて機械的に固定する工法をいう．一方，湿式工法とは，モルタルなどの左官材料を接着剤として，板状材料を張り付ける工法をいう．近年は工期，品質などの観点から乾式工法の採用が増えている．

外壁の張り仕上げに用いられる主な板状材料には，次のようなものがある（以下の例のうち，いくつかの材料に関してはワンポイント建材解説で解説する）．

(1) 自然石・人造石

大理石，花崗岩などの**自然石**や**人造石**が使用される．

20～30 mm 程度の薄い板状の石材を，壁や床の仕上げに用いるもので，近年，幅広く使用されている．湿式工法または乾式工法により張り付ける．

従来からの湿式工法は，躯体コンクリートへの差し筋を利用し，これに縦横筋を配して，引き金物，だぼ，かすがいなどの金物を用い，これにとろモルタルを充填し固定する方法である．湿式工法には，さらに，石材の裏面全体にとろを充填する方法（**全とろ工法**）と，石材周辺のみに帯状にとろを充填する方法（**帯とろ工法**，図3.8）に分類さ

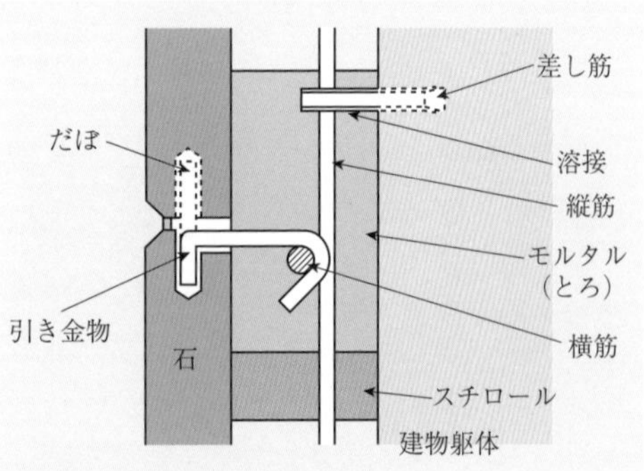

図3.8 張り石工法の例（湿式帯とろ工法）（嶋津他著「建築材料」（森北出版）より）

れる．外部からの圧力の大きい外壁や床には全とろ工法がよく用いられる．また大理石など，モルタルのアルカリに弱い石材の場合は，壁体と板石のすき間の全てをつぎとろにより充填することは避け，帯とろ工法を採用する．

湿式工法ではモルタルを用いるため，エフロレセンス（白華現象）のおそれがあることや，施工に熟練と時間を要することから，最近ではモルタルを用いずに，石材を受け金物によって固定する乾式工法が増えている（図3.9）．外壁用の金具にはステンレス鋼が使用される．また，プレキャストコンクリート（PC）部材の製造時に，石材をあらかじめ伏せて並べ，この上からコンクリートを打設し，PC部材として一体化させる方法（**石先付けPC板工法**）も増えている（図3.10）．

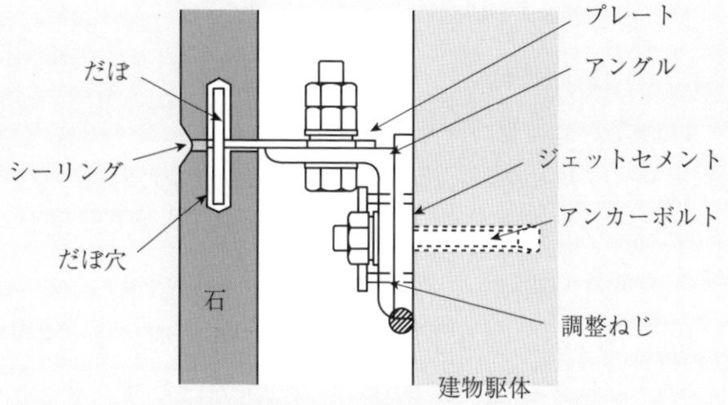

図3.9　張り石工法（乾式）（嶋津他著「建築材料」（森北出版）より）

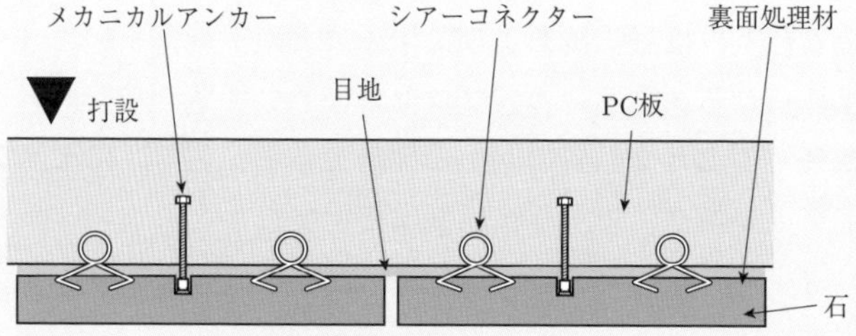

図3.10　石先付けPC板工法（嶋津他著「建築材料」（森北出版）より）

(2)　セラミックタイル（陶磁器質タイル）

外壁には**セラミックタイル**のうち，耐候性に優れるせっ器質タイル，磁器質タイルが多く用いられる．外装タイルの呼称とれんがの寸法の関係を図3.11に示す．外装タイルの寸法はれんがの寸法が基本モジュールとなっている．

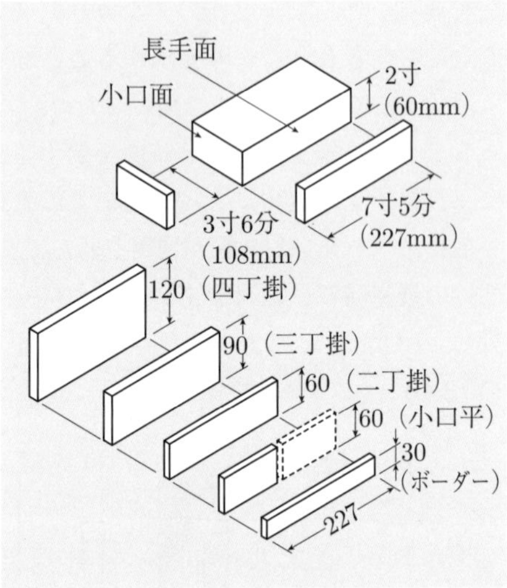

図3.11　外装タイルとれんがの寸法の関連（全国タイル業協会編「タイル手帖」より）

セラミックタイルの施工法には湿式工法および乾式工法がある．湿式工法はモルタルを用いて下地にセラミックタイルを張り付ける工法である．初期には手作業で下から積み上げつつ下地にタイルを張り付ける積上げ張りが行われていたが，作業効率の改善や不具合の防止等の観点から初期の工法は現在では衰退し，現在では密着張り工法や圧着張りの一種である**モザイクタイル張り工法**が多く用いられている．圧着張りは現在では落下の恐れがない床面用の工法として用いられている．一方で，乾式工法には下地に金具を取り付け，タイルを機械的に固定する方法などが用いられてきたが，近年では有機系接着剤張り工法の採用が増えている．表3.2に主な**タイル張り工法**を示す．

タイル張り仕上げは施工後および供用中に剥離，剥落を起こさないよう確実な施工が求められる．施工時の各プロセスにおいて管理項目，目標に沿った品質管理を徹底することで品質の向上が期待できる．表3.3にセメントモルタルによる外壁タイル張りに関する管理事項を示す．

表 3.2　主なタイル張り工法[13]（写真提供：全国タイル業協会）

密着張り	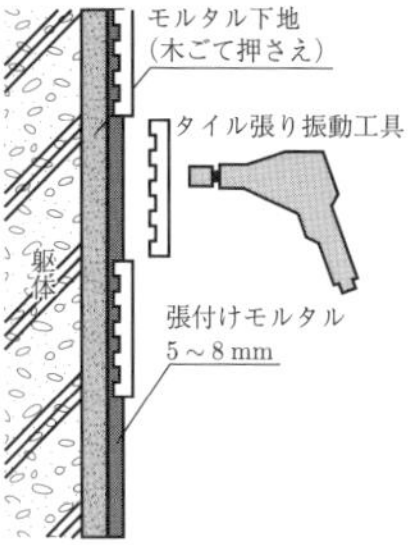		張付けモルタルを下地面に塗り，モルタルが軟らかいうちにタイル張り用振動工具を用いてタイルに振動を与え，埋め込むように壁タイルを張り付ける工法.
モザイクタイル張り	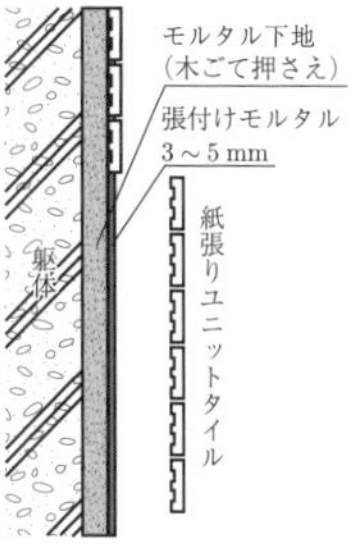		張付けモルタルを下地面に塗り，直ちに表張りのユニット化されたモザイクタイルをたたき押えして壁または床に張り付ける工法.
有機系接着剤張り	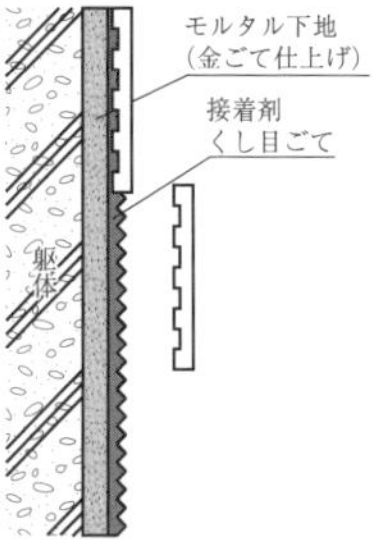		有機系接着剤張りを下地面に塗り，これにタイルをもみ込み，たたき押えして張る工法.
（参考）圧着張り	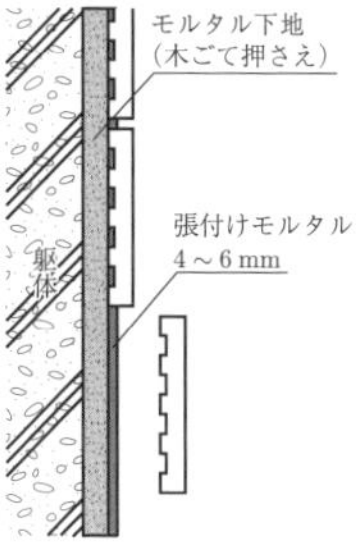		張付けモルタルを下地面に塗り，モルタルが軟らかいうちにタイルをたたき押えして床タイルを張り付ける工法. 近年では床に用いる.

表 3.3　セメントモルタルによる外壁タイル張りに関する管理事項[13]

	プロセスフロー	管理項目
タイル張り	下地表面	乾燥状態
	吸水調整	吸水調整材の種類・希釈率・塗布量
	モルタル混練	モルタルの調合・練り置き時間
	張付けモルタル塗り	こて圧・塗り厚
	タイル張付け	張付け方法・張付け状況・充填率
	目地部清掃 (一般目地・伸縮調整目地・構造スリット目地)	清掃状況
目地詰め	目地モルタル充填・目地押さえ	調合・色・こて圧・塗り厚
伸縮調整目地	シーリング材充填	材質・深さ・充填範囲・養生期間
検査	タイル裏面へのモルタル充填検査	充填率（検査の頻度・記録の保管方法）
	外観検査	表面状態
	打音検査	浮きの有無
	接着強度試験	接着強度・界面破壊率
清掃	水洗い	清掃状況
	酸洗い	養生・洗剤の種類・清掃状況

外壁タイルの点検

外壁タイルの落下は死亡事故などの重大な結果を招くことがある．計画，施工段階だけでなく使用時にも剥落防止のための対応が求められる．そのため，定期的に点検を行い，浮き（タイルと下地のモルタルの間などの空隙）の箇所を把握し，未然に剥落防止の措置を行う．点検は打診棒を用い，タイルの浮き部の打撃音の違いを聞き分けることにより浮きの部分を判断する方法が現在の主流である（写真 3.1）．

写真 3.1　打音検査の例
（全国タイル業協会編「タイル手帖」より）

参考　板材の施工

サイディングによる外壁仕上げ　**サイディング**（siding）とは元来，外壁仕上げ用の板材（天然材）のことであった．今日では広く外壁用にシステム化された板状製品全般をサイディングといい，一般の住宅などに多用されている．木質系，窯業系（セメント系，写真 3.3），金属系，プラスチック系の別があり，製品の種類も多い．金具を用いて止め付けることで容易に施工できる．サイディングの内側，つまり壁体内に空気層を設け壁体の耐久性を向上させる通気工法の採用も増えている．最近の戸建て住宅の外壁の約 2/3 はサイディングによる仕上げである．

写真 3.3　窯業系サイディングの例（写真提供：ケイミュー）

このほか，サーモグラフィを用い，画像診断により浮き部を確かめる方法がある（写真 3.2）．浮き部にはタイルの裏面に空気層があるため，日射等により高温になることから検出ができる．しかし，天候や方位等の条件により検出の精度に影響があることがわかっている．

写真 3.2
サーモグラフィによる外壁の撮影例
（写真提供：リコージャパン）

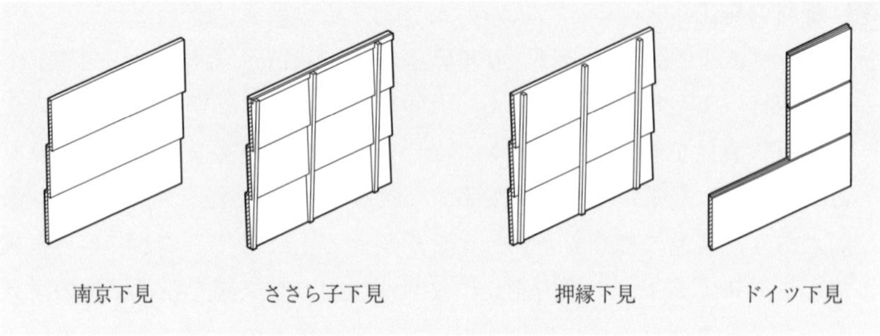

図 3.12　板材の張り方の例

板材の張り方　外壁における板材の伝統的な張り方には**下見板張り**と**羽目板張り**がある．下見（したみ）板張りとは，壁に板状材料を横に羽重ねに張ったものである（図 3.12）．羽目板（はめいた）張りとは，下見板張りのように板材料を羽重ねしないで，板材料を同一平面に張ったものである．場合により，単に板を横に張ることを下見張り，縦に張ることを羽目張りということもある．　□

3.2.2　塗り仕上げに用いられる材料

塗り仕上げとは，左官材料，仕上塗材，塗料などの仕上材料を壁下地に塗って仕上面を構成する工法をいう．工法別には，吹付け，ローラー塗り，こて塗りが多い．外壁の塗り仕上げに用いられる主な材料には，次のようなものがある．

(1)　仕上塗材

仕上塗材については，別途，第 7 章で述べる．

(2)　セメントモルタル

作業性などを考慮した左官用調合のモルタルが用いられ，結合材に水溶性樹脂を混ぜることもある．モルタル塗りは，コンクリート下地，ラス下地，木質セメント板下地などに適用され，そのまま仕上げ面となるほか，各種の仕上げの下地面ともなる．

仕上げの種類には，金ごて・木ごて仕上げのほか，**かき落し粗面仕上げ**（かき落しリシン仕上げ），**スタッコ仕上げ**，**骨材あらわし仕上げ**，はけ引き仕上げ，などがある．

かき落し粗面仕上げとは，モルタルの凝結硬化の初期に金ぐし，こて，ブラシなどを用いてかき落し，粗面に仕上げるものをいう．

スタッコ仕上げとは，モルタルをこてなどで塗りつけた後，こてや形押しローラーなどの工具で凹凸面に仕上げるものをいう．凸部の先端を平端に押さえる仕上げも多く行われる．なお，スタッコは，本来，消石灰に大理石粉や粘土粉を混ぜ，大理石に似せた塗壁材のことをいった．

骨材あらわし仕上げとは，人造石塗洗出し仕上げのほか，化粧用骨材を塗付け，吹付け，植込みなどの方法で表面に付け，凹凸面に仕上げるものをいう．

セメントモルタル塗りは，材料や施工が適切であれば，耐久性は比較的高い．

(3)　しっくい

しっくいについては，別途，第 5 章で述べる．

(4)　土壁材

化粧用の色土と砂を混ぜ，のり，すさ，水を加えて練ったもので，古くからの左官材料である．近年は壁土の持つ吸放湿機能や吸臭機能が着目されるようになっている．土壁材については，第 5 章で補足する．

(5)　塗料

外壁用の塗料については，別途，第 7 章で述べる．

3.2.3　外壁の下地に用いられる材料

(1)　張り下地

外壁の張り下地（壁体）に関しては，建築の構造形式が定まれば，その材料と構成もほぼ定まる．張り下地を構成する主な材料を，建築構造形式ごとに以下に示す．

鉄筋コンクリート構造　現場打ちコンクリートのほか，プレキャストコンクリート板，プレストレストコンクリート板，ALC パネル，コンクリートブロック．

木構造　木材，木質系パネル．

鋼構造　鋼材のほか，コンクリート系カーテンウォールには，プレキャストコンクリート板，プレストレストコンクリート板，ALC パネル，押出成形セメント板．近年は，GRC パネル（耐アルカリ性ガラス繊維を混入して成形される薄いコンクリートパネル）など繊維補強された高強度コンクリートパネルも用いられる．メタル系カーテンウォールには，アルミニウム，鋼，ステンレス鋼など．

組積造　石材，れんが，コンクリートブロック，木材（組積材）．

（主要な構造材料に関しては，I巻：構造材料編を参照のこと）

また，今日，壁下地や壁体内部には断熱材（第11章参照）が施工されることが多い．

(2)　塗り下地

塗り仕上げの場合は，上述の張り下地に用いられる材料に加え，中間層として次のような下地が用いられる．

ラス下地　モルタル塗りなどの下地（図3.4）．ラスとは，左官系仕上材の壁下地への付着性を向上させ，また仕上材のひび割れ発生を軽減するために用いる金網状のものをいう．金属板に切れ目を付けて引き延ばし金網状にしたものをメタルラスという．通常，木造の場合は木ずり下地の上に防水紙を張り，さらにこの上にラスを張る．あらかじめ防水紙とラスを組み合わせた製品もある．角波状の亜鉛鉄板にメタルラスを溶接したものはラスシートと呼ばれる．

木質セメント板下地　モルタル塗りなどの下地．

木ずり下地　しっくい塗り，プラスター塗りなどの下地．木ずり用の小幅板（幅3～4 cm）を少し隙間（壁では7 mm程度）を空けて壁体に張り並べたもの（図3.13）．

こまい（小舞）下地　色土塗り，しっくい塗りなどの左官仕上げ用の伝統的な下地である．柱間にある貫（ぬき）をたよりに，間渡し竹を縦横に約30 cm間隔に組み，その間にさらにこまい（小舞）と呼ばれる細い竹材や木材などを縦横4 cm程度の間隔で組んだ壁下地をいう（図3.14）．

左官

昔，宮中（天皇の宮殿）の営繕の際に，木工寮(もくりょう)と呼ばれる宮中の造営をつかさどる役所の属（さかん．官職名のひとつ）と同等の身分で出入りを許されたところから，壁を塗る職人を左官（さかん）というようになった．ちなみに，大工（だいく）は元来，木工寮の職人の長の称号である．

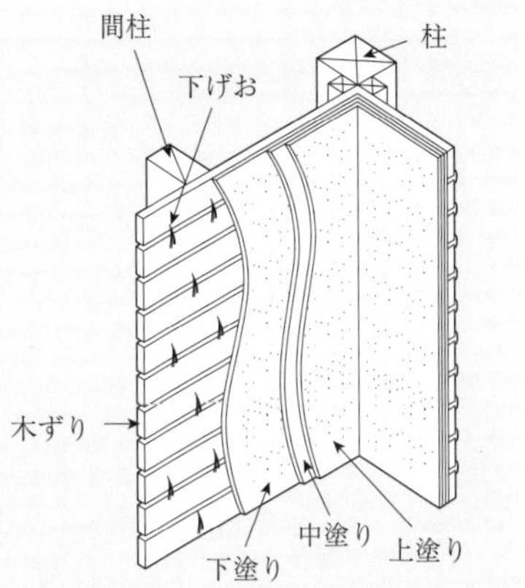

図 3.13　木ずり下地のしっくい塗壁の例[1]

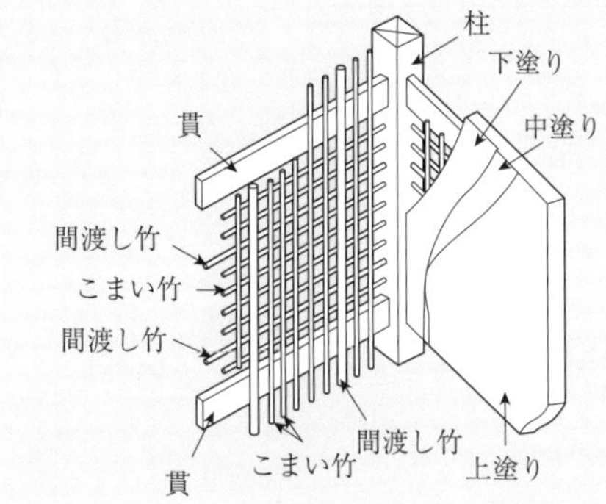

図 3.14　こまい壁（こまい下地）の例（資産評価システム研究センター編「家屋評価用語集」より）

ワンポイント建材解説

陶磁器質材料

陶磁器とは，粘土とそのほかのケイ酸塩鉱物の粉末を成形し，その後高温焼成したものである．成形時の方法には，湿式法と乾式法がある．一般に陶磁器は，原料の種別・品質と焼成温度あるいは吸水率の違いにより，表 3.4 に示すように**土器**，**陶器**，**せっ器**，**磁器**に分類される．基本的に磁器の品質が最も高い．**釉薬**（ゆうやく）の有無の別もある．

建築用には，れんが，瓦，内装タイル，外装タイル，床タイル，モザイクタイル，衛生陶器などがある．モザイクタイルとは，1 枚の面積が 50 cm^2 以下で，通常，台紙張りされているものをいう．外装タイルには耐候性が要求されるため，吸水率が小さく，耐凍結融解性に優れるものを選択する必要がある．

陶器のうち，装飾用の比較的大形のものを従来はテラコッタと呼んだが，最近は外装用パネルなど普通のタイル形状以外の陶磁器もテラコッタと呼ばれるようになった．

表 3.4 陶磁器の種類と特徴 [2], [37]

区分	焼成温度	素地の特徴	素地の吸水性	釉薬の有無	製品例
土器	800°C 前後	不透明 多孔質 強度低い 硬度低い	かなり 吸水する	多くが無釉	粘土瓦 れんが 土管
陶器	1000°C 以上	不透明 多孔質 たたくと濁音を 発する	吸水する （吸水率 22.5 %以下）	多くが施釉	釉薬瓦 内装タイル 衛生陶器
せっ器	1200°C 前後	不透明 密実 たたくと清音を 発する	やや吸水する （吸水率 5.0 %以下）	施釉 または無釉	内装タイル 外装タイル 床タイル
磁器	1250°C 以上	透明性あり 緻密 硬度大 たたくと金属性の 清音を発する 破砕面は貝殻状	ほとんど 吸水しない （吸水率 1.0 %以下）	施釉 または無釉	内装タイル 外装タイル 床タイル モザイクタイル

ワンポイント建材解説

板状材料

(1) セメント系板材

(a) ALC（Autoclaved Lightweight Concrete）パネル

石灰質原料およびケイ酸質原料を主原料とし，オートクレーブ養生（180°C, 10 気圧程度の促進蒸気養生）した軽量気泡コンクリート（ALC）のうち，鉄筋，鉄線などの補強材で補強したパネルをいう．軽量（密度約 0.5）で断熱性，耐火性，寸法・形状の安定性に優れる．吸水率が大きいなどの欠点もある．外壁，内壁のほか，屋根，床に使用される．

板厚から見た種類には，板厚 35 mm 以上 75 mm 未満の**薄形パネル**と，板厚 75 mm 以上 200 mm 以下の**厚形パネル**がある．また，パネル表面の意匠加工の有無により，意匠加工のない**平パネル**と，意匠加工を施した**意匠パネル**の別がある．ALC パネルは多く下地材として使用されるが，吹付けなどの仕上げを施し，そのまま外壁仕上面に使用できる製品もある．吸水率が大きいことから凍害に注意して用いる必要がある．

(b)　押出成形セメント板（ECP：Extruded Cement Panel）

セメント，ケイ酸質原料および繊維質原料を主原料として，中空を持つ板状に押出成形し，オートクレーブ養生したパネルをいう．主に建築物の非耐力外壁および間仕切壁に用いられる．不燃材料であり，中実の一般板状材料と比較して軽量で，断熱性，遮音性に優れる．押出成形とは，形状に合わせた金型を通して，原料を連続して板状に押し出して成形する製造法をいう．繊維質原料には，パルプやガラス質繊維などが用いられる．通常品の板厚は 35〜100 mm である．ALC パネル同様，表面に仕上げを施した複合製品もある．（写真 3.4）

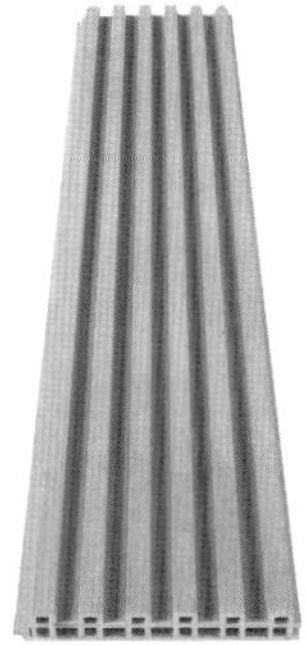

写真 3.4　押出成形セメント板の例（デザインパネル 2）（写真提供：ノザワ）

(c)　繊維強化セメント板

石綿以外の繊維で強化成形した**スレート**，**ケイ酸カルシウム板**および**スラグ石こう板**を，まとめて繊維強化セメント板という．繊維強化セメント板の種類，原料，主な用途を表 3.5 に示す．表中，ケイ酸カルシウム板とスラグ石こう板に関しては，0.2〜1.0 の数値が名称についているが，これらは各板材の見かけ密度の標準値を示す．

スレートには波板とボードの別がある．波板に関する細分類は形状によるが，ボードの細分類は原料組成や板材の基本性状の違いによる．見かけ密度，曲げ強さはフレキシブル板が最も高く，軟質板が最も低い．吸水性に関しては逆の順になる．スレートの板厚は 3〜8 mm である．

ケイ酸カルシウム板に関しては，内装用と耐火被覆用とで見かけ密度，板厚，断熱性が異なる．耐火被覆用のほうが軽く，厚く，熱を通しにくい．内装用の板厚は 5〜12 mm，耐火被覆用の板厚は 12〜70 mm である．スラグ石こう板の

表 3.5　繊維強化セメント板の種類[19]

種類			主な用途
スレート	波板	小波	外壁用
		大波	屋根および外壁用
	ボード	フレキシブル板 A	内装および外壁用
		フレキシブル板	
		軟質フレキシブル板	
		平板	
ケイ酸カルシウム板	タイプ 2	0.8 ケイ酸カルシウム板	内装用
		1.0 ケイ酸カルシウム板	
	タイプ 3	0.2 ケイ酸カルシウム板	耐火被覆用
		0.5 ケイ酸カルシウム板	
スラグ石こう板	0.8 スラグ石こう板		内装用
	1.0 スラグ石こう板		外装用
			内装用
	1.4 スラグ石こう板		外装用
			内装用

[注] スレートの原料に，ケイ酸質原料を含む場合もある．
ケイ酸カルシウム板タイプ 2 の原料に，セメントを含む場合もある．

板厚は 5〜12 mm である．

(d)　木質系セメント板

主原料として木毛，木片などの木質原料とセメントを用いて，板状に圧縮成形したものをいう．主に建築物の壁，床，天井，屋根などに用いる．木質系セメント板には木毛セメント板，木片セメント板がある．標準品の場合，木毛セメント板の板厚は 15〜50 mm，木片セメント板の板厚は，硬質で 12〜25 mm，普通で 30〜80 mm である．

(e)　窯業（ようぎょう）系サイディング

主原料として，セメント，ケイ酸質原料，繊維質原料，混和材料などを用いて，板状に成形したものをいう．板厚は 12〜25 mm である．製品には，押出成形セメント板，繊維強化セメント板，木質系セメント板などを基板として，その表面にタイル・れんが調，石調，コンクリート調，塗壁調，木調などの仕上げ加工を施したものが多い．近年は天然材料に外観がよく近似した製品もある．

(2) 金属系板材

(a) 金属板

塗装溶融亜鉛めっき鋼板（トタン板），溶融 55％アルミニウム–亜鉛合金めっき鋼板（ガルバリウム鋼板）およびその塗装板，塩化ビニル積層鋼板，塗装鋼板，塗装ステンレス鋼板，ほうろう鋼板，アルミニウム合金塗装板などがある．形状も平板，波板など多様である．

ガルバリウム鋼板は，通常の溶融亜鉛めっき鋼板より耐候性に優れ，近年，使用例が増えている．塗装鋼板用によく用いられる合成樹脂は，ポリエステル樹脂，フッ素樹脂，ポリ塩化ビニル樹脂である．

(b) 複合金属サイディング

表面材に上述したような各種金属板を用い，これらと石こうボード，硬質プラスチックフォームなどの芯材および金属系の裏面材を張り合わせて，外壁用に成形加工した製品をいう．製品の厚さは 12〜25 mm である．比較的軽量で施工性に優れ，凍害に強い．窯業系サイディング同様，複合金属サイディングであっても，タイル・れんが調，石調など多様な外観の製品がある（写真 3.5）．

写真 3.5　複合金属サイディングの例（写真提供：ケイミュー）

3章の問題

□**1** 次の各記述がそれぞれ正しければ○，誤りならば×を付けよ．

① 鉄筋コンクリート構造の外壁は，仕上層や中間層がなくても外壁として成立する．

② 細い竹材や木材などを組んで左官仕上げ用の下地を木ずり下地という．

③ 土器，陶器，せっ器，磁器の中で，陶器の品質が最も高い．

④ しっくいは空気中の二酸化炭素と反応し硬化していく気硬性の性質を示す．

⑤ 外壁の張り仕上げの中で，湿式工法は乾式工法に比べて，施工に熟練を要し，工期が長くなる傾向にある．

⑥ カーテンウォールは，構造耐力を負担する耐力壁に分類される．

⑦ 湿式工法で用いられるモルタル中に含まれる水酸化カルシウムは，エフロレセンスの原因となる．

⑧ 湿式壁は多くの場合，乾燥するに従って収縮が起こり，亀裂を生じやすい．

⑨ トタン板は，ガルバリウム鋼板よりも耐候性に優れる．

⑩ ALC は，軽量であり，断熱性，耐火性，寸法・形状安定性に優れ，吸水率が小さい．

□**2** 次の各記述について説明せよ．

(1) カーテンウォールのロッキング方式およびスウェイ方式について，その役割を説明するとともにそれぞれの特徴を図示して説明せよ．

(2) 仕上工法の湿式工法と乾式工法の特徴（利点，欠点）について述べよ．

第4章

床

床は建築の中で，人間や物品などが直接接触する部位である．そのため，それらとの関係についての配慮が強く求められる．この点がほかの建築材料とは異なる点である．かつての床は，躯体（下地）と我々が直接接触する床表面（仕上げ）とが，一体となったものが一般的であった．しかし近年は，床への要求性能の多様化と高度化に対応するため，下地と仕上げ，および両者の間に設けられる中間層とが，分離した構成を持つものも多くなっている．本章では，下地，中間層，仕上げの順に材料，構法を説明しているが，これらが床に要求される性能に応じてどのように開発され使用されているかについても，理解してもらいたい．

4.1　床の構成

図 4.1 に，床の構成を体系的に整理して示す．

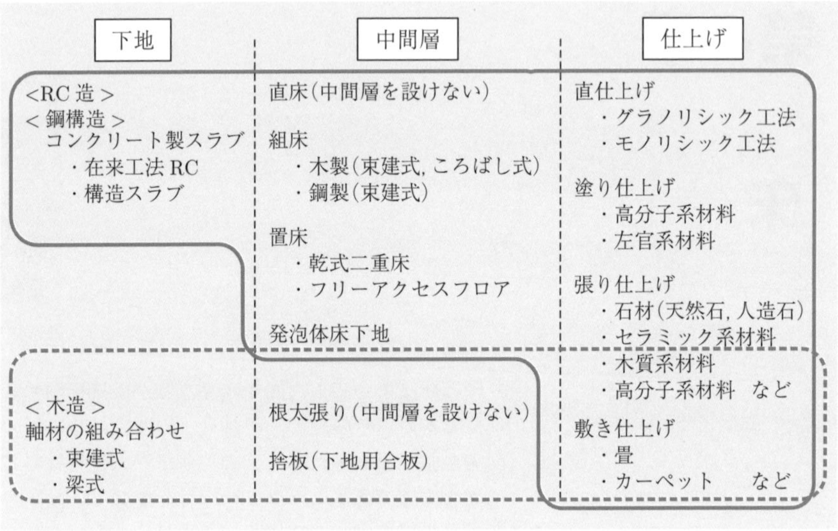

図 4.1　床の構成

(1)　下地

木造建築物の場合，床の**下地**は軸材を組み合わせて造る．一方，鉄筋コンクリート造や鋼構造建築物の場合，一般にコンクリート製のスラブが床の下地となる．スラブのうち，地盤上に設けられ面で支持されたスラブを**土間スラブ**，柱や梁など点や線で支持され下階に空間を有するスラブを**構造スラブ**という．

(2)　中間層

下地と仕上げの間には，**中間層**が設けられる場合がある．このうち，コンクリートスラブ上に軸材を組み，その上に仕上げを施す床を**組床**という．また，脚あるいは束の付いたパネルをコンクリートスラブ上に置き並べ，その上に仕上げを施す床を**置床**という．

これに対し，中間層を設けず，コンクリートスラブ上に直接仕上げを施す床を**直床**という．

(3) 仕上げ

下地あるいは中間層の上に施す**仕上げ**には，**塗り仕上げ**（ペーストもしくは液状の材料を塗る仕上げ），**張り仕上げ**（タイルもしくはシート状の材料を張る仕上げ），**敷き仕上げ**（パネルもしくはタイル，シート状の材料を敷く仕上げ）などがある．これに対し，コンクリートスラブの表面を直接仕上げ面としたものを**直仕上げ**という．

なお，このほかに，我が国における伝統的な床仕上げの1つに，**たたき（三和土）**や，たたきの上に方形で板状の敷瓦を敷き詰めた**瓦敷**などがある．

乾式二重床

乾式二重床では，床上で歩行などの動作をした際，床下の空気層で共振が起こりいわゆる**太鼓音**が発生し，問題となる場合が多々ある．この太鼓音は，脚先に取り付けられたゴムの緩衝作用の影響を受けるとともに，二重床端部が壁に固定されていると共振した空気の逃げ場がなくなるため大きな音が発生しやすくなる傾向がある．このため，現状では，ゴムのやわらかさや形状とともに，端部の構造を工夫した様々なタイプの乾式二重床が開発されている．

土間とたたき（三和土）

我が国の伝統的な家屋において，地面に屋根がかかっている空間を**土間**と呼び，屋内と屋外の中間的な位置付けとして，農・漁業での雨天時の作業場や，炊事場として利用した．明治時代に水道とガスが各戸に普及し，炊事場が台所として屋内に設けられるようになると，土間は屋内で土足を着脱する玄関として狭小化した．現在では，コンクリートや土，石材などで地面に直接作られた床を指す言葉として用いられている．

土間で炊事をする際，耐火性や排水性などが求められたことから，固練りの漆喰が用いられるようになった．**たたき（三和土）**の名前は，土（骨材），石灰（水硬性接着剤），にがり（凝固補助剤）の3種を混和して水で練り，地面に流して叩き固めたことに由来する．土間や玄関そのものを指す言葉として用いられることもあり，土間や玄関に別の材料を用いる場合も，例えばコンクリートたたきなどのように用いられることもある．

4.2　下地および中間層に用いられる材料

4.2.1　コンクリート床下地および直床

(1)　コンクリート床下地

(a)　土間スラブ

図 4.2 に，一般的な**土間スラブ**の例を示す．まず，締め固めた地盤の上に，**割り繰り石**を敷き込み，転圧の後，隙間に砂利を充填する．その上に，墨出しや配筋のための**捨てコンクリート**を打設する．さらに，捨てコンクリート上に土間スラブの配筋を施した上で，コンクリートを打設する．なお，地盤からスラブ上面への水分の移動を防ぐ目的で，捨てコンクリート上面にポリエチレンシートなどを敷く場合がある．

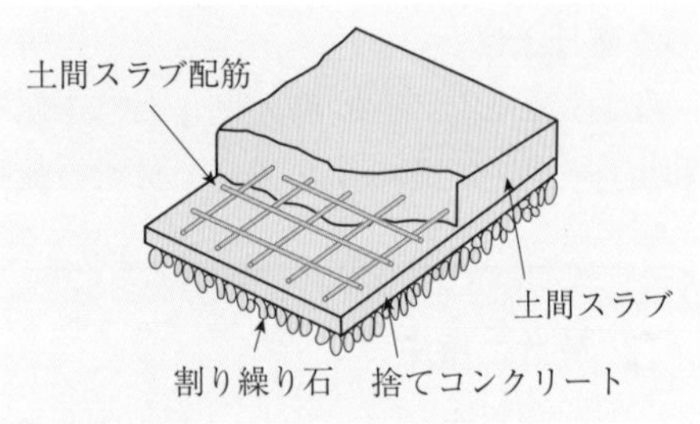

図 4.2　土間スラブの例 [1]

(b)　構造スラブ（在来工法）

構造スラブで最も一般的なのは，現場で型枠を組み配筋を施した上でコンクリートを打設する，いわゆる**在来工法**の場所打ちコンクリートスラブである．図 4.3 に，一般的な構造スラブの例を示す．図の (a) は大梁のみ，(b) は大梁間に小梁が掛けられた例である．

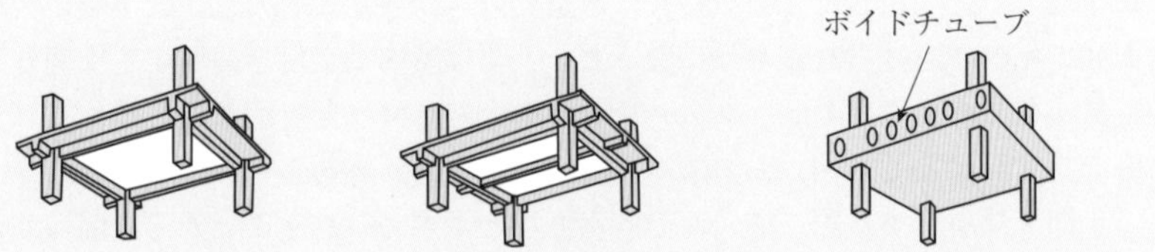

(a) 大梁付スラブ　(b) 大梁，小梁付スラブ　(c) フラット中空スラブ

図 4.3　構造スラブの例
（岡田ほか著「構造形式とスラブ構工法の選択」（「建築技術」2001 年 5 月号）より改変）

また，近年では，設計の自由度向上の観点から，スラブ厚を 300 mm 程度以上と厚くし，梁をなくした**フラットスラブ**も多く施工されている．この場合，図の (c) に示すように，剛性を確保しつつ重量を抑える目的で，ボイドチューブを利用した中空スラブ（ボイドスラブ）とする例が多い．

(c)　構造スラブ（PC，ALC，ハーフ PC，デッキプレート）

これらはいずれも，在来工法の短所の 1 つであるコンクリート打設時に必要な支保工を省略し，工期の短縮をねらったものである．このうち，**PC スラブ**，**ALC スラブ**は，工場（ファブ）やヤードで別途製作した PC 板や ALC 板を梁の間に掛け渡し，接合部にコンクリート，モルタルなどを注入してスラブとするものである．また，**ハーフ PC スラブ**，**デッキプレートスラブ**は，いずれも型枠の代わりに PC 板やデッキプレートを用い，その上にトッピングコンクリートを打設してスラブとする，合成スラブである．ハーフ PC スラブの施工状況を写真 4.1 に，デッキプレートスラブの施工状況を写真 4.2 に示す．

(a) 鉄筋トラスタイプ　　(b) ボイドタイプ

写真 4.1　ハーフ PC スラブの施工状況（写真提供：戸田建設）

写真 4.2　デッキプレートスラブの施工状況（写真提供：戸田建設）

(2)　直床

以上に述べたような種々のコンクリートスラブ表面に直接仕上げを施す，あるいは**セルフレベリング材**や**ならしモルタル**などを打設して表面の凹凸，不陸（ふりく）を整えたり，逆にコンクリート表面を研磨して表層部の脆弱層を除去したりした上で仕上げを施すのが，**直床**である．

ハーフ PC スラブ，デッキプレートスラブ

ハーフ PC スラブは，主に鉄筋コンクリート造で用いられるもので，1970 年代後半より様々なタイプのものが開発されてきた．ハーフ PC スラブの例を図 4.4 に示す．PC 板とトッピングコンクリート（場所打ちコンクリート）間での剪断力の伝達を確保するよう，図の (a) に示すように PC 板上面に大きな凹凸（逆リブ）を設けたり，(b) に示すように鉄筋で組んだトラスの上半分が PC 板から露出しトッピングコンクリート内に埋め込まれるようになっているもの

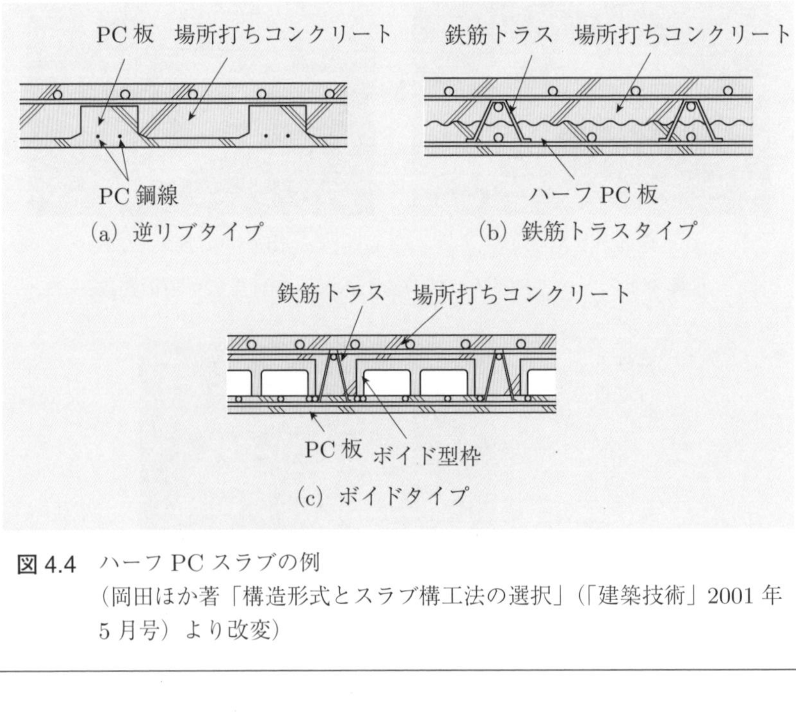

図 4.4　ハーフ PC スラブの例
（岡田ほか著「構造形式とスラブ構工法の選択」（「建築技術」2001 年 5 月号）より改変）

が一般的である．また，図の (c) に示すように，ボイドを設けたものもある．

一方，**デッキプレートスラブ**の例を図 4.5 に示す．図の (d) に示すセルラーデッキプレートは，デッキプレートの底面に鋼板を張り渡して溝の部分に空間を形成し，ダクトとして使用するものである．また，近年は，図の (c) に示すように，鋼製平板に鉄筋トラスを取り付けたタイプのものも普及している．

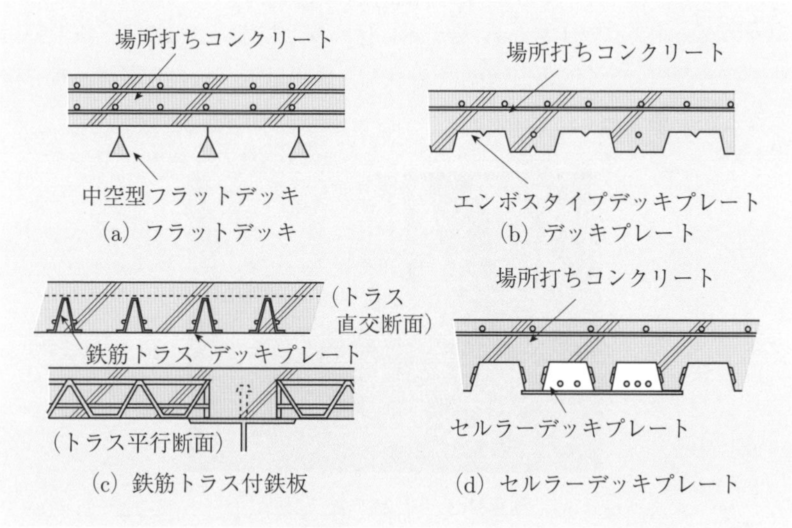

図 4.5　デッキプレートスラブの例
(岡田ほか著「構造形式とスラブ構工法の選択」(「建築技術」2001 年 5 月号) より改変)

ワンポイント建材解説

セルフレベリング材

セルフレベリング材（SL材）は，コンクリート床下地などの凹凸，不陸をある程度緩和する目的で，床下地上に打設されるものである．現在，SL材には，セメント系のものと，石こう系のものがある．いずれも，比較的流動性が高いスラリー状のものが一般的で，ポンプで施工場所まで運搬し，流し延べるように施工する．写真4.3に，SL材を施工している様子を示す．通常は，ポンプで打設すると同時にトンボや金こてなどで簡単にならす作業をともなうが，中にはならしをともなわないものもある．

SL材の塗り厚は，10～20 mmを標準としている．塗り厚は，厚いほうが凹凸や不陸の緩和には有効であるが，厚すぎるとひび割れなどの不具合が発生する危険性が高くなる．

SL材は，通常1回で所定の高さまで打設するが，テレビスタジオの床など特に平坦性を必要とする床では，数回に分けて打設する場合もある．しかし，いずれにしても，床下地の凹凸，不陸をSL材で完全になくすことは困難である．平坦性の高い床を具現するためには，SL材のみに頼るのではなく，床下地の上面仕上げの段階で十分な施工条件を確保し，まずは床下地の表層部品質を確保することが肝要である．

写真4.3 SL材の施工状況

4.2.2　木質系軸組床下地および組床

(1)　木質系軸組床下地

図 4.6 に，一般的な**木質系軸組床下地**の例を示す．図の (a) と (b) は**在来軸組構法**のもので，(a) は通常 1 階の床に用いられる束建式，(b) は 2 階以上の床に用いられる梁式の例である．また，図の (c) は，**枠組壁工法**（ツーバイフォー工法）で一般的な梁式の例である．

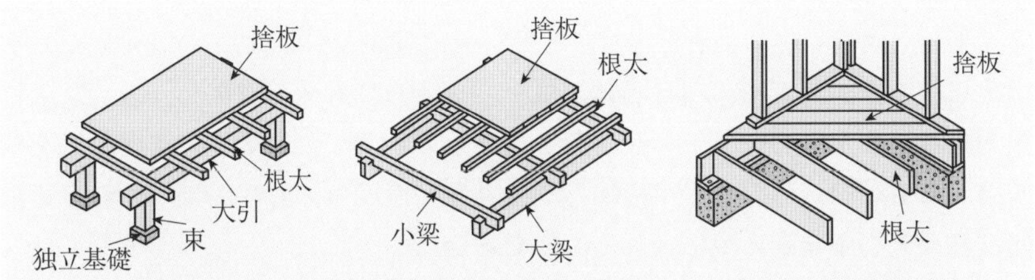

(a) 束建式　(b) 梁式(在来軸組構法：複床)　(c) 梁式(枠組壁工法)

図 4.6　木質系軸組床下地の例
((a)，(b)：尾上著「図解建築材料と納め方」(井上書院)より改変，(c)[1])

(a)　束建式

束建式は，コンクリート製の基礎上に**束**を建て，束上に**大引**を一方向に掛け渡し，その上へ大引と直交する方向に**根太**を掛け渡して下地を構成するもので，根太の上に合板もしくはパーティクルボードなどの**捨板**を張ってから仕上げを施すのが一般的であるが，仕上げによっては省略する場合もある．

(b)　梁式（在来軸組構法）

梁式では，下階に設ける空間の大きさ（壁の間隔）により部材の構成や梁の間隔，断面寸法が変化する．下階が 8 畳間程度の場合，壁から壁へ**梁**を掛け渡し，その上へ梁と直交する方向に根太を掛け渡して下地を構成する．捨板については，束建式と同様である．下階の空間がより大きい場合，梁の断面を大きくするか，梁を互いに直交するように二重（場合によっては三重）に組むこととなる．後者の床を**複床**（図 4.4 の (b) 参照）という．

(c) 梁式（枠組壁工法）

枠組壁工法の場合，床の構法は基本的にどの階でも同じで，壁から壁へ一方向に根太を掛け渡し下地を構成する．根太と根太の間には，適当な間隔で**ころび止め**を挿入する．捨板については，在来軸組構法の床と同様である．

(2) 組床

図 4.7 に，鉄筋コンクリート構造や鋼構造のコンクリートスラブ上に設けた**組床**の例を示す．図の (a) は，スラブ上に木製の束建式組床を設置したものである．また，図の (b) は，束を省略しスラブ上に直接大引を載せ（ころばし），その上に根太を組んだもの（**ころばし式**）で，さらに大引も省略し，スラブ上に根太をころばす構法も存在する．さらに，図の (c) は，束，大引および根太を鋼製としたもので，体育館や柔道場，剣道場など適度な弾力性が要求される運動競技施設床の中間層に用いられるものである．

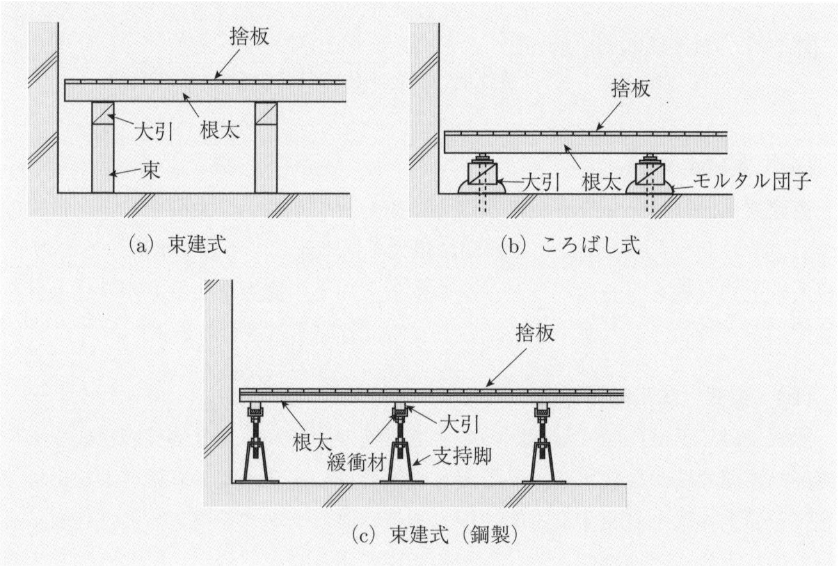

(a) 束建式　(b) ころばし式　(c) 束建式（鋼製）

図 4.7 組床の例 [1]

4.2.3　置　床

置床とは，工業化された脚，パネル，ブロックなどの部品からなる構成材をコンクリートスラブ上に置き並べ，中間層を構成するものである．一般に，構成材は床には固定せず，比較的簡単に施工，改修および解体などが可能な仕組みとなっている．床下に配管，配線用スペースを設ける目的で用いられることが多い．置床は，主に住宅などで用いられる乾式二重床と，オフィスなどで用いられるフリーアクセスフロアに分類することができる．

(1)　乾式二重床

図 4.8 に，**乾式二重床**の例を示す．乾式二重床は，図に示すとおり，パネルと脚からなる構成材を置き並べる形式のものが一般的である．パネルはパーティクルボードや合板製のものが多く，各パネルには 4〜6 本程度の脚が付いている．この脚は，合成樹脂や金属製のものが多く，通常，スラブとの接触面にゴムなどの緩衝材が取り付けられている．また，スラブ表面の凹凸，不陸を吸収できるよう，長さを調節できる構造となっている．なお，パネル上には，通常，相互の頭をつなぐように捨板を張るが，仕上げによっては省略する場合もある．

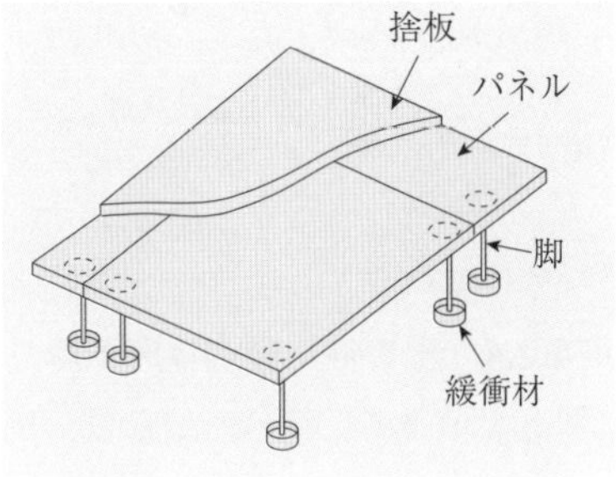

図 4.8　乾式二重床の例 [1]

(2)　フリーアクセスフロア

図 4.9 に，**フリーアクセスフロア**（FA）の例を示す．FA は，オフィスなどで OA 機器の普及にともない増大する電気や各種通信配線などを床下に収め，任意の位置で取り出せるようにしたもので，図に示すように様々な形態，機構のものが開発されている．また，材質も，コンクリート系，金属系，高分子系，およびこれらを複合したものなど，多岐にわたっている．

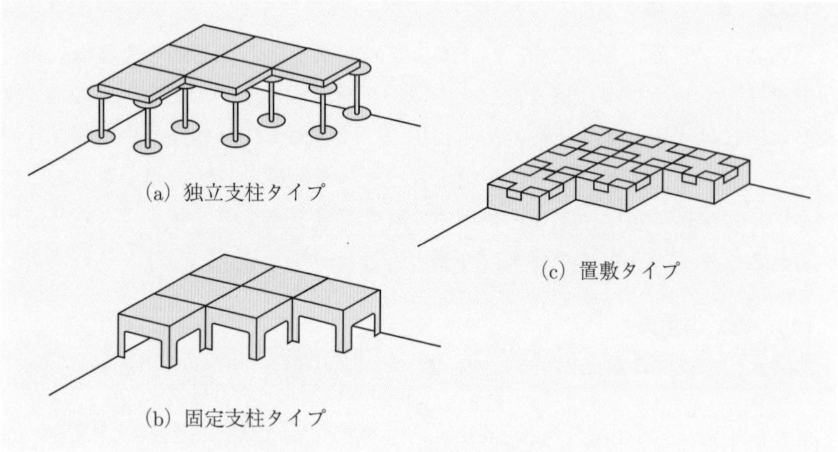

図 4.9　フリーアクセスフロアの例

4.2.4　その他：発泡体床下地

4.2.3 項までに述べたほかに，比較的施工例が多い中間層として，**発泡体床下地**が挙げられる．図 4.10 に，その例を示す．発泡体床下地は，主に住宅で用いられるもので，断熱性，遮音性の向上，および歩行などの動作時における適度なやわらかさの付与などを意図したものである．図に示すとおり，合成樹脂製の根太が埋め込まれたポリスチレン発泡体製のパネルを，コンクリートスラブ上に敷きつめ固定し，中間層とするものである．

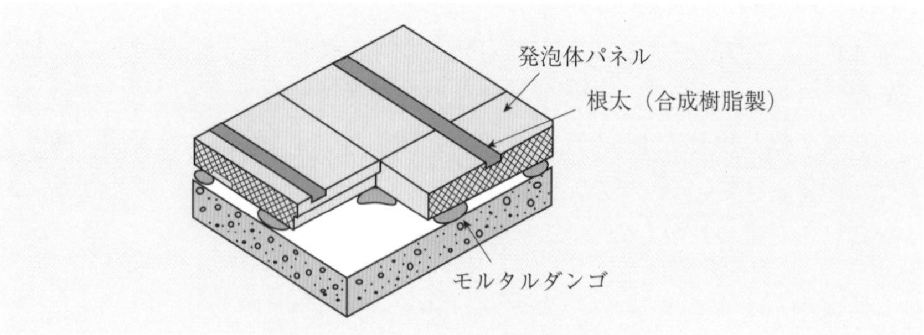

図 4.10　発泡体床下地の例 [1]

4.3 仕上げに用いられる材料

4.3.1 直 仕 上 げ

直仕上げは，後工程で別の材料による仕上げを施さず，床コンクリート施工時に仕上げを完了する工法で，倉庫や工場など，比較的大きな積載荷重や動荷重が作用する一方，意匠性などはそれほど重要視されない空間の床に多く用いられる．

(1) グラノリシック工法

グラノリシック工法は，場所打ちコンクリート躯体の上面をそのまま床仕上げ面として用いる工法である．凝結過程にあるコンクリート表面に，ならし，むら直し，押えなどと称する上面仕上げ作業を施して得られる．表面の耐摩耗性向上および防汚対策として，硬化後のコンクリート表面に薬液を塗布，含浸させたり，表面を研磨して鏡面状に仕上げる事例も多い．

(2) モノリシック工法

モノリシック工法は，凝結過程にあるコンクリート表面に，モルタルを増し打ちしたり，着色材や強化材の粉体を散布した上でペースト分に混ぜ込み，一体化する工法である．

4.3.2 塗り仕上げ

塗り仕上げは，主にコンクリートスラブ上に直接施される．つなぎ目のない（目地のない）床面が得られ，機械的および化学的特性に優れた床を得ることができるなどの長所を持っているが，（特に部分的）改修が困難である，現場で施工するため品質に施工条件の影響が出やすいなどの問題点も持ち合わせている．

(1) 左官系材料塗り仕上げ

図 4.11 に，**左官系材料塗り仕上げ**として最も一般的な，**モルタル塗り仕上げ**の例を示す．モルタルの塗り厚は 20～30 mm 程度が一般的で，通常 1 回塗りで仕上げる．ここで，**目地棒**などは，施工時にレベルを取りやすくするとともに，モルタルの乾燥収縮によるひび割れを防ぐために挿入するものである．

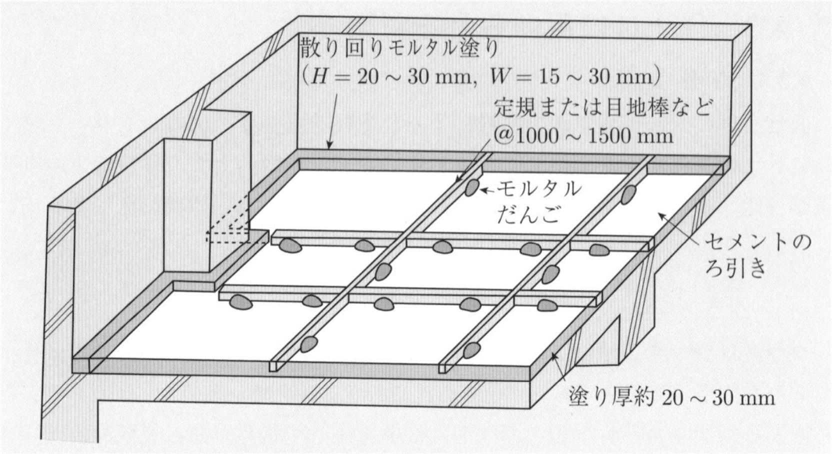

図 4.11　モルタル塗り仕上げの例
（高木著「図説 建築の内装工事」（理工学社）より改変）

(2)　人造石材塗り仕上げ

人造石材とは，種石となる天然石の砕石と顔料などをカラーセメント（主に白色）や樹脂などのバインダーで固め，硬化後に表面を研ぎ出して天然の石材のように見せるものである．このうち，大理石や蛇紋岩などを種石に用い，大理石風に見せたものを**テラゾ**という．駅やオフィス，病院のエントランスなど，重歩行空間の床に多く用いられる．図 4.12 に，テラゾ現場研ぎ出し仕上げの例を示す．一般には，人造石材を塗り付けてから 2～3 週程度経過後に数回に分けて表面を研磨して仕上げる．研磨後の人造石材の仕上げ厚は，15～20 mm 程度が一般的である．

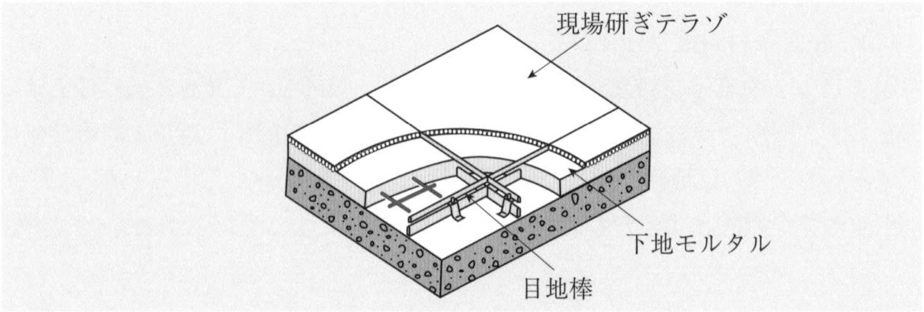

図 4.12　テラゾ現場研ぎ出し仕上げの例 [1]

ワンポイント建材解説

人造石

人造石とは，大理石や花崗岩などの砕石（種石という），白色セメント，顔料を練り混ぜたモルタルを塗り，硬化後に表面を研磨して光沢仕上げをしたものをいう．種石に大理石を用いたものを特にテラゾという．人造石には現場で施工されるものと，タイル，ブロックなどの工場製品がある．工法的には，現場施工のものは塗り仕上げに，また工場製品のものは張り仕上げに分類される．テラゾタイルとは，裏面をモルタルで補強した300 mm（または400 mm）角の板材であり，主に床に用いられる．テラゾブロックとは，テラゾを表面に張り付けた板状の鉄線補強モルタルブロックであり，主に壁や階段に用いられる．結合材としてセメントの代わりに合成樹脂を使用したものもある（写真 4.4）．

以上の従来の狭義の人造石に加え，近年は結晶化ガラスや合成樹脂系の人造大理石と呼ばれる建材も人造石に分類される場合がある．

結晶化ガラスとは，特殊な組成のガラスを溶融・成形した後，制御された条件のもとで再加熱を行い結晶化させ，その後，研磨した建材である．吸水性はなく，色調も自由に制御できる．合成樹脂系人造大理石は内装の水回りなどによく用いられ，ポリエステル系やアクリル系などの種類がある．

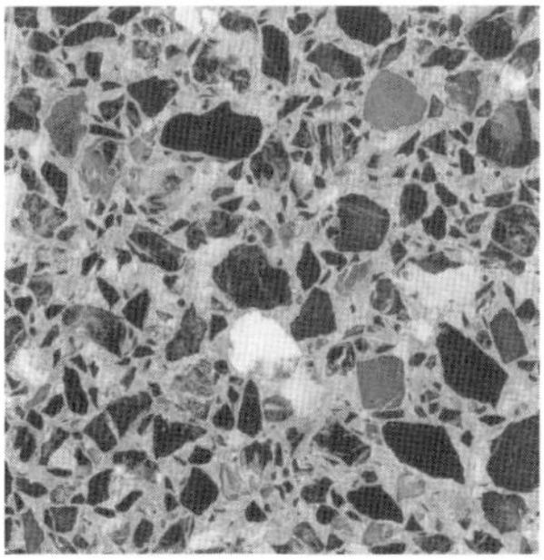

写真 4.4　人造石（テラゾ）の例（写真提供：全国建築石材工業会）

(3)　高分子系材料塗り仕上げ

通常，**塗り床**といわれるもので，力学的，化学的負荷の大きい各種生産施設や倉庫，厨房，駐車場などの床に多く用いられる．表 4.1 に，塗り床材の種類と一般的特徴および主な用途を示す．厚膜型は，主剤と硬化剤を混合し化学反応を起こさせて塗膜を形成するもので，主にこてを使って施工する．一方，薄膜型は，有機溶剤や水を加えて粘度を調整し，ローラーや刷毛などで施工する．一般に，厚膜型のほうが，薄膜型より，機械的および化学的特性に優れている．表 4.2 に，塗り床の施工方法の種類と概要，および仕上げ厚さと主な用途を

表 4.1　塗り床材の種類と一般的特徴および主な用途[47]

塗り床材の種類		一般的な特徴	主な用途
エポキシ樹脂系	厚膜型	・最も一般的 ・機械的性能や耐薬品性に優れる ・低温硬化性に劣る ・高湿度化で白化しやすい	各種工場，実験室，倉庫，厨房，事務所など
	薄膜型		
ウレタン樹脂系	厚膜型	・硬軟が多様．軟質のものは下地クラック追従性，耐衝撃性，防滑性に優れる．硬質のものは耐摩耗性，耐動荷重性に優れる ・耐薬品性に優れる ・高湿下で発泡しやすい	事務所，倉庫，廊下，教室，医療施設，食品工場など
	薄膜型		
メタクリル樹脂系	厚膜型	・速硬化性，低温硬化性に富む ・耐薬品性に優れる ・強い臭気がある	厨房，歩行路，冷凍倉庫，各種工場など
ポリエステル樹脂系 ビニルエステル樹脂系	厚膜型	・速硬化性に富む ・耐薬品性に優れる ・美装性に劣る ・硬化収縮しやすい	化学工場，メッキ工場など
アクリル樹脂系	薄膜型	・速乾性に富む ・耐候性に優れる ・機械的強度や耐薬品性に劣る	一般事務所，レジャー施設，倉庫など
水性硬質ウレタン系 （ウレタン樹脂とセメントの混合品）		・耐熱性，耐衝撃性，耐摩耗性に優れる ・高湿度下で発泡しやすい ・硬化収縮が大きい	食品工場，厨房，重量物を扱う工場・倉庫など

表 4.2　塗り床の施工方法の種類と概要および仕上げ厚さと主な用途

種類	概要	仕上げ厚さ	主な用途
コーティング工法	液状の塗り床材をローラー，刷毛や金こてなどで 1〜3 回塗布する工法	0.2〜0.3 mm 程度	美装性，防塵性などが要求される床
流しのべ工法	ペースト状の塗り床材をスラブ上に流し，金こてで平坦，平滑に仕上げる工法	0.5〜2.5 mm 程度	耐摩耗性や耐薬品性などが要求される床 ウレタン樹脂系の塗り床ではある程度の弾力性や衝撃吸収性を付与することも可能
モルタル工法	モルタル状の塗り床材を木こてなどでならした後，金こてで平坦，平滑に仕上げる工法	2.0〜12 mm 程度	
ライニング工法	ガラスマットなどを敷き込み，これに塗り床材を含浸させて塗膜層を形成する工法	1.0〜2.0 mm 程度	耐薬品性などが要求される床

示す．

塗り床の品質は，スラブの表層部品質に大きく影響される．特に注意が必要なのが，表面の凹凸，不陸，および表面強度，水分量などである．塗り床は，厚さが厚くても 5〜6 mm 程度なので，スラブ表面の凹凸，不陸を吸収する機能は期待できない．また，表面強度不足は，コンクリートと塗り床材の接着力を低下させ，剥離やひび割れの原因となる．さらに，水分量の過多は，接着力の低下による剥離，ひび割れや，塗膜形成後のコンクリート内部の水分移動によるふくれなどの原因となる．

4.3.3　張り仕上げ

(1)　天然石材張り仕上げ

天然石材は，比較的耐久性が高い仕上げ材料の 1 つである．オフィスや商業施設のエントランスの床などに，比較的よく用いられる．図 4.13 に，天然石材張り仕上げの例を示す．石材の厚さは，10 mm 程度のものから 150 mm 程度のものまで多様である．また，表 4.3 に，石材の表面の仕上げの種類と概要を，写真 4.5 に，たたき仕上げに用いる工具の例を，写真 4.6 に，各種表面仕上げの例を，それぞれ示す．

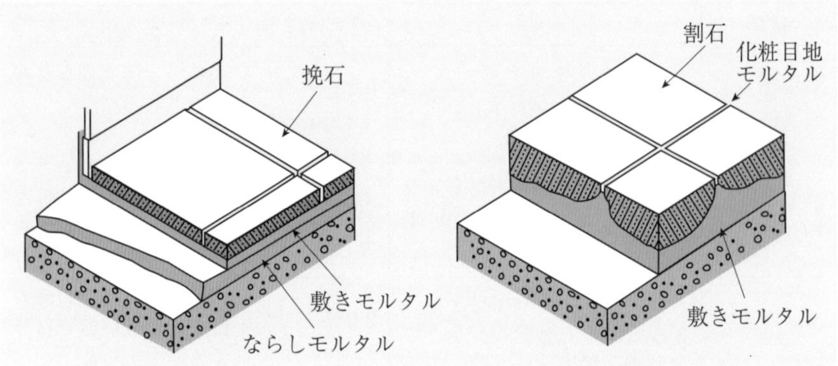

(a) 挽石張り上げ　　(b) 割石張り上げ

図 4.13　天然石材張り仕上げの例 [1]

表 4.3　天然石材の表面仕上げの種類と概要

種類	仕上げの概要		
割肌	原石を割ったままの肌とする		
挽肌	鋸挽きの跡を残す		
たたき	表面をたたき削ることで凹凸をつくる 工具の刃の形状や大きさ，削り方により表情が変わる	仕上げ名称	工具
		こぶ出し	げんのう
		のみ切り	のみ
		びしゃん	びしゃん
		たたき	両刃
		つっつき	つっつき
		削り	両刃
		げんのうこづき	げんのう
磨き	砥石で磨く．番手により粗磨き，水磨き，本磨きに分類		
バーナー	花崗岩特有．バーナーで急熱した後，水で急冷し，表面を剥離させて細かい凹凸を作る		
サンドブラスト	砂，鉄粉などを高圧で吹き付けて凹凸を作る		

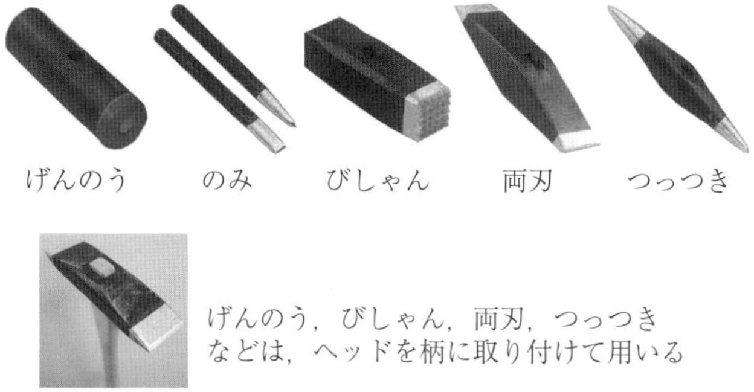

写真 4.5　天然石材のたたき工具の例（写真提供：西谷商店）

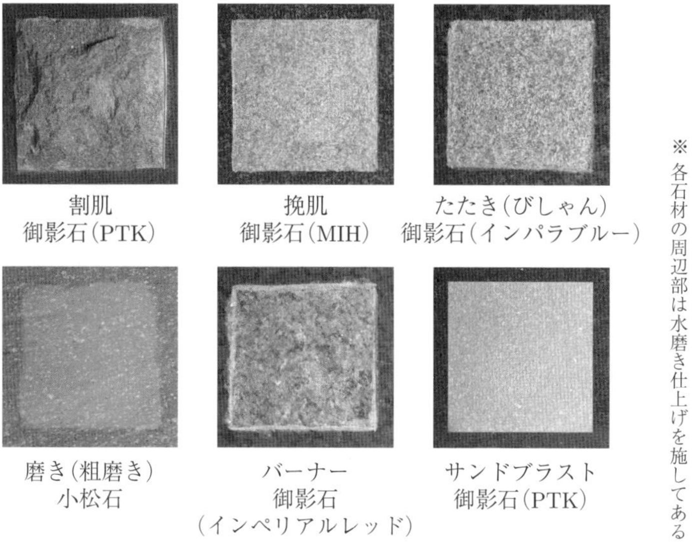

写真 4.6　天然石材の表面仕上げの例

(2)　人造石材張り仕上げ

4.3.2 項で述べた人造石材を工場などで製作し，ブロックまたはタイル状に成形したものを，現場にてスラブに張り付けて仕上げるものである．特に，大理石風にみせたものを，**テラゾブロック**および**テラゾタイル**という．前者は，大きさ 300〜450 mm 角，厚さ 30〜45 mm 程度，後者は大きさ 200〜300 mm 角，厚さ 20〜30 mm 程度が一般的であり，表面は通常水磨きか本磨きとする．人造石材のスラブへの張り付け方法は，上述の天然石材と同様である．

(3) セラミック系材料張り仕上げ

張り仕上げに用いられるセラミック系材料としては，**セラミックタイル**が代表的である．セラミックタイルには，種々の色調やテクスチャのものがあり，目地の効果と合わせて，意匠性に富む仕上げ面を得ることができる．また，耐摩耗性，耐傷性，耐水性，耐熱性などに優れ，全体的に耐久性の高い仕上げ材料といえる．

図 4.14 に，セラミックタイルをコンクリートスラブ上に施工する場合の基本的な例を示す．ただし，近年は，工期短縮の観点から，図に示すならしモルタルを省略する場合が多い．このほか，木質系軸組床下地や種々の中間層の捨板上にタイルを施工する場合は，捨板上に弾性接着剤を用いてタイルを張り込み，その後目地に目地材を充填して仕上げる．

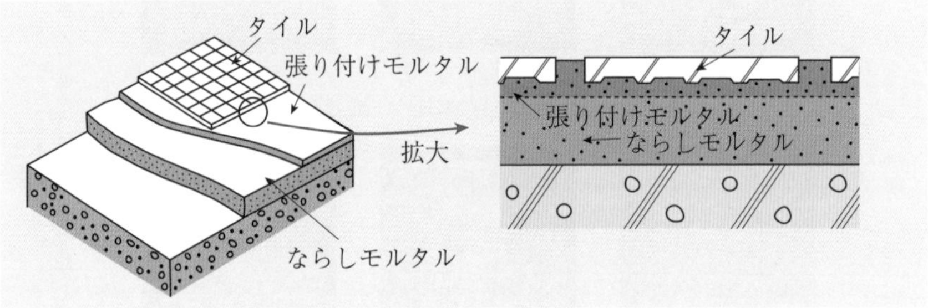

図 4.14 セラミックタイル張り仕上げの例
(左図[1]，右図：高木著「図説建築の内装工事」(理工学社) より改変)

床に用いられるセラミックタイルは，目地供寸法で 50（**モザイクタイル**）～300 mm 角程度が一般的であるが，近年では，一辺が 600 mm 以上の大形タイルの施工事例も増加している．一般に，小さいタイルは磁器質，大きいタイルはせっ器質が多い．また，厚さは，裏足の部分も含めて 4～20 mm 程度が一般的であり，大きいタイルほど厚い傾向がある．

(4) 木質系材料張り仕上げ

木質系材料張り仕上げでは，**フローリング張り仕上げ**が最も一般的である．近年では，清掃性や不帯微生物性の観点から，畳やカーペットなどに代わり，住宅床の多くがフローリング張り仕上げとなっている．また，体育館の床なども，フローリング張り仕上げとすることが多い．

図 4.15 に，フローリング張り仕上げの例を示す．図は，組床の根太上に捨板を張り，その上にフローリングを張った例である．この場合，フローリングの固定には，図に示した**かくし釘**だけでなく，接着剤を併用することもある．なお，捨板を張らずに根太上に直接フローリングを張る場合もある．

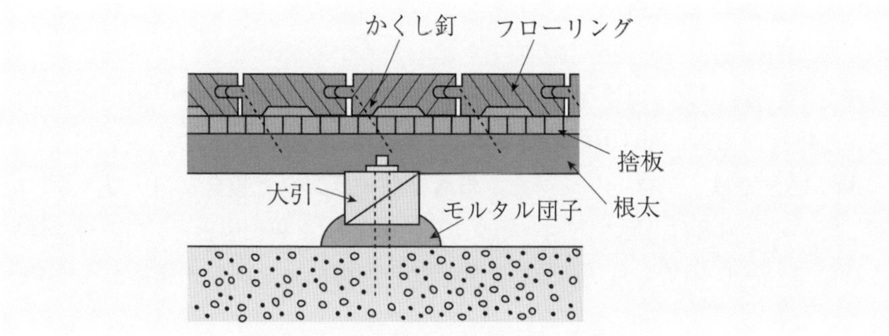

図 4.15　フローリング張り仕上げの例

一方，中間層を設けずにコンクリートスラブ上にフローリングを張る場合は，下地表面に十分な平坦，平滑性が求められる．このため，従来はスラブ表面をていねいに仕上げるか，ならしモルタルを塗って平坦，平滑性を確保していたが，近年では**セルフレベリング材**を使用する事例が多くなっている．

遮音フローリング

フローリングを，中間層を設けずにコンクリートスラブやならしモルタル上に直接張る場合，床上での物品の落下，引きずりなどによる**衝撃音**が下階に伝搬し，問題となることが多い．そのため，板の裏にやわらかいゴム製の緩衝材を張り付けるとともに，板の厚さを極端に薄くしたり裏面にスリットを入れることにより床衝撃音遮断性を高めたフローリングが開発されている．

しかし，これらのフローリングでは踏んだときの局部変形が極端に大きくなるため，フローリング本来の硬めの感触が得られず，歩行感が悪いなど，違和感を訴える居住者も多い．

ワンポイント建材解説

床仕上げ用木材および木質建材

(1)　床仕上げ用木材および木質材料

(a)　フローリング

床の表面仕上げに用いられる代表的な木材，木質材料として，**フローリング**が挙げられる．

日本農林規格（JAS）では，主として板その他の木質系材料からなる床板であって，表面加工その他所用の加工を施したものを総称して，フローリングと定義している．ちなみに，針葉樹を用いたフローリングを，縁甲板と称して区別する場合がある．図4.16に，JASに示されたフローリングの種類を整理して示す．JASでは，フローリングを，**単層フローリング**と**複合フローリング**に大別している．前者は，厚さ方向（鉛直方向）に断面を見た場合，1つの材で構成されたフローリングであり，後者は単板やひき板などを何層か積層したフローリングである．

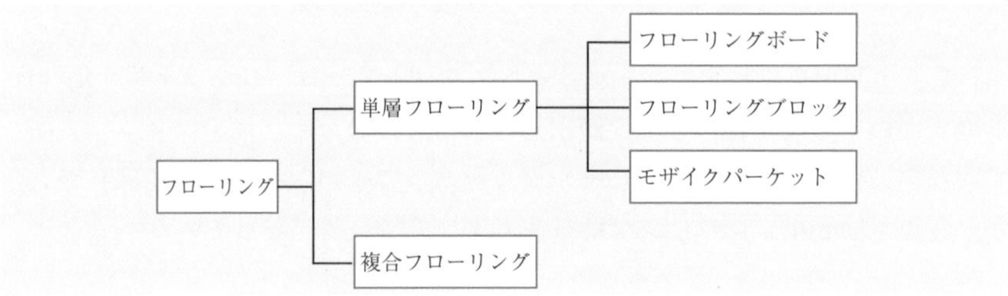

図4.16　フローリングの種類

単層フローリングのうち，**フローリングボード**は，一枚の板で構成されているため**無垢板**とも呼ばれ，接着剤を使用していない点が消費者に好印象を与えている．幅75〜110 mm，長さ900〜1800 mm，厚さ15〜18 mm程度の板の側面に実（さね，凹凸加工）が設けられており，雄実部分に釘を打ち雌実を嵌合（かんごう）させることで釘頭を隠すようになっている．我が国では，比較的やわらかいため素足での歩行に適している，ヒノキ，マツ，ケヤキなどが古くから用いられてきた．無塗装やオイル仕上げで用いた場合，温かい感触が得られるなど木独特の優れた特性を発揮するが，メンテナンスに手間を要することなどから，表面に塗装を施す場合も多くなっている．また，集成材を 300 × 300 mm のタイル状とした**フローリングブロック**や**モザイクパーケット**（寄木張り）も，意匠性が高く人気である．

複合フローリングは，現在，住宅の床に最も多く使用されている仕上げ材である．現在出回っている複合フローリングの多くは，幅 150〜300 mm，長さ 900〜1800 mm 程度の大きさで，2〜4 本程度の細長い板をつなぎ合わせたように見えるよう，表面に目地が入っているタイプのものである．厚さは 12〜15 mm 程度が一般的で，特に 12 mm のものが多く出回っている．複合フローリングは，一般に広葉樹の単板を熱厚プレスにより積層，接着する方法で製造される．表面には，オーク，カバ，ブナなどの単板が用いられることが多く，特に現状では約半分がオークとなっている．表面を構成する層の厚さは，0.1 mm 程度のものから 3 mm を超えるものまであるが，0.3〜0.6 mm 程度のものが多い．耐傷性，耐摩耗性，耐汚染性，清掃性およびメンテナンスの容易性などの観点から，表面に塗装を施して使用する．なお，表面をより硬く，傷つきにくくする目的で，木材の組織にプラスチックを充填し硬化させる WPC 加工を施したものもある．

(b)　コルク，木れんが

フローリングのほか，床の表面仕上げに用いられる木材，木質材料として，**コルク**や**木れんが**が挙げられる．コルクは，300 × 300 mm 程度のタイル状で，厚さ 4〜5 mm 程度のものが一般的である．製造の過程でかける圧力の強さや，塗装の有無などにより，いくつかの種類がある．コルクは，足や手などで触れたとき，暖かみと弾力のある独特の触感が得られるのが大きな特徴である．また，フローリングと比較して，すべりにくい，転倒して頭，肘，膝などをぶつけたときにも怪我しにくいなどの長所を有するが，そりやあばれなどが大きく，メンテナンスに労力を要する．表面無塗装のものは，特にその傾向が強い．

木れんがは，幅 90 mm，長さ 50〜150 mm，厚さ 50〜90 mm 程度の木製のブロックを，小口を上にして 3〜10 mm 程度の目地幅を取りながら，敷きモルタルの上に敷き込むものである．目地にはブローンアスファルトを注入し，その上に川砂を充填する．木れんがは，主に靴を履いて歩行する場所に用いられる．

(5) 高分子系材料張り仕上げ

タイルあるいはシート状の**高分子系仕上げ材料**を，コンクリートスラブや捨板に接着剤で張り付けて仕上げるものである．施工が比較的容易でかつ工期が短いこと，色彩，模様や凹凸，テクスチャが豊富で意匠性に優れていること，比較的安価であることなどから，住宅をはじめオフィス，商業施設，学校など，様々な用途の床に幅広く用いられている．ただし，機械的，化学的性質は，一般に塗り床のほうが勝る．

高分子系張り仕上げ材は，大きくタイルとシートに分類することができる．タイルは，仕上げ面に目地が現れるが，部分的改修などは容易である．一方，シートは，継ぎ目に**熱溶融接合**などの処理をすることにより，一体性の高い仕上げ面を得ることが可能である．

なお，高分子系張り仕上げ材をコンクリートスラブ上に張る場合には，フローリングの場合と同様，下地表面の平坦，平滑性を確保する必要がある．

ワンポイント建材解説

床仕上げ用高分子系タイル，シート

(1) 床仕上げ用高分子系タイル，シート

床仕上げ用**高分子系タイル，シート**は，材質の観点から，**ビニル系**，リノリウム系，ゴム系，オレフィン系に分類することができる．ビニル系とは，塩化ビニル樹脂を主成分としたもので，樹脂としては難燃性であり耐久性，耐油・薬品性が高いため，高分子系張り材の大部分を占めている．リノリウム系の主成分であるリノリウムは，アマニ油，松ヤニ，コルク粉などの天然素材を主原料とした油脂系の材料である．ビニル系と比較して，よりタバコの火に対する耐焼けこげ性や耐摩耗性に優れるが，近年はほとんど用いられておらず，現在，国内では生産されていない．ゴム系は，主に合成ゴムを主原料としたもので，弾力性を有するが，耐油性に乏しい．オレフィン系は，ポリエチレンやポリプロピレンに代表される炭素と水素のみの化合物を素材としており，耐熱性はビニル系より乏しい．以下は，床仕上げ用タイル，シートの大部分を占めるビニル系について述べる．

(a) ビニル床タイル

ビニル床タイルには，接着形と置敷形がある．

接着形は，接着剤を用いてスラブや捨板に接着されるタイプのもので，大きさは約 300 mm 角（尺角または 12 インチ角）または約 450 mm 角（18 インチ角），厚さは 2.0〜3.0 mm が一般的である．バインダーである塩化ビニル樹脂の含有率（30％を境界とする）および単層か積層かで，さらに 3 種に分類される．一般に，塩化ビニル樹脂の含有率が大きい単層および複層ビニル床タイルは，弾力性に富み，割れたり欠けたりしにくい．一方，塩化ビニル樹脂の代わりに炭酸カルシウムなどの不燃性充填材を大量に含む**コンポジションビニル床タイル**は，耐焼けこげ性に優れる．

置敷形は，主にフリーアクセスフロア上などに接着せずに（あるいは圧力に反応するピールアップ形接着剤を用いて）敷き詰めるタイプのものである．大きさは，450 mm 角または 500 mm 角が多い．厚さは，2.0〜5.5 mm 程度が一般的で，4.0 mm 未満のものは薄型に分類される．

(b)　ビニル床シート

ビニル床シートには，発泡層のないものとあるものがあり，積層する材料によりさらに 2 種に分類される．

発泡層のないもののうち，単層のものは，全体が均一な成分で構成されており，摩耗が進んでも目立たない，層間剥離などの心配がないなどの特徴があるが，意匠性は乏しい．複層のものは，バインダー配合量の異なるシートを積層したものや，織布層あるいは不織布層を設けたものなどがあり，耐久性や柔軟性を調整できる．表面に印刷フィルム層を配置した意匠性に優れた製品もある．

発泡層のあるものは，積層ビニル床シートの特性に加え，ほかの高分子系張り仕上げ材と比較して歩行時の弾力性や転倒衝突時の安全性，および断熱性や遮音性などに優れており，住宅の床などに多く用いられる．発泡層の密度が 650 kg/m^3 未満のものは**クッションフロアー**に分類され，衝撃吸収や断熱・遮音効果がより高い．一方で，フローリングを模したプリントが施されている場合が多く，足で踏んだ部分のみが局部的に大きく沈む感触が，予期される木材のかたさと実際のやわらかさの差違も相まって，強い違和感を覚える場合もある．

ビニル床シートの幅は 900 mm および 1800 mm のものが多く，厚さは 1.8〜3.5 mm 程度が一般的である．止水性を要する床には，継ぎ目を溶接する施工方法を採る．

4.3.4　敷き仕上げ

(1)　畳

畳は，長い歴史を有する我が国の伝統的な床仕上げ材の 1 つである．

図 4.17 に，畳仕上げの例を示す．図の (a) は，組床に畳を施工した例である．近年では，化学畳を用いて捨板に合板やパーティクルボードを使用する例がほとんどになってきているが，本来は，本畳（天然畳）を用い捨板も隙間のある**荒床板張り**として，通気性，防湿性を確保するのが理想的である．(b) は，畳用の根太のない**発泡体床下地**上に直接畳を敷いた例である．(c) は，中間層を設けずコンクリートスラブ上に直接畳を敷いた例である．この方法は，階高を低くできる，工期を短縮できるなどの特徴を持つが，本来の畳仕上げが持つ優れた保温性，調湿性などはあまり期待できない．

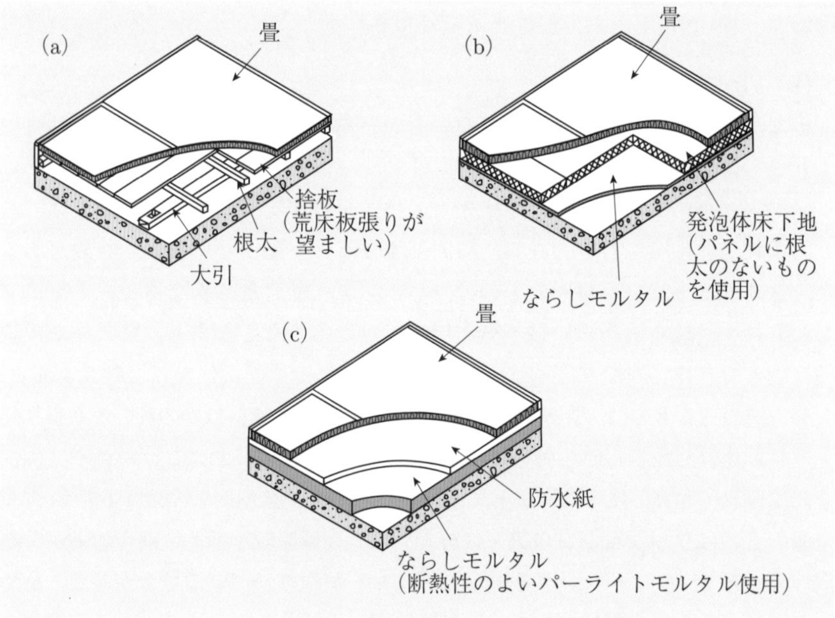

図 4.17　畳仕上げの例 [1]

ワンポイント建材解説

畳

畳は，**畳床**（たたみどこ）と**畳表**（たたみおもて），および**畳縁**（たたみべり）から構成されている．

畳床は，畳の弾力性や保温性を発揮する部分である．写真 4.7 に，畳床の例を示す．従来は，(a) のような稲わらを圧縮し縫い合わせたものが使用され調湿性にも寄与してきたが，近年では，軽量化および耐湿性，防ダニ・かび性，生産性の向上などの観点から，(b) のように一部または全部を**発泡ポリスチレン板**（ポリスチレンフォーム）や**軟質繊維板**（インシュレーションボード）で置き換えることが多い．また，柔道などの競技で用いるスポーツ畳では，より衝撃吸収性の高い畳床を用いる．

(a) 稲わら畳床　　(b) 建材畳床

写真 4.7　畳床の例（写真提供：もとやま畳店）

畳表は，表層の仕上げを担う部分である．薄いため保温性はあまりないが，温冷感や吸汗性などから素肌での触り心地に大きく影響する．従来は，天然の藺草（いぐさ）を麻糸で製織したものが用いられ，調湿性にも寄与してきた．特に，岡山県や広島県で生産される備前表，備中表，備後表などは高級品として有名であり，そのほかに**琉球藺**から生産される耐久性に優れた琉球表（主に大分県産）なども知られているが，最近では輸入品が大多数を占めるようになってきている．これら天然の畳表は，月日の経過とともに色が変化するため，古くなったら裏返して使用する．また，近年，ナイロンなどの化学繊維で作られたビニル畳表や，和紙を中空管状に縒（よ）り調湿性を保持した和紙畳表も数多く出回っている．

畳縁は，麻製のものが主流で，高級品では絹製や綿製のものもあるが，近年では，ビニル製の畳縁も出回っている．一方で，畳縁のない**坊主畳**も多く見かけるようになった．

畳の基本的な寸法は，建築物の柱間寸法によって支配されるため，地方ごとに固有の伝統的な居室の寸法に応じて，微妙に異なっている．その代表例を，表4.4に示す．さらに，近年の団地やマンションなどでは，寸法がかなり小さくなっている例が多々あるので，注意を要する．なお，実際には，居室の実寸に合わせて，1枚ごとに畳の寸法が決まる．また，近年では，意匠の関係から，正方形に近い畳など，自由な大きさ，形状のものも多く使用されている．

表4.4　畳の基本寸法

名称	寸法（mm）	主な使用地域
本　間（京間）	1910 × 955	近畿，中国，九州，東北
三六間（中間）	1820 × 910	東海，近畿，四国，東北
五八間（関東間，いなか間）	1760 × 880	関東，甲信越，北陸，東北，北海道

日本の伝統的床仕上げ材：畳

畳は，土（土間），木質系材料（板の間）と並ぶ我が国の伝統的な床仕上げ材の1つである．その歴史は長く，平安時代には，貴族の住宅として発達した寝殿造りの建築物において，板敷きの床の上に部分的に置き，座布団のように用いる置畳が使用されていた．畳が床に敷き詰められるようになったのは，鎌倉時代に発達した書院造りからである．このように長い年月にわたり人々の間に定着してきた畳は，素足で生活する我が国の生活様式の基本をなすものであり，適度な弾力性と，保温性，調湿性を有するなど，優れた特性が人々に認められ，住宅床の主要な仕上げ材料の1つとなっている．また，部屋の大きさを畳の枚数で表現する習慣も広く定着しており，種々の建材の規準となる共通のモジュールとして機能している．

畳の割付は，従来は伝統的なルールに則って行われ，部屋の用途や大きさ，形状，および出入り口や床の間の位置などにより決まる．特に，4枚の畳の角が一箇所に集中する割付は，不祝儀敷きといい，縁起が悪いとされているだけでなく，職人に多くの手間を強いるため，避けるのが原則である．

(2)　カーペット

カーペットは，西南アジアやヨーロッパなどで発達した，長い歴史を有する床仕上げ材である．近年では，OA 化を指向する事務室の床などに用いられる**タイルカーペット**の需要が増えている．

図 4.18 に，カーペット仕上げの例を示す．図の (a) は，床の端部に設置した**グリッパー**（細長い木材に釘を上向きに取り付けたもの）にカーペットを固定する**グリッパー工法**といわれるもので，長尺カーペットを下敷き材である**フェルト**上に敷く場合に用いられる．なお，フェルトの厚さは 7〜10 mm 程度が一般的である．このほかに，下敷き材を用いず，カーペットをスラブや捨板に直接接着する**接着工法**もある．

図の (b) は，フリーアクセスフロア上にタイルカーペットを敷いた例である．タイルカーペットは，通常は，フリーアクセスフロア上に接着せずに敷くか，圧力に反応するピールアップ形接着剤を用いて敷く．タイルカーペットの大きさ，形状は通常 500 × 500 mm であり，基布の裏面には塩化ビニル樹脂や合成ゴム製のバックアップ材を積層し，適度な弾力性と敷き込んだ際の安定性を得るために必要な質量を持たせている．長尺シートと比較して，運搬しやすい，施工が容易，部分的な改修が容易などの優れた特徴を有しており，色や織り形を組

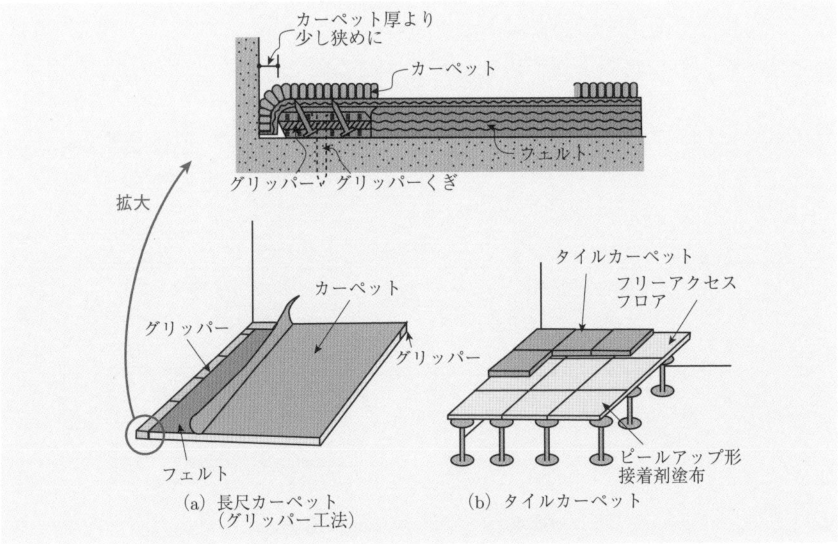

図 4.18　カーペット仕上げの例

み合わせることにより種々の模様，意匠を具現することができる．

ワンポイント建材解説

カーペット

カーペットは，断熱性，吸音性がある，適度な弾力性を有する，独特の意匠性を有するなどの特徴を持っており，高級感を演出する床仕上げ材として従来より重用されている．カーペットは，その製法などから，図4.19に示すように分類することができる．以下に，代表的なものについて説明する．

(1)　パイルのあるカーペット

パイルとは突起のことで，カーペットでは表面の毛房を指す．パイルのあるカーペットは，**織りカーペット**や**刺しゅうカーペット**などに分類できる．パイルには，羊毛のほか，アクリル，ナイロン，ポリエステル，ポリプロピレンなどが多く用いられる．最近では，帯電防止剤練込み繊維や導電性繊維を混入した制電カーペットも実用化されている．

また，パイルのあるカーペットは，パイルの形状から，**カットパイルカーペット**と**ループパイルカーペット**に分類することができる．前者は，色合いに深みのある独特の意匠性を有しており，ホテルの居室やオフィスの会議室，応接室など，高級感を演出する必要がある空間の床に多く用いられる．一方，後者は，弾力性や耐久性に富み，かつ汚れも目立ちにくいことから，ホテルやオフィス

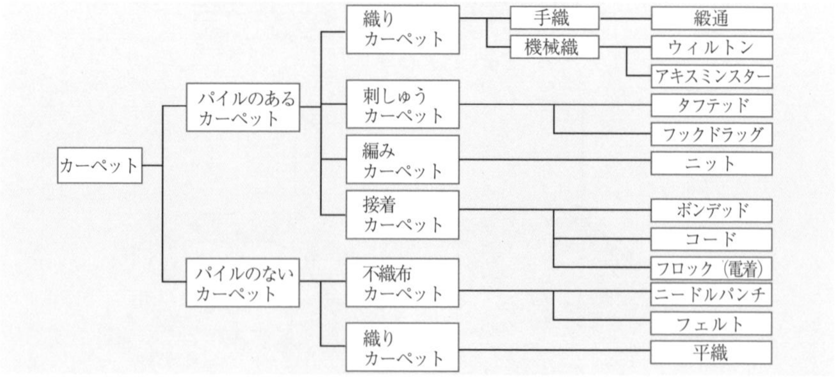

図4.19　カーペットの種類

の廊下や店舗，病院など，比較的歩行量が多い空間の床に多く用いられる．

(a)　織りカーペット

基布とパイルを同時に織り上げるものである．このうち，**緞通**（だんつう）は，手織のカーペットで，製作に膨大な時間がかかる非常に高価なものである．一方，機械織りのカーペットには，**ウィルトンカーペット**と**アキスミンスターカーペット**がある．両者は織機の方式が異なるが，いずれも比較的高価である．

(b)　刺しゅうカーペット

既成の基布にパイルを植え付ける方法で製作されるもので，数千本単位でパイルを植え付ける**タフテッドカーペット**と，パイルの長さ，形状，密度，色などに自由に変化を付けられるよう1本1本植え付けてゆく**フックドラッグカーペット**がある．このうち，タフテッドカーペットは，高速で大量生産できるため，比較的安価であり，現在多くの製品が出回っている．

(2)　パイルのないカーペット

パイルのないカーペットとしては，フェルト状の不織布カーペットである**ニードルパンチカーペット**が代表的である．ニードルパンチカーペットは，安価で施工も容易であり，スポーツ施設床や床暖房用カーペットのほか，自動車用マットなどに多く用いられる．

カーペットの歴史

カーペットは，非常に古い歴史を持つ床仕上げ材である．そもそも，人類が樹皮や獣皮，あるいは草で編んだ敷物を使用するようになったのは，旧石器時代と推定されている．その後，農耕の時代になると，羊毛フェルトや織物が敷かれるようになり，やがて，これら平面的な敷物より感触がよく暖かみがある毛房（パイル）を持った緞通が用いられるようになった．現存する最古の緞通は，紀元前500年頃のものとされている．緞通は，中央アジアで発達し，世界各地へ伝えられた．ペルシャや中国の緞通が我が国に伝えられたのは室町時代であり，江戸時代の元禄年間には生産も始まっている．

4章の問題

□**1**　次の各記述がそれぞれ正しければ○，誤りならば×を付けよ．

① コンクリートスラブのうち，地盤上に設けられた面で支持されたスラブを土間スラブ，柱や梁などで支持され下階に空間を有するスラブを構造スラブという．

② 下地と仕上げの間に設けられる中間層のうち，コンクリートスラブ上に軸材を組み，その上に仕上げを施す床を組床という．

③ 置床とは，工業化された脚，パネル，ブロックなどの部品からなる構成材をコンクリートスラブ上に置き並べて中間層を構成するもので，乾式二重床やフリーアクセスフロアがある．

④ 鋼製の束建式組床は，適度な弾力性を付与させやすいことから，体育館，柔道場，剣道場などの運動競技施設床の中間層によく用いられる．

⑤ セルフレベリング材は，塗り厚が厚いほうが下地の凹凸，不陸の緩和に効果的であり，ひび割れなどの不具合も発生しにくくなる．

⑥ 塗り床材を施工するコンクリートスラブの表面強度が低いと，剥離やひび割れの原因となる．

⑦ 天然石材の表面仕上げには，割肌，挽肌，たたき，磨きなどがある．また，バーナー仕上げという石灰岩特有の仕上げも存在する．

⑧ フローリング張り仕上げや高分子系タイル，シート張り仕上げを施す床下地には，十分な平坦，平滑性が求められる．

⑨ ループパイルカーペットとカットパイルカーペットでは，一般にカットパイルカーペットのほうが耐久性が高い．

⑩ 畳を構成する部材のうち，畳の弾力性を発揮するのは畳表である．

□**2**　次の各記述について説明せよ．

(1) 高分子系材料塗り仕上げの長所，短所を，高分子系材料張り仕上げと比較しながら説明せよ．

(2) 単層フローリングと複層フローリングの特徴を対比させながら説明せよ．

第5章

間仕切部位（内壁・天井）

内壁の役割は，基本的には外壁と同様である．ただ内壁は屋外気象の影響を受けないため，その点の性能はやや緩やかになるが，人間と直接接触する部位であり，この点での性能への配慮が必要となる．構成する材料としてはボード類，シート・壁紙，左官材料が主なものであり，これらについて説明する．天井は，屋根裏の骨組みを隠すために生まれたといわれるが，最近は意匠性に加えて施工性を高めたシステム化された部品の出現など，進歩が著しい．意外と軽んじられるが，実は重要な部位であるため，本章で取り上げた．

5.1　間仕切部位の構成

(1)　内壁の種類と構成

壁仕上げの材料・構法上の類似性から，本書では以下の3種の壁面を内壁として扱う．

(a)　外周壁の内側

建築物の外周を構成する外周壁に関しては，多くの場合，屋外側と屋内側とでは壁面仕上げが異なる．屋内側の壁仕上げの構成は間仕切壁と同様である．

(b)　間仕切壁（まじきりかべ）

建築物の内部空間を仕切る**間仕切壁**は，通常，両面それぞれ「仕上層＋（中間層）＋壁下地（または壁体）」という要素で構成される．間仕切壁は構造耐力を負担する場合と，負担しない場合があり，壁体の構成も多様である．事務所建築などにおいては，取付け・取外しが自由にできる**可動間仕切壁**も多く用いられる．

(c)　戸境壁（こざかいかべ）

間仕切壁のうち，特に集合住宅などにおいて各住戸を仕切る壁を**戸境壁**という．戸境壁の場合，特に防火性，遮音性が重要である．

図5.1〜図5.5に，構造形式ごとに内壁の構成例を示す．

図5.1は鉄筋コンクリート構造の内壁における壁紙張り仕上げの構成例である．

図5.2，図5.3は木構造の内壁の構成例である．図5.2は化粧合板張り仕上げ，図5.3は合板下地・壁紙張り仕上げの例である．木構造の組壁の場合，柱・間柱にはまず**胴縁**（どうぶち）と呼ばれる水平材が取り付けられ，その次にボード類などの下地用あるいは仕上げ用の面材・板材が取り付けられる．

図5.4，図5.5は鋼構造の内壁の構成例である．図5.4は軽量鉄骨間仕切壁における石こうボード下地・塗装仕上げ，図5.5はスタッドタイプの可動間仕切壁の例である．なお，間仕切壁用の鋼製組下地の場合，たて材（間柱材）を**スタッド**という．また，スタッドを立てるために天井と床に設置される壁枠上下端の横架材を**ランナー**といい，スタッドはランナーに固定される．

図5.6は乾式戸境壁の下地の構成例である．近年は建築物の軽量化を図るため，スタッドやランナー，石こうボードを用いた戸境壁の施工が増えている．戸

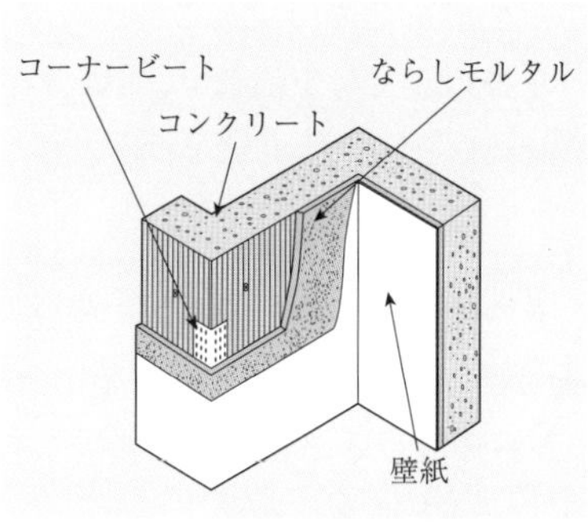

図 5.1　壁紙張りの内壁の例
(壁体：RC) [1]

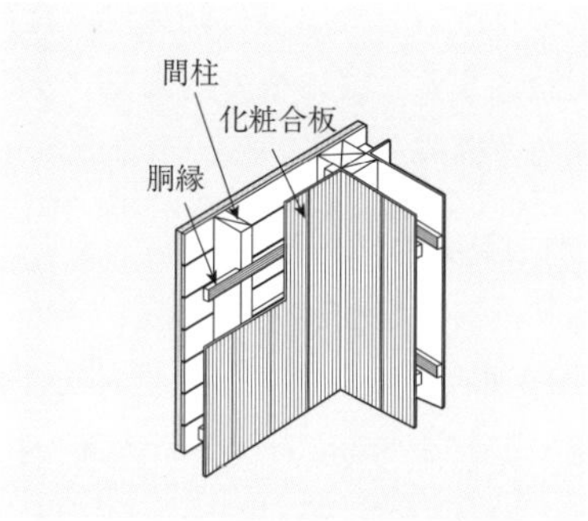

図 5.2　化粧合板張りの内壁の例
(壁体：木構造組壁) [1]

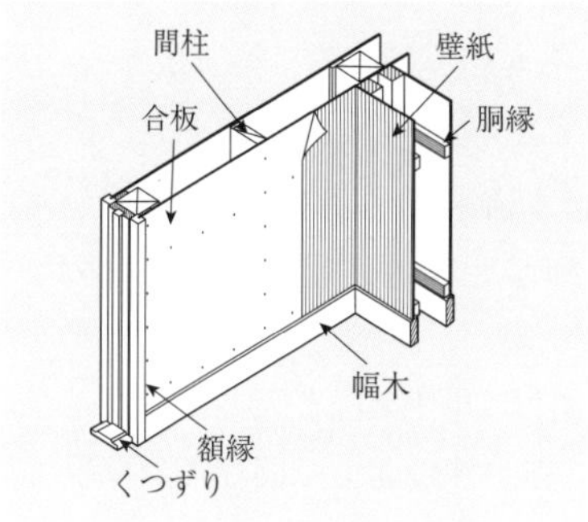

図 5.3　壁紙張りの内壁の例
(壁体：木構造組壁) [1]

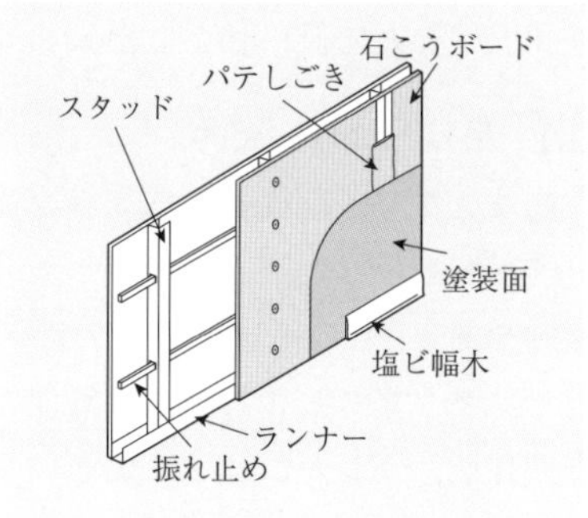

図 5.4　塗装仕上げの内壁の例
(壁体：鋼製組壁) [1]

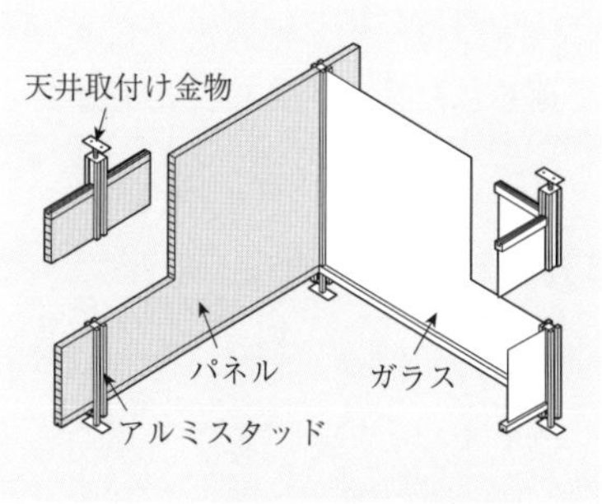

図 5.5　可動間仕切壁の例
(スタッドタイプ) [1]

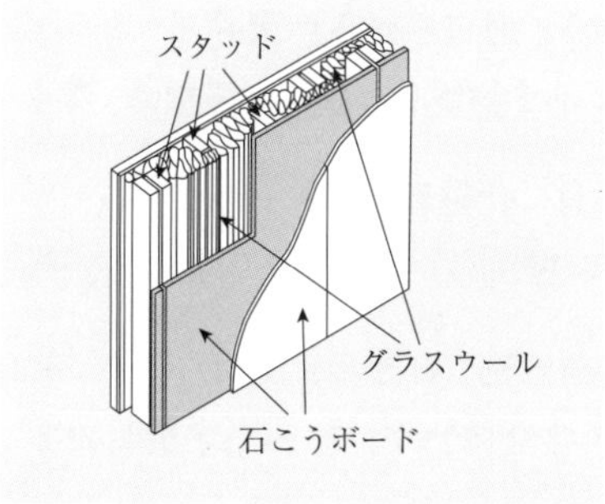

図 5.6　乾式戸境壁の下地の構成例

境壁には上述したように**防火性**，**遮音性**が重要であるので，石こうボードを2枚重ねにすると共に壁の内部にグラスウール等の吸音材を設置し，所定の性能を満たす構成としている．石こうボードに壁紙や塗料で仕上げを行う．

(2) 天井の種類と構成

通常，天井は表面を作る仕上げ部分と，その仕上げ部分を建築物の構造骨組（床組，小屋組）に接合するための下地部分から構成される．

床や壁と比べると，天井は人間や物品類が直接触れることがない部位であり，意匠上の自由度は高い．構法的には以下の5種に大別される．

(a) 直（じか）天井

鉄筋コンクリート構造の上階の床スラブの裏面や木構造の床組の裏面などを，塗り仕上げなどで直に仕上げた天井をいう．

(b) 吊り（つり）天井

鉄筋コンクリート構造の床スラブまたは木構造の小屋組，床組などから吊り部材で吊った構法の天井をいう．天井の下地は，軽量鉄骨製下地や木製下地が一般的である．

近年，オフィスビルなどの高層建築では，天井仕上げと天井に設置される設備を一体化，プレハブ化することにより，施工性の向上や間仕切り位置の可動性を確保した，**システム天井**と呼ばれる吊り天井が多く用いられる．天井に組みこまれる設備は，照明器具，スピーカー，煙感知器，空調用の吹出し・吸込み口，スプリンクラーなどである．

(c) 力（ちから）天井

上部を物置などに用いるため，梁を渡して荷重に耐えるようにした天井をいう．

(d) 化粧屋根裏

天井仕上げをせずに，屋根裏をそのまま見せるものをいう．

(e) 光（ひかり）天井

天井全体にルーバーや半透明のアクリルパネルなどの面状材料を設け，その中に光源を数多く設置して，天井全体が1つの光源のように見える天井をいう．

図 5.7〜図 5.10 に天井の構成例を示す.

図 5.7 は鉄筋コンクリート構造における吹付け仕上げによる直天井の例である.

図 5.8〜図 5.10 は吊り天井の例である. 図 5.8 は, 伝統的な木構造に多く見られる**さお縁天井**である. 図 5.9 は吊り部材が木製の布張り仕上げ, 図 5.10 は吊り部材が鋼製の吸音板張りの例である.

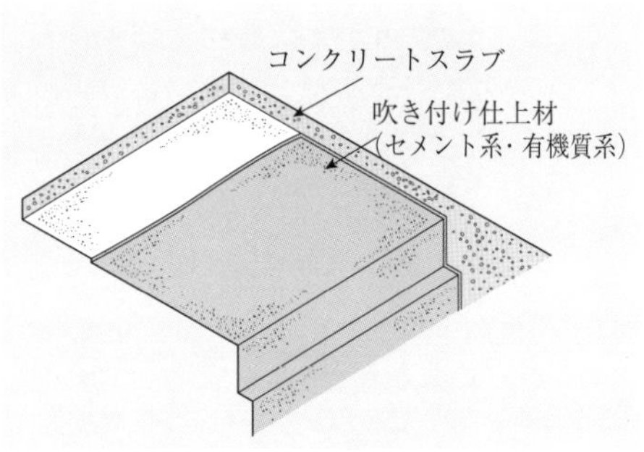

図 5.7　直天井の例 [1]

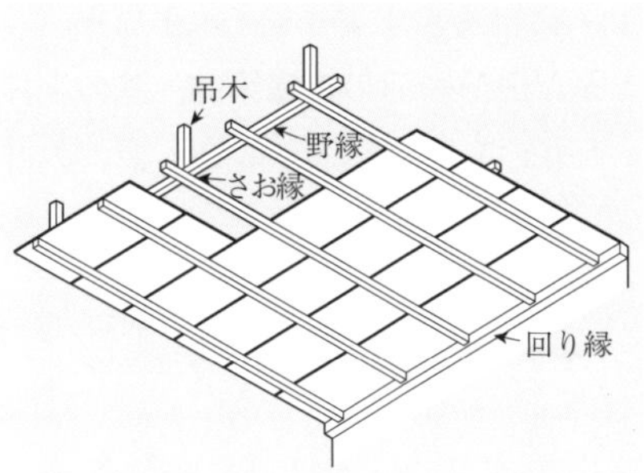

図 5.8　さお縁天井の例 [1]

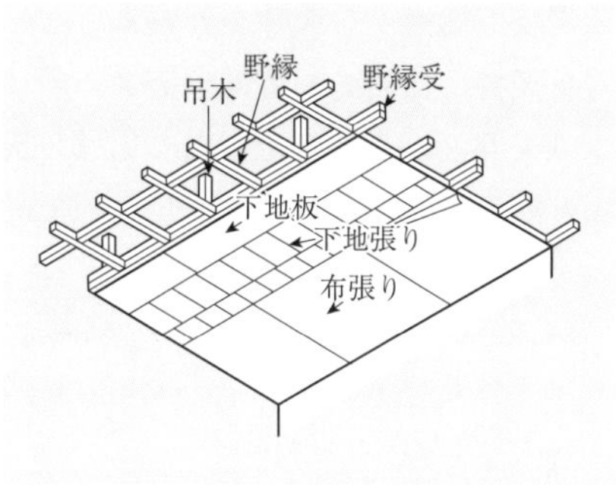

図 5.9　布張り天井の例 [1]

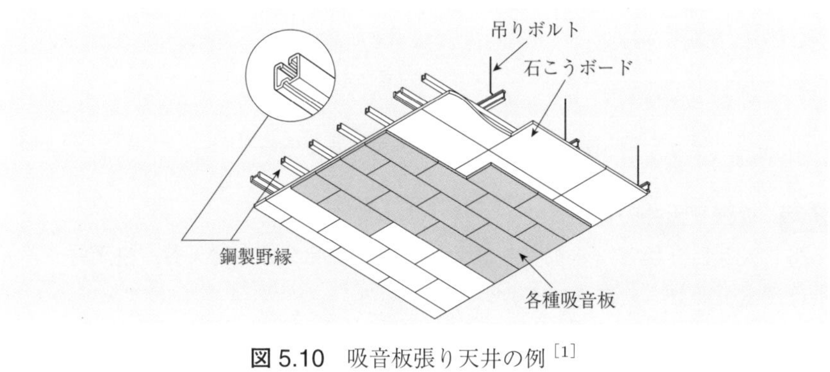

図 5.10　吸音板張り天井の例 [1]

写真 5.1 はシステム天井の例である．

写真 5.1 システム天井の例（写真提供：大建工業）

参考 形状からみた天井の種類

形状的観点から天井を分類すると，図 5.11 に例を示すように，水平な**平**（ひら）**天井**，傾斜のある**傾斜天井**，船底のような山形断面の**舟底天井**，壁の上端より天井面が高い**折上**（おりあげ）**天井**，天井の高さに段違いのある変形天井などがある． □

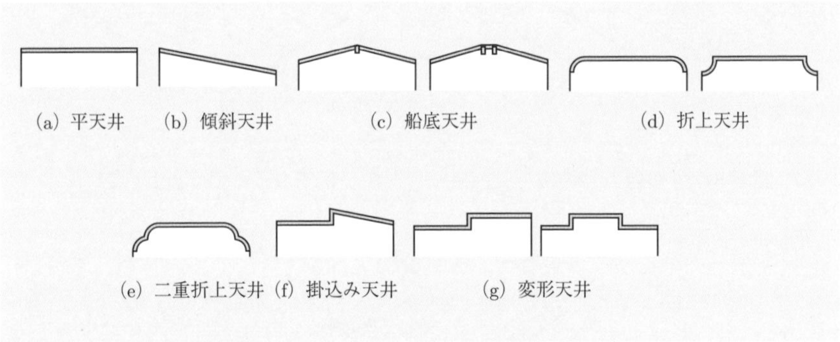

図 5.11 形状からみた天井の種類 [1]

参考 板張り天井の種類

吊り天井に分類される板張り天井には，伝統的な**さお縁天井**，**格天井**や，元来は洋風天井である**打上げ天井**の種類がある．

さお縁（さおぶち）天井とは，図 5.8 のように，さお縁の上に薄板を張った天井をいう．格（ごう）天井とは，格縁（ごうぶち）と呼ばれる角材を格子（こうし）に組んでできた正方形部分に裏板（格板）を張った天井をいう．高級な天井の張り方であり，格式が求められる和室や洋室に使用される．写真 5.2 に格天井の例を示す．打上げ天井とは，図 5.9 のように，野縁に板を打ち付けた天井をいう．□

写真 5.2　格天井の例（安楽寺三重塔［埼玉県比企郡吉見町］）

参考　天井の耐震性

2011 年の東日本大震災などの大きな地震の際に吊り天井が脱落した例が多く見られた．このため，建築基準法に基づく規制が強化され，図 5.12(a) に示すように，吊り長さをおおむね 3 m 以下とすること，吊りボルトや補強用斜め部材（ブレース）の配置を密とすること，周囲の壁と天井の仕上げ材との隙間（クリアランス）を 6 cm 以上とすることなどの脱落対策のための規準が定められた．特に新築の建築物においては，図 5.12(b) に示すような面積が 200 m^2，質量が 2 kg/m^2 を超え，かつ人が日常的に利用する場所に設置されている高さが 6 m を超える天井は脱落によって重大な危害を生ずるおそれのある**特定天井**とされ，耐震性の検証が必要となった．また，新築の建築物の特定天井以外の天井については，設計者の判断による安全の確保が求められている．なお，既存の建築物においては，新築時の規準を満たすか，落下防止措置を講じることが求められている．□

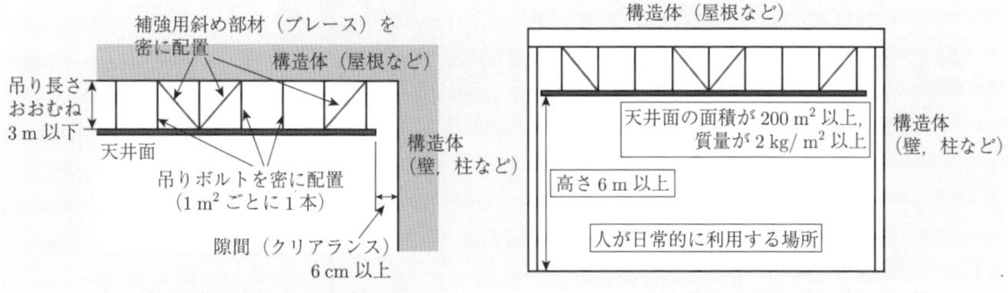

(a) 脱落対策のための基準の概要　　(b) 特定天井の基準の概要

図 5.12　吊り天井の耐震性に関する規準

5.2 内壁仕上げの種類と材料

第3章で述べた外壁用の材料，工法の多くは，基本的に内壁にも使用できる．ただし，外壁と内壁では要求される耐候性の水準が異なることや経済性などの観点から，外壁と内壁に共通に使用できる材料でも工法は異なる場合がある．また，外壁には用いず，内壁専用の材料や工法もある．本節では，内壁に適用される仕上げ材料，工法の代表的なものを以下に示す．外壁の場合と同様，仕上げは張り仕上げと塗り仕上げに大別される．

5.2.1 張り仕上げ

(1) 壁紙張り

今日，壁紙張りは内壁仕上げに広く使用される．**壁紙**とは，紙，繊維，プラスチック，無機質材（金属はくを含む）およびそれらを組み合わせた壁装材をいう．難燃，防水，防汚，防かび，抗菌などの各種処理を施したものや，あらかじめ接着剤を塗布したものもある．写真5.3に壁紙の例を示す．最近は，壁紙用接着剤も揮発性有機化合物（VOC）の少ないものが用いられる．

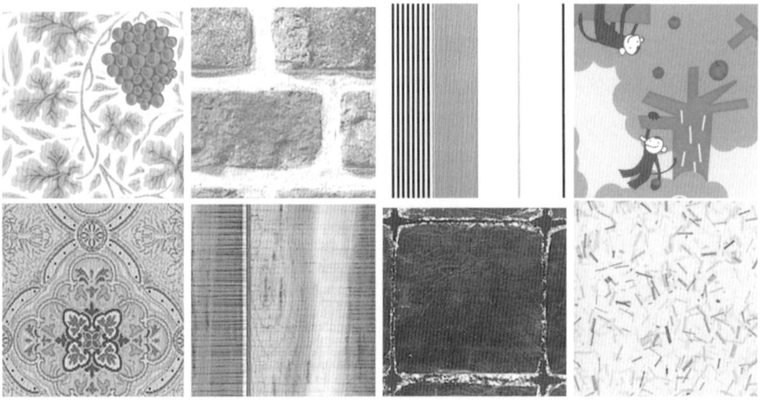

写真5.3　壁紙の例（写真提供：リリカラ）

(2) 木質系板材張り

天然の板材のほか，合板，ファイバーボード（繊維板）などの木質系板材やそれらの**化粧板**が使われる．化粧板とは，合板，繊維板などの基板の表面に，化粧紙張り，印刷，塗装などの方法により化粧仕上げを施した板をいう．化粧板は基板に張る表面材の種類により外観，用途は種々異なる．難燃処理した基板も用いられる．写真 5.4 に木質系化粧板の例を示す．

写真 5.4 木質系化粧板の例

(3) 無機質系板材張り

石こうボード，**ロックウール板**，繊維強化セメント板，木質系セメント板などの無機質系板材およびその化粧板は内壁，天井に多用される．内装専用のセメント系板材として**パルプセメント板**もある．これらの板材は下地材としても広く用いられるが，化粧を施した仕上げ用の製品も多い．写真 5.5 に石こうボードの例を示す．

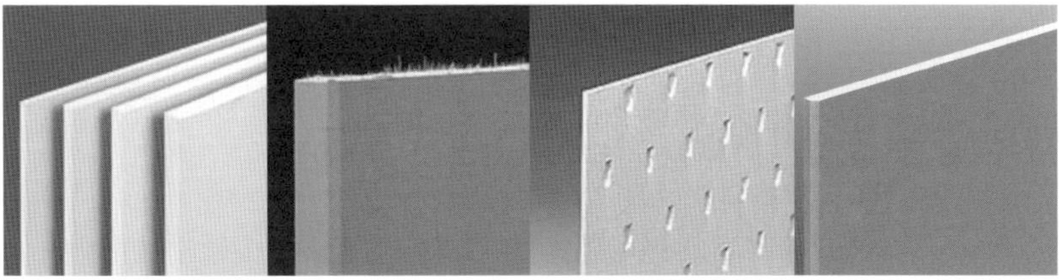

写真 5.5 石こうボードの例（写真提供：吉野石膏）

(4)　セラミックタイル（陶磁器質タイル）張り

外装タイルは，材料の品質上，内装用を兼ねることができる製品も少なくない．**内装タイル**の多くは，施釉した陶器質タイルであり，デザインが豊富である．写真 5.6 に内装タイルの例を示す．

写真 5.6　内装タイルの例（写真提供：LIXIL）

耐候性に対する要求水準が異なるため，内壁のタイル張り工事では，外壁と比べ簡易な仕様の工法も採用される．

(5)　そのほかの板材張り

内壁仕上げには，そのほかにも，金属板・金属系ボード，プラスチック板・プラスチック系ボード，ガラス，各種複合パネルなど，多くの板状材料が使用される．

5.2.2　塗り仕上げ

(1)　左官仕上げ

内壁の左官仕上げの種類は多岐にわたり，土壁塗り系，プラスター塗り系，しっくい塗り系，モルタル塗り系などに分類される．仕上がり面の外観も多彩である．写真 5.7 に左官仕上げの例を示す．なお，主要な左官材料については本章ワンポイント建材解説の項で補足する（モルタル塗りは第 3 章を参照のこと）．

（左）本聚楽・水こね
（右）ケイ藻土・かき落とし

（左）セメントモルタル・かき落とし
（右）樹脂モルタル・スタッコ

（左）セメントモルタル・御影石洗い出し
（右）セメントモルタル・ローラー

写真 5.7　左官仕上げの例（写真提供：日本左官業組合連合会）

(2)　仕上塗材仕上げ

第 7 章で述べる仕上塗材は内壁にもよく使用される．

(3)　塗装仕上げ

塗装仕上げも内壁仕上げとして多用される（第 7 章を参照のこと）．

ワンポイント建材解説

内装の張り仕上げ用材料

張り仕上げに用いられる材料について，ここでは代表的な壁紙（プラスチック系，紙系，繊維系，無機質系，その他の壁紙），木質系化粧板（突き板化粧板，メラミン化粧板，ポリエステル化粧板，塩ビ化粧板，オレフィン化粧板，その他），石こうボード，ロックウール板，パルプセメント板について解説する．

(1)　内壁や天井の壁紙

壁紙あるいはクロスなどと呼ばれるシート状の内壁，天井仕上げ用材料のうち，高分子系のものは，材質の観点からプラスチック系，紙系，繊維系の3種に分類することができる．このほかに，ガラス繊維などを主原料とし防火性に優れた無機質系のものも存在する．

(a)　プラスチック系

プラスチックを主な素材とするか，または表面化粧層にプラスチックを20 g/m^{2}以上使用している．プラスチックとしては，塩化ビニル樹脂が大部分を占めるが，エチレン酢酸ビニル樹脂やアクリル樹脂，また近年は環境への配慮から，ポリオレフィンと総称される，塩素を含まないポリエチレンやポリプロピレンなどの熱可塑性樹脂の利用も増えている．様々な色，意匠および表面テクスチャのものが製造できること，耐水性があるため汚れても清掃しやすいこと，耐摩耗性が高いこと，接着剤との反応による色むらなどが出にくいこと，安価で施工が容易なことなどの特性を有するため，住宅や事務所，店舗，公共施設などの内壁，天井仕上材として幅広く普及している．ただし，紙や繊維系と比較して通気性，透湿性が乏しいため，結露やかびが生じやすい点に注意が必要である．近年は，表面に汚れがつきにくくなるよう加工を施したものや，薬剤により防火性，防かび性を付与した製品などが主流となっている．

(b)　紙系

パルプや再生パルプなどの紙系の原料を主な素材とし，プリントやエンボスなどの加工が施してある．化学繊維が併用される場合もあるほか，塩化ビニルやアクリルなどで撥水加工した製品も多い．西洋では長い歴史を持っており，パターン化された模様から絵画に近いものまで多種多様な意匠のものが存在するが，防火性，耐汚染性，耐水性，耐摩耗性および接着剤との反応による色むらなどの面で，取り扱いにくい点が多いことから，我が国では特別な色，柄のものが必要な場合に輸入品を用いる程度に留まっている．

(c)　繊維系

綿，麻，レーヨンなどのセルロース系の天然・再生繊維，あるいはアクリル繊維などの化学繊維を主な素材とする壁紙．平織，綾織などの織物，不織布などが用いられる．質感に優れ，調湿性や吸音性も期待できる．反面，一般に施工性や清掃性に劣る．我が国の伝統的なものとして葛の茎の繊維を用いた**葛布**（くずふ）などがあるが，紙と同様の理由から，近年ではあまり用いられていない．

(d)　無機質系

無機質紙，無機質骨材，ガラス繊維，金属などの無機質材を主素材とする壁紙．ただし，表面化粧層にプラスチックを $20\,\mathrm{g/m^2}$ 以上使用したものを除く．原料の特性から，不燃下地に施工した場合は不燃材扱いとなる．主に防火性能の要求水準が高い場所に使用される．

(e)　その他の壁紙

厚さ 0.2 mm 程度の木板に裏打ち紙を張った木質系壁紙や，ケイ藻土，貝殻粉などの自然素材を用いた壁紙がある．

(2)　木質系化粧板

内壁や天井でも不燃性が要求されるため，木材および木質材料が用いられる割合は少なくなっているが，住宅や店舗などでは，依然として主要な表面仕上材料の 1 つと位置付けることができる．現在用いられているものの多くは，不燃処理が施されている．なお，厚さは，内壁用で 6 mm 程度，天井用で 9 mm 程度が一般的であるが，大きさ，形状などは床と比較してバラエティが多い．

(a)　突き板化粧板

外観のよい天然材を 0.5 mm 程度の厚さにスライスした「突き板」を基板に接着し，塗装などで仕上げたものをいう．化粧板の耐用性は主に突き板の厚みに左右される．

(b) メラミン化粧板

メラミン樹脂を含浸させた化粧紙を積層して製作した表面板を，基板に張り付けた化粧板をいう．メラミン樹脂の特性から化粧板の表面は耐摩耗性，耐水性，耐熱性に優れる．

(c) ポリエステル化粧板

基板に化粧紙を張り，その上にポリエステル樹脂を塗装したものをいう．

(d) 塩ビ化粧板

印刷を施した塩ビフィルムを基板に張った化粧板をいう．基板に印刷フィルムを張っただけの単層タイプと，さらにその上に透明塩ビフィルムを重ねた二層タイプがある．色・柄が豊富で，住宅の内装材に広く使用される．

(e) オレフィン化粧板

塩ビフィルムの代わりにポリオレフィンフィルムを用いた化粧板をいう．

(f) その他

強化紙化粧板，ラミネート化粧板，塗装化粧板などがある．

(3) 石こうボード

石こうボードとは主原料の石こうを芯材として，その両面および長さ方向の側面を石こうボード用原紙で被覆した板材をいう．実際の製造では，ボード原紙（再生紙）2 枚の間に水で練った半水石こう（焼き石こう）を流し込み，二水石こうとして板状に固化させて製造する．そのため，原紙と石こうを張り合わせるための接着剤は特に必要ない．石こうには，天然石こうのほか，火力発電所などで副次的に製造される副産石こう（化学石こう），解体工事現場などから発生する廃石こうが用いられる．

石こうボードは寸法安定性，施工性，不燃性，耐火性，断熱性，遮音性などに優れる．反面，標準品の場合は，水分や湿気に弱い．標準品のほかには，芯に無機質繊維などを混入し耐火性を高めた強化石こうボード，塗り下地用に表面にくぼみを付けた石こうラスボード，防水処理を施し耐水性を確保したシージング石こうボード，表面を化粧加工した化粧石こうボードなどがある．また，近年は調湿性を高めた製品や，空気中の化学物質の吸着性・吸着分解性を高めた製品もある．

石こうの化学反応は下式のとおりであり，「半水石こう」に水を加えると水和反応を起こし「二水石こう」となる．二水せっこうは120〜150°Cに加熱すると結晶水の一部を失って再び半水石こうに戻る．二水石こうが火熱に抵抗できるのは，加熱時の熱分解の過程において，結晶水の放出が終わるまで温度上昇が抑えられるためである．二水石こうの重量の約2割は結晶水である．

$$\mathrm{CaSO_4}\cdot\frac{1}{2}\mathrm{H_2O}+\frac{3}{2}\mathrm{H_2O}\underset{\text{加熱}}{\overset{\text{加水}}{\rightleftarrows}}\mathrm{CaSO_4}\cdot 2\mathrm{H_2O}$$

(4)　ロックウール板

ロックウール板とは，ロックウールを主材料とし，混和材，結合材を加えて板状に成形したものをいう．表面に大理石（トラバーチン）模様，凹凸模様，塗装などの化粧を施した化粧吸音板が代表的である．

ロックウールとは，高炉スラグ，玄武岩などを高温（約1500°C）で溶融したものを遠心力で吹き飛ばして作る，均質で細い鉱物性繊維をいう．不燃性，断熱性，吸音性に優れる．

(5)　パルプセメント板

パルプセメント板とは，セメント，パルプ，無機質系繊維材料，パーライトおよび無機質系混合材を主原料として成形したものである．

パルプセメント板には，かさ比重が0.6以上，0.9未満の「0.8板」と，かさ比重が0.9以上，1.2未満の「1.0板」がある．また，それぞれに，表面に化粧を施さない普通板と，普通板を基板として，その表面に化粧加工を施した化粧板とがある．化粧加工は，印刷，塗装，吹付け，焼付け，化粧材の張付けなどの方法による．パルプセメント板の板厚は，6または8mmである．

ワンポイント建材解説

内装の塗り仕上げ用材料

塗り仕上げに用いられる材料について，ここでは代表的な土壁塗り，繊維壁塗り，ケイ藻土塗り，しっくい塗り，ドロマイトプラスター塗り，石こうプラスター塗りについて解説する．

(1)　土壁塗り

狭義には色土，色砂などを用いて塗り仕上げた**こまい壁塗り**をいい，広義には土塗りで仕上げた壁全般をいう．第3章でも述べたこまい壁塗りは我が国古来の壁工法であり，主なものに土物仕上げ，大津仕上げ，砂壁仕上げがある．

こまい壁塗りの工程は，まず，こまい下地に荒壁土を用いて荒壁をつくり，その上に荒壁土に砂を混ぜた中塗土で中塗りを行い，上塗りに色土，色砂などを用いて仕上げる．

土物仕上げとは，材料に色土，砂，水，のり，すさを用いた仕上げである．のりを用いず水だけで練るものは水ごねと呼ばれ，優れた施工技術が要求されるが，耐久性は高い．のりを用いる仕上げはのりの添加量により，のりさし，のりごねの別がある．のりごねのほうが添加量が多い．一般にのりの量が増えると施工性は向上するが，耐久性は低下する．以下に伝統的な色土の例を示す．

- 浅葱土（あさぎつち）：淡路（徳島），伊勢（三重），江州（滋賀）
- 稲荷黄土（いなりきつち）：伏見（京都）
- 京錆土（きょうさびつち）：伏見，山科（京都）
- 九条土（くじょうつち）：九条（京都）
- 江州白（こうしゅうじろ）：江州（滋賀）
- 聚楽土（じゅらくつち）：大亀谷，西陣（京都）
- 紅土（べにつち）：内子（愛媛），沖縄（沖縄）

大津仕上げとは，材料に色土，消石灰，紙すさ，水を用いた仕上げである．消石灰を使用する一方で，砂，のりは使用しないのが特徴である．滋賀県で産出する色土が多く用いられたことから大津仕上げの名称がついた．何度もこて押さえなどを繰り返す高級な仕上げは，みがき大津と呼ばれる．

砂壁仕上げとは，材料に色砂，のりを用いた仕上げをいう．色砂はそれ自身は固まる力がなく，のりを加えるため，やや耐久性に劣る．

(2)　繊維壁塗り

繊維壁塗りとは，材料に糸くず，真綿くず，合成繊維，パルプなどの繊維材と，ふのり，合成樹脂エマルションなどののり材を用いる仕上げをいう．繊維壁材は，現在の JIS では建築用仕上塗材に集約されている．

(3)　ケイ藻土塗り

ケイ藻土とは，海や湖などに生息している「ケイ藻」と呼ばれる単細胞藻類の死骸が堆積し，化石化してできた地層から採取される軟質岩石または土壌のうち，ケイ藻化石の含有量が 90％をこえるものをいう．ケイ藻の大きさは $10\,\mu\mathrm{m}$～$100\,\mu\mathrm{m}$ 程度が多い．日本での産地は北海道から九州まで分布し，埋蔵量も豊富である．多孔質であり，調湿性，化学物質の吸着性，断熱性などに優れるとされるが，ケイ藻土の種類により品質も異なる．ケイ藻土はそれ自体では固結力が弱いので，粘土，消石灰，石こう，セメントなどを混ぜた既調合品を使用することが多い．ただし，結合材として添加する材料によっては，ケイ藻土の長所が損なわれることがあるので注意を要する．

(4)　しっくい塗り

しっくいとは，主材料の消石灰（$Ca(OH)_2$）にのり，すさ（補強用の繊維材），水を加えて練った伝統的な左官材料をいう．下塗り・中塗り用のしっくいには砂も加える．しっくいは下記のように空気中の二酸化炭素と反応し徐々に硬化していく（気硬性）．しっくい塗りの仕上げの程度は一般に塗り回数により決まり，塗り回数の多いものはひび割れなどが生じにくく上質のものとなる．しっくい塗りは伝統的なこまい下地のほか，コンクリート・セメントモルタル下地，木ずり下地などに適用される．現在は市販の既調合品を用いることも多い．

$$\mathrm{Ca(OH)_2 + CO_2 \rightarrow CaCO_3 + H_2O}$$

(5)　ドロマイトプラスター塗り

ドロマイトプラスターとは，ドロマイト（苦灰石，$CaMg(CO_3)_2$）そのほかの酸化マグネシウム（MgO）を含有する原料を焼いて酸化カルシウム（CaO）と酸化マグネシウム（MgO）とにした後，それに水を注ぎ水酸化カルシウム

（$Ca(OH)_2$）と水酸化マグネシウム（$Mg(OH)_2$）となるまで十分に消化したものを粉砕し，粉末調整したものをいう．日本ではドロマイトの9割は栃木県で採掘される．

ドロマイトプラスターは施工性は良好であるものの，硬化後の収縮が大きくひび割れが起きやすいため，すさなどの繊維材で補強する必要がある．最近では耐アルカリ性のガラス繊維も用いられる．ドロマイトプラスターは，しっくいと同じく下式のように気硬性の材料であり，硬度の増進には時間を要する．

$$Ca(OH)_2 \cdot Mg(OH)_2 + 2CO_2 \rightarrow CaCO_2 \cdot MgCO_2 + 2H_2O$$

(6)　石こうプラスター塗り

石こうプラスターとは，焼石こうを主原料とし，必要に応じて混和材料，増粘剤，凝結遅延材などを混入した粉状の塗り壁材料をいう．建築現場で骨材，水と練り合わせて使用する現場調合プラスターと，あらかじめ骨材，混和材料などが混入されていて，水を加えるだけで使用できる既調合プラスターとがある．既調合プラスターはALC用，石こうラスボード用，塗装下地用など用途に応じて種類が多い．

石こうプラスターは硬化や乾燥による収縮が小さいため，ひび割れしにくい．中性または弱酸性であるため，塗装下地にも適する．一方，耐水性に劣るため，湿気や水分の多い箇所には適さない．

5.3　天井仕上げの種類と材料

天井仕上げにも多くの種類があるが，壁の場合と同様に，主なものは張り仕上げと塗り仕上げに大別される．

5.3.1　張り仕上げ

張り仕上げに用いられる主な材料は以下のとおりである．仕上げを施したものや吸音用の有孔板など，天井専用材として成形された既製品も多い．

- **木質系板材**：天然板材，合板，ファイバーボード（繊維板），パーティクルボードなど．また，それらの化粧板，有孔板．
- **無機系板材**：ロックウール板，石こうボード，繊維補強セメント板，木質系セメント板　など．また，それらの化粧板，有孔板．写真 5.8 に，**ロックウール化粧板**の例を示す．
- **金属系板材**：アルミニウム板，ステンレス板，鋼板，亜鉛鋼板など．また，それらの化粧板，有孔板．
- **合成樹脂系板材**
- **布，紙，合成樹脂シート・フィルム**

写真 5.8　ロックウール化粧板の例
（写真提供：吉野石膏）

5.3.2　塗り仕上げ

塗り仕上げに用いられる主な材料は以下のとおりである（一部の材料については本章ワンポイント建材解説の項参照）．

- **左官材料**：セメントモルタル，しっくい，ドロマイトプラスター，石こうプラスター．
- **仕上塗材**：内装用仕上塗材（第 7 章参照）．
- **塗料**：内装用塗料（第 7 章参照）．

塗り仕上げは，コンクリートスラブなどの直塗り用下地のほか，吊り天井用のラス下地や木ずり下地にも施される．

5章の問題

□**1**　次の各記述がそれぞれ正しければ○，誤りならば×を付けよ．

①　集合住宅などにおいて各住戸を仕切る間仕切壁を戸境壁という．

②　天井仕上げをせずに，屋根裏をそのまま見せる天井を直天井という．

③　システム天井は，照明器具や空調の吹出し・吸込み口などの設備を天井仕上げと一体化したものである．

④　表面化粧層にプラスチックを $10\,g/m^2$ 以上使用している壁紙は，プラスチック系壁紙に分類される．

⑤　繊維系壁紙は，一般に施工性や清掃性に優れる．

⑥　無機質系壁紙は，防火性能の要求水準が高い場所に使用される．

⑦　ケイ藻土は，ケイ藻化石の含有量が50％を超えるものをいう．

⑧　ロックウールは，不燃性，断熱性，吸音性に優れる．

⑨　ドロマイトプラスターおよびしっくいは水硬性材料に属する．

⑩　石こうプラスターは，耐水性に劣るため，湿気や水分の多い箇所には適さない．

□**2**　次の各記述について説明せよ．

- プラスチック系壁紙の特徴（利点，欠点）について述べよ．

第6章

開　口　部

開口部とは出入り口や窓のことである．よく考えてみれば不思議な部位である．建物の内と外とを，あるいは部屋同士を連続させたり遮断させたりを，１つで対応しなければならないからである．部材，部品として重要なのは建具であり，かつては木製建具が一般的であったが，現在はアルミニウムなどの金属製建具が多く用いられている．また開口部で重要な材料はガラスである．鉄，コンクリートと並んで近代建築を象徴する材料の１つである．これについてもここで説明している．また伝統的開口部材である障子，ふすまも，今なお我々の生活とともにある．基本的なことは勉強してもらいたい．

6.1　開口部の開閉機構

第1章で述べたように，建築物の開口部すなわち出入り口や窓は，人間や物品の出入り，採光，換気などのために開かれることが多い．一方では，望まない環境因子などの移動を遮断するときには，しっかりと閉じてその役目を果たす必要がある．したがって，開口部にとって，その開閉機構は重要である．

図6.1に,代表的な開口部である窓の開閉機構の例を示す.窓の意匠,用途あるいは要求性能により,はめ殺しを含み,多様な開閉機構が考案され,普及している.

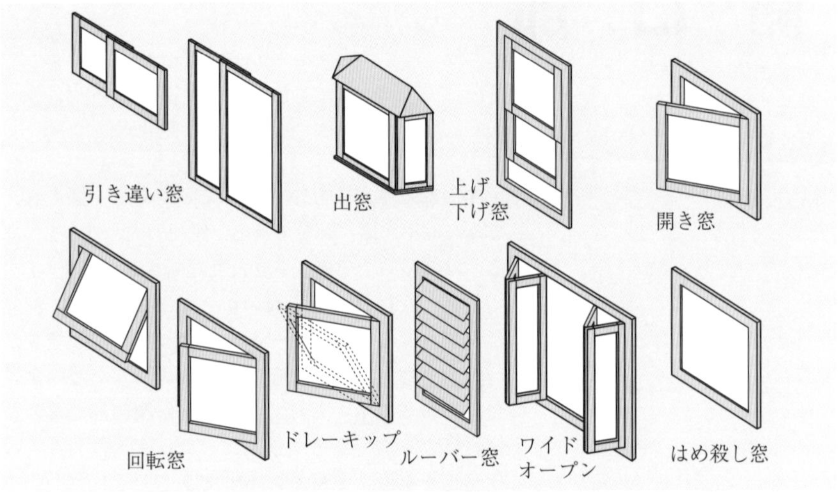

図6.1　窓の開閉機構の例（「日本建材産業協会報告書」より）

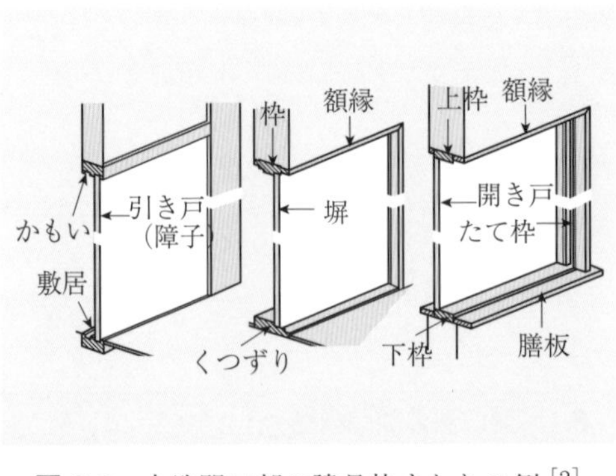

図6.2　木造開口部の建具枠まわりの例 [2]

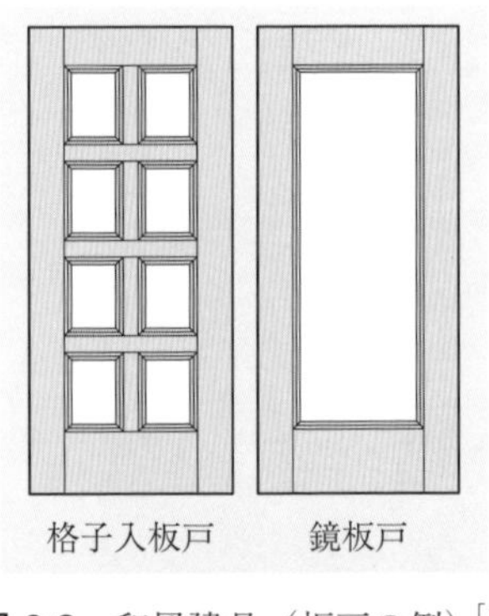

図6.3　和風建具（板戸の例）[1]

6.2　開口部材料

6.2.1　建　　具

建具とは出入り口や窓の戸や扉，障子などを総称した呼び方で，戸や扉を納める枠を**建具枠**という．

木製建具の場合は，建具（例えばガラス戸）と建具枠（建具を納める枠）は別々の業種で作業・取り付けが行われる場合が多く，金属製建具の場合は建具枠との取り合い（気密性を保つためのメーカー独自の断面が多い）との関係から，建具と枠の取り付けを同時に行う場合が多い．

(1)　木製建具

木材は平衡含水率（15～18％程度）まで乾燥させた**芯去材**（樹芯のないもの）を用いることが望ましい．樹種としてはスギ，ヒノキ，サクラなどで，和風建具は素木のまま，洋風建具は塗装して使われる．近年はくるいの少ない**集成材**やLVL なども表層をラミネート加工して用いられることが多い．後述のアルミサッシを木枠とした製品もある．図 6.2 に木造開口部の建具枠まわりの例を示す．

- **和風建具**：窓形式としては古くから連子窓（れんじまど）や格子窓などがあり，戸の形式には格子戸，板戸，ガラス戸，紙障子などがある．紙障子には，その一部をガラスとした猫間（雪見）障子（図 6.15 参照）なども あり，木桟（もくさん）の入り方により，様々な形式や呼び方がある．図 6.3 に板戸の例を示す．
- **洋風建具**：出入り口に用いられる戸や扉としては，縦横にかまち（框）材を通して，その間に鏡板と呼ばれる板材をはめ込んだ唐戸，中がまちの上部をガラス戸とした腰唐戸，枠とかまち以外をガラスとしたガラス戸，合板を両面に用いたフラッシュ戸などがある．窓の場合は素通しガラス，すり（曇り）ガラス，型板ガラスなどが用いられる．

(2)　鋼製建具

窓には一時，**鋼製サッシ**（サッシ：戸（障子）および枠全体を指す英語）が用いられていたが，アルミサッシの普及にともない，錆などの問題もあることから使用量が減少している．複雑な断面では押出成形に向かないことから，単純な断面を持つ止水機構となっている．アルミ建具より気密性に劣る．鋼材は主に亜鉛めっき鋼板で，リン酸塩による防錆処理を施している．建具枠は枠周囲から鉄筋などのアンカーを出して建物の鉄筋や鉄骨に溶接して取り付けるのが一般的である．

(3) アルミ（アルミニウム）製建具

かつては新築住宅の窓にはアルミ（サッシ）製品が多く用いられた．**アルミサッシ**は押出成形技術の発達にともない，窓としての気密性・水密性が向上するとともに防錆性能も相まって，その使用が急速に浸透した．部材断面はメーカーごとに若干相違するが，止水性，排水性を考慮したものとなっている．部材表面は**陽極酸化被膜**（アルマイト）処理とすることが一般的で，自然発色といわれるカラーアルミも多く使われている．木造住宅などでは建具枠を周囲の木製枠にねじ止めするのが一般的である．

図 6.4 にアルミサッシの断面の例を示す．

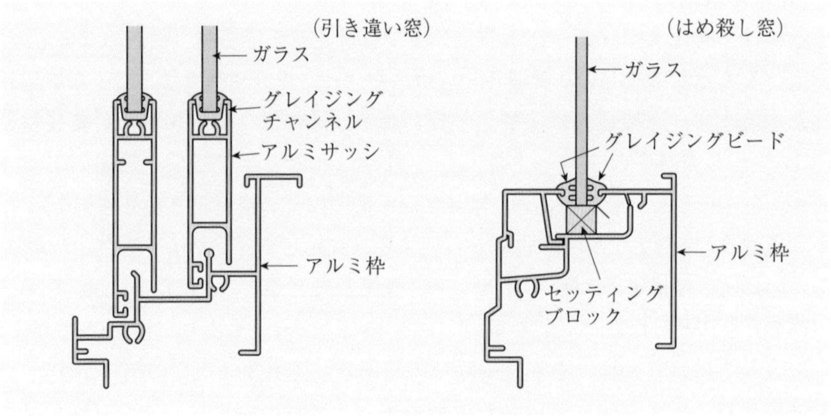

図 6.4 アルミサッシの例[11]

近年は下枠の段差をなくしたバリアフリーサッシとも呼ぶような製品の使用も多くなっている．

また，室内側の外枠や障子に樹脂を併用することにより断熱性を高め，さらに複層ガラスと組み合わせた断熱化サッシ（アルミ樹脂複合サッシ）も普及してきている．断熱性能は，基本的にアルミサッシと後述する樹脂サッシの中間的な水準となる．収まりを含む意匠性や対価格性に優れる．

図 6.5 にアルミ樹脂複合サッシの断面の例を示す．

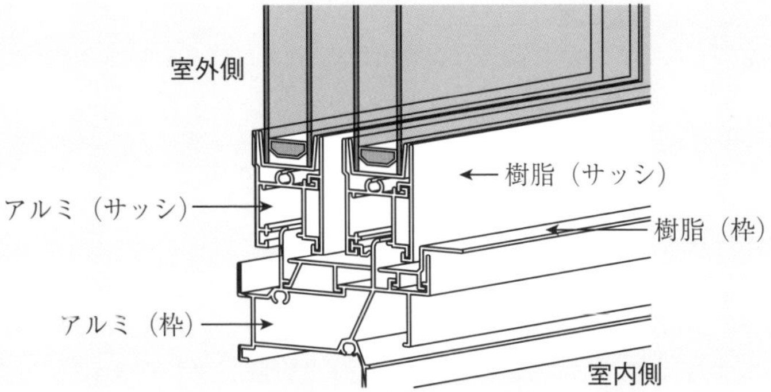

図 6.5　アルミ樹脂複合サッシの例

(4)　樹脂製建具

近年，環境性の観点から，窓に関しても高い断熱性が要求されるようになっている．我が国でも昨今の新築住宅の窓の大半は，サッシ部分に樹脂や木材を使用（または併用）する，いわゆる高断熱サッシになっている．

欧州で開発された塩化ビニル製サッシは，代表的な**樹脂サッシ**であり，北欧や北米をはじめとして世界に普及している．我が国でも北海道など寒冷地を中心に多く使用されるようになった．樹脂サッシは断熱性，気密性に優れ，空調負荷を低減し，結露も防止（または低減）する．

窓全体の断熱性を向上させるために，樹脂サッシの場合，ガラスには Low-E 複層ガラス（p.121）が使用されることが多い．

図 6.6 に樹脂サッシの断面の例を示す．

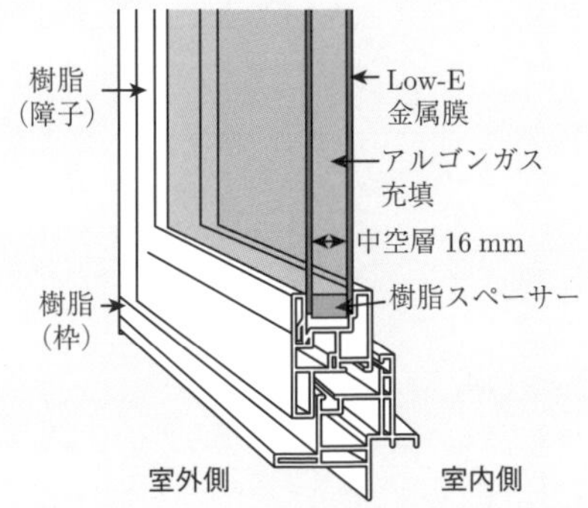

図 6.6　樹脂サッシの例

ワンポイント材料解説

非鉄金属

表 6.1 にアルミニウムをはじめとした非鉄金属およびその合金の用途を，表 6.2 にそれらの物理・機械的性質を示す．表 6.2 には参考として鋼材の性質も示した．

以下に各材料を解説する．

(1) アルミニウムおよびその合金

アルミニウムは純粋なアルミナ（Al_2O_3）を電解して製造される．展延性に富み，押出成形などの加工性も高く，軽い割には強度（比強度）も大きい．空気中で生成された酸化被膜が材料を保護し，耐食性に富む．しかしながらイオン化傾向が大きく，ほかの金属（鉄類や銅など）やコンクリート（アルカリ）との接触により酸化（腐食）することから，電解（硫酸陽極酸化処理など）に

表 6.1 非鉄金属およびその合金の用途[2]

材料＼用途	構造	屋根	樋	外壁	看板・表札	間仕切	天井	床	建具	建具金物	造作金物	収納	設備	接合金物	装飾・美術	めっき塗装
アルミニウムとその合金	○	○		◎	◎	◎	○	◎	◎	◎	◎	◎	◎	○	○	○
銅とその合金		◎	◎	◎	◎					○	○		◎	○	◎	○
亜鉛		○		○	○	○	○		○	◎	○		◎	○	◎	◎
鉛		○	○			◎							○	○		
金，銀										○	○		○		◎	◎
ステンレス鋼	○	◎	◎	◎	○	◎	○	○	◎	◎	◎	○	◎	◎	○	
チタン	◎	○		○									◎	○	○	

［注］ ◎適 ○ほぼ適

表 6.2 非鉄金属素材の物理的性質と機械的性質 [2]

金属	密度 (g/cm^3)	融点 (°C)	比熱 (J/kg·K)	線膨張係数 (10^{-6}/°C)	熱伝導率 (W/m·K)	電気比抵抗 (10^{-8}/Ωcm)	ヤング係数 (10^3N/mm^2)	引張強さ (N/mm^2)	降状点·耐力 (N/mm^2)	伸び (%)
アルミニウム	2.69	660	933 (100 °C)	24.6	222	2.65	70	84〜191	14〜166	4〜50
銅	8.93	1080	385	16.5	393	1.55 (0 °C)	129	240	59	40〜60
金	19.3	1060	127	14	309	2.4	76			
鉛	11.3	327	126 (0 °C)	29	35	21	16	9〜23	—	20〜60
マグネシウム	1.74	651	1042	25.8	172 (0 °C)	3.9 (0 °C)	44			
ニッケル	8.9	1450	440	13.3	92	6.58	206			
銀	10.5	961	233 (0 °C)	19	418 (0 °C)	1.62	81			
すず	7.28	231	268 (0 °C)	21	64	11.4	57			
亜鉛	7.12	419	384 (0 °C)	(30)	113	5.9	75〜79	108〜274	108〜274	30〜50
チタン	4.51	1668	523 (0 °C)	9	17	50	107	294〜686		
鋼	7.79〜7.87	1425〜1530	427〜452	10.4〜11.5	36〜60	10〜20	200〜220	400〜510 *	235〜*	21〜*

*：SN400A（$16 \leqq t \leqq 40$，t：厚さ（mm））

より材表面に酸化アルミニウムの緻密な陽極酸化被膜を形成し（アルマイト処理），耐食性や耐酸性を向上させて使うことが一般的である．

純アルミニウムは機械的性質が劣るため，強度，耐食性を向上させるために他の金属元素（銅 Cu，マンガン Mn，マグネシウム Mg，シリカ質 Si，亜鉛 Zn など）を加えて各種のアルミニウム合金が製造される．加える金属元素の多少により，航空機や車両，アルミ容器，建築用サッシ，外装材などに適した製品となる．

アルミニウム製品における Al-Cu-Mn-Mg 系合金はジュラルミンとも呼ばれ航空機用構造材，Al-Mn 系合金は建築外装材や屋根葺き材，アルミ缶や手すりなど，Al-Mg 系合金は装飾品や置物など，Al-Mg-Si 系合金は建築用サッシなど，Al-Si-Mg（鋳材）はカーテンウォール材（方立てなど）などに用いられる．なお，耐火性に劣るため，必要な場所には耐火被覆やその他の処理を施して使用する．

(2)　銅およびその合金

銅は鉱石からの精錬が比較的容易なこと，熱や電気の伝導性に優れ，耐食性や展延性に富む材料であることから，電気や機械部品，生活用品や装飾品として古くから用いられてきた．

強酸やアルカリに弱いが，建築用としては耐食性や耐水性，美観の良好性から屋根葺き材，樋に用いられる．湿気中の炭酸ガスによって表面に青緑色の酸化被膜（**緑青**（ろくしょう））が生じて銅の腐食を防止し，独特の屋根面意匠が現れる．

また，合金化により強度の増大や物理・化学的性質の向上が図れる材料であることから，各種の銅合金がある．亜鉛（含有量が 50％まで）との合金を黄銅（真鍮（しんちゅう）とも），すず（含有量が 12％まで）との合金を青銅（ブロンズとも）と呼び，各種の建築金物や装飾金物として用いられている．

(3)　亜鉛（Zn）

各種の合金の原料になるとともに，展延性や耐食性に優れ，建築用としては鉄や鋼に比べてイオン化傾向が大きいことから，鋼板に接触させて腐食を防止する機構を持った，亜鉛めっき鋼板（トタン板とも）や亜鉛めっきねじなどがある．

(4) すず（Sn）

亜鉛同様，各種の合金の原料になるとともに，**すず**は人体に無害なことから，食品保管容器（缶詰など）に用いる薄板のすずめっき鋼板（ブリキ板とも）に使われる．

(5) 鉛（Pb）

鉛および鉛合金は実用金属中で密度が最も大きく，耐食性が高く軟質で加工性が良いこと，放射線の透過度合が低いことなどから，屋根葺き材や外装材，レントゲン室などの放射線遮断材料，押出成形の給排水管などに使われている．アルカリ類により腐食するので，コンクリート中の敷設には注意を要する．

(6) チタン（Ti）

最近の屋根や外装材などに使用実績が多い**チタン**は，軽い（鋼の 2/3），錆びない，強い，毒性がないなどの特徴を持つ材料である．安定した酸化被膜（不動態被膜）の形成により，酸性雨や海水に対する抵抗性も高い．最近では，光を受けると環境汚染物質である有機物の分解除去や殺菌，防かび，脱臭等を行うなどの効果を発揮する光触媒酸化チタンも製造されている．

参考 チタン

ルチル鉱石を原料として塩化・蒸留工程を経て得られる四塩化チタンから，さらに還元・真空分離工程を経て純チタンが製造される．各種合金もある．比重が鉄の約 60％，ステンレスの約 50％で，熱伝導率が小さく，線膨張係数がステンレスの約 1/2，比強度（引張り強さ/比重）が大きいなどの優れた点が多い．耐食性や成形性に優れる JIS 1 種（JIS H 4600）が建築用として用いられる．□

(7) ステンレス

鉄の合金の一種であり，クロム（Cr）やニッケル（Ni）を加えたもので光沢を持ち錆びにくい．これは，含有するクロムが空気中の酸素と結合して材料表面に酸化被膜（不動態被膜）を形成し表面を保護するためである．18–8 ステンレスはクロムを 18％，ニッケルを 8％含有したもので，同じ種類の SUS304A（JIS G 4321）はクロムおよびニッケルをそれぞれ 18～20％，8～10.5％含有したオーステナイト系ステンレスと呼ばれ，JIS による「構造用ステンレス鋼材」の1つになっている．

参考　オーステナイト系ステンレス

鉄（γ 鉄）と炭素（C，最大2.1％）が固溶した固溶体組織に，Ni，Mn などを混入することによりハチの巣のような六角形の結晶粒を示す状態をオーステナイトといい，粘り強く，柔らかく，成形性と耐食性に優れた性質を示す．□

参考　フェライト系ステンレス

鉄（α 鉄）に炭素（C，最大0.02％）が固溶した固溶体をフェライトと呼ぶ．建築物の屋根や外装材などに用いられるステンレスは，炭素や窒素（N）を抑えてクロムを増量し，モリブデン（Mo）を添加した鋼種で，一般に**高純度フェライト系ステンレス**と呼ばれる．応力腐食割れが発生しにくく，高い耐食性を示す（SUS445，JIS G 4305）．□

6.2.2　ガ　ラ　ス

(1)　ガラスの支持構法の種類

ガラスは代表的な建築材料の1つであり，近年は開口部のみならず様々な部位にガラスを利用した建築物が数多く建てられている．ガラスの大型化や性状の多様化に伴い，図6.7に示すように，ガラスの支持構法もいろいろなものが開発されている．特に，ガラススクリーン構法と呼ばれる構法の進歩が著しい．低層の商業建築などの大型ガラスの支持には，図6.8に示す**吊下げ型ガラススクリーン構法**がよく使用される．

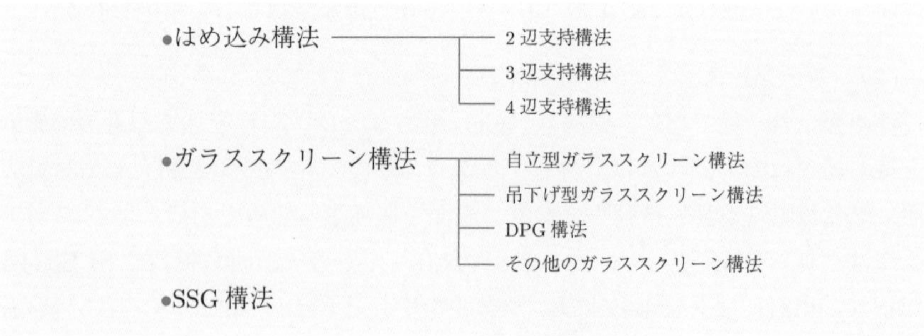

図6.7　ガラスの主な支持構法

写真 6.1(1) に示す **DPG**（Dot Point Glazing）**構法**は欧州で開発されたものであり，隅部に点支持用孔を開けた強化ガラスに点支持金物を取り付け，支持構造体と連結することにより，大きなガラス面を構成するフレームレス構法である．建築物の内外観の意匠性を高めることができるため，世界中に普及している．この構法では，部分的にガラスを支持することで局部応力が発生しやすいことから，強化ガラスが使用されることが多い．

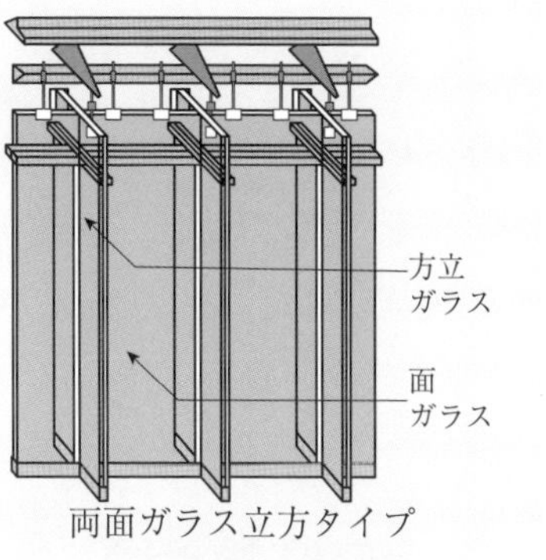

図 6.8 吊下げ型ガラススクリーン構法の概要

写真 6.1(2)，(3) に例示した，ガラスを部分的に支持する構法は，DPG 構法から派生したものであり，いくつかの種類がある．これらの構法は DPG 構法に比較して，使用できるガラスの種類が多く，ガラスに対する加工も少なくてすむため，近年，使用例が増えている．

(1) **DPG 構法（Dot Pointed Glazing）**
強化ガラスに穴加工を施し，ガラス穴部分をボルト金物で点支持する構法

(2) **ガラスを部分的に支持する構法①**
ガラスのコーナーやエッジを小型金物により部分的に支持する構法

(3) **ガラスを部分的に支持する構法②**
ガラスのエッジを部分フレームにより支持する構法

写真 6.1 DPG 構法および類似するガラス支持構法の例（写真提供：日本板硝子）

点支持金物が連結される支持構造体としては，図 6.9(1) に示すトラス等の鋼製部材の他，図 6.9(2) に示すテンション構造体や図 6.9(3) に示すガラス構造体が多く用いられる．

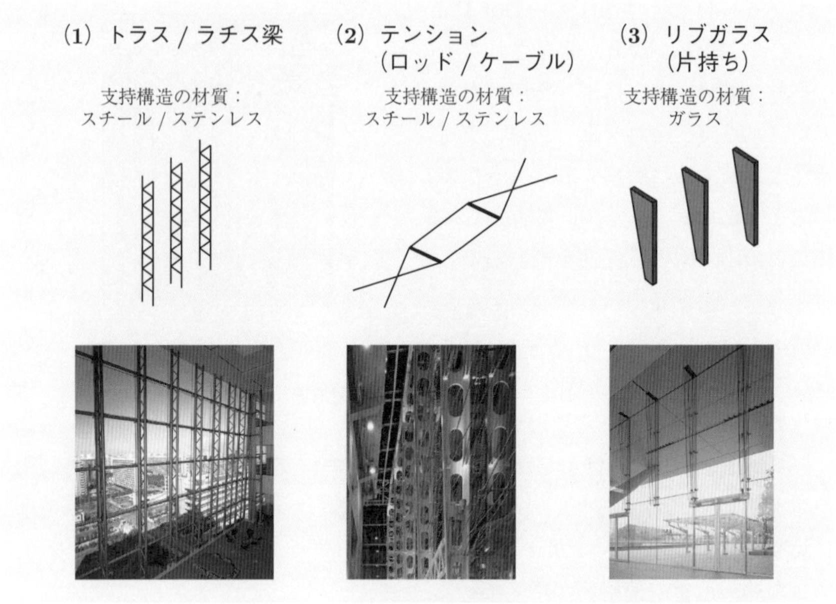

図 6.9 ガラス支持金物が連結される支持構造体の例（画像提供：日本板硝子）

DPG 構法の実例を写真 6.2 に示す.

SSG（Structural Sealant Glazing）構法とは，ガラスと支持部分を専用材で接着する構法である．詳しくは第 8 章で説明する.

写真 6.2 DPG 構法の実例
（川崎駅東口広場［神奈川県］，
写真提供：東京工業大学 安田研究室）

(2) ガラスの種類

JIS で規格されている主要なガラスについて表 6.3 に示す.

ほかに，分析方法や透過率，反射率などの測定方法を規定した JIS がある.

建築用ガラスとしては**フロート板ガラス**が主流を占めており，No. 5，6，7

表 6.3　ガラスに関する主要 JIS

No.	名称	主な品質規格内容	JIS 規格
1	普通板ガラス フロート板ガラス 磨き板ガラス	あわ，異物，すじ・波，斑点・くもり・すりきず，ひび，欠け・つの，そり．寸法，試験方法規定．そのほかにすり板ガラスの規定もある．	R3202
2	型板ガラス	あわ，異物，ひび，欠け・つの，そり．寸法，試験方法．	R3203
3	網入板ガラス 線入板ガラス	種類は網入・線入ひし網入・角網入・網入および線入型板ガラス．網入および線入磨き板ガラス．品質は線・網の露出，模様，異物など．加熱・衝撃試験規定．	R3204
4	熱線吸収板ガラス	フロートおよび網入・線入板ガラスを使用，ブルー・グレー・ブロンズ．日射透過率規定，品質，防火性規定がある．	R3208
5	合わせガラス	フロートガラスをはじめ各種板ガラスにより構成．あわ，異物，板ずれなど．耐光性，耐熱性，落球剥離特性，ショットバッグ衝撃特性試験規定など．	R3205
6	強化ガラス	平面強化・型板強化ガラスがある．ひび，欠け，すりきず，そり，落球衝撃破壊強さ，ショットバッグ衝撃特性，破砕試験規定など．	R3206
7	複層ガラス	断熱複層・日射熱遮蔽複層ガラスの 2 種．外観，寸法，封入空気の露点，耐湿耐光試験，冷熱繰返し試験，断熱性，日射熱遮蔽性の諸規定など．	R3209

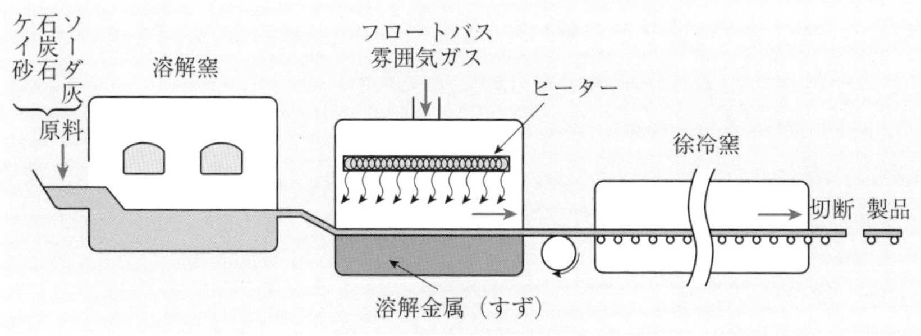

図 6.10　板ガラスの製造方法の概要（フロート法）

表 6.4 板ガラスの一般的性質（数値は概数，各社技術資料より）

屈折率	1.52
反射率（垂直入射）	4％（片面）
比熱	800 J/（kg·K）［0.19 cal/g °C］（0〜50 °C）
軟化温度	720〜730 °C
熱伝導率	1 W/（m·K）［0.86 kcal/mh °C］（0 °C）
線膨張率	8.5×10^{-6}/°C（常温 0〜350 °C）
硬度 （モース硬度）	6.5 度
（ビッカース硬度）	5400 N/mm^2 ［550 kgf/mm^2］
密度	2.5 g/cm^3
曲げ破壊応力	49 N/mm^2 ［550 kgf/cm^2］
引張強度	50 N/mm^2 ［510 kgf/cm^2］
圧縮強度	900 N/mm^2 ［9200 kgf/cm^2］
ヤング率	7.2×10^4 N/mm^2 ［73×10^4 kgf/cm^2］
ポアソン比	0.23

のガラス（機能ガラスとも呼ばれる）の基材となっている.

一般的な板ガラスはフロート板ガラスである. 天然素材といえる**ケイ砂**（SiO_2），**石灰石**（CaO），**ソーダ灰**（Na_2O）から製造される（ソーダ石灰ガラスともいう）環境に優しい材料である. フロート板ガラスは，かまで溶融（1500 °C 前後）したガラス素地を，高温の溶融金属（溶融すず）の上に流し込み，比重の違いによって浮かび上がった連続帯状のガラスを徐冷却・切断して製作するもので，透明度や平滑度が高い. 図 6.10 に製造方法の概要を示す. そのほかに酸化剤や着色剤などがガラスの種類に応じて加えられる. 廃棄ガラスはガラスチップとなり路面舗装材料として使われているが，今後は時代の要請を受けて再生ガラスを使用した製品が増加するものと考えられる.

表 6.4 にガラスの一般的な性質について示す.

次に，窓として用いられることが多い，そのほかの代表的な板ガラス（**機能ガラス**とも呼ばれる）を挙げる.

(a) 合わせガラス

2 枚（または数枚）の板ガラスの間に透明で強靭なプラスチックフィルム（ポリビニルブチラール膜，0.3〜0.4 mm 厚）が熱圧着されたもの. 万が一割れても亀裂がくもの巣状に入り，破片が飛び散ることが少なく，加撃物も貫通しにくい．ガラス厚が結果的に増加するので，1 枚ガラスに比べて防音効果も大きい．自動車のフロントガラスにも用いられるもので，視界上の不都合はない．

最近はポリカーボネート板やシートなどを挿入して，強度，遮音性などを向上させた製品もある．

(b)　強化ガラス

フロート板ガラスを加熱炉に入れて軟化温度（600～700 °C）近くまで加熱した後に，両面から冷風を吹き付けて急冷したもの．ガラス表面が内部よりも先に硬化して表面に圧縮応力層，内部にはそれに釣り合う引張応力層が形成され強化ガラスとなる．衝撃や荷重に対して同厚のフロートガラスに比べて 3～5 倍の強度を持ち，万が一割れた場合でも鋭角の少ない粒状の破片になり，けがなどへの安全性が高い．自動ドアや家具などのテーブルトップに用いられるもののほとんどはこのガラスである．

写真 6.3 に各種ガラスの破損状態を示す．

（a）板ガラスの破損状態

（b）合わせガラスの破損状態

（c）強化ガラスの破損状態

写真 6.3　各種ガラスの破損状態

(c) 複層ガラス

2枚の板ガラスの間（中間層が6 mm あるいは 12 mm が一般的）に乾燥空気を閉じ込めて（乾燥剤を封入）断熱性を高めたもので，遮音効果も向上し，結露が生じにくい効果がある．ガラスを強化ガラスにしたり，合わせガラスにした様々な製品もある．最近ではほぼ全ての戸建て新築住宅で使われるようになっている．2枚のガラスを異なる厚さにして共振を防ぎ，特殊ガスを封入して遮音性を向上させた防音複層ガラスもある．冷凍庫や冷蔵ショーケースなどにも用いられる．図 6.11 に複層ガラスの構造の概要を示す．

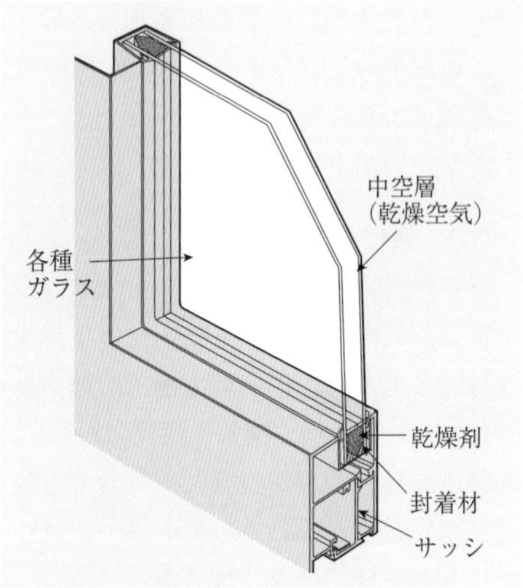

図 6.11 複層ガラスの構造の概要

(d) 型板ガラス

溶融ガラス素地を2本の冷却したロールの間を通し，型彫りされた1本のローラーの様々な模様を板ガラスに押し付けて製作される．

(e) 網入／線入板ガラス

溶融ガラス素地をロール成形するときに，金属製の網または線をガラス内部に挿入した板ガラスである．建築基準法の規定により，延焼のおそれのある部分や防火戸などに用いられる．破壊時の飛散防止効果があり，格子やひし形などの各種の模様や型がある．

(f) 熱線吸収板ガラス

ガラス原料に微量の鉄，ニッケル，コバルトなどの金属を加えて着色した板ガラスで，日射エネルギーの 20〜60 %程度を吸収して室内への流入を低下させ，冷房負荷の低減に効果が大きい．カラーはブルー，グリーン，グレー，ブロンズの4種がある．

(g)　熱線反射ガラス

ガラスの表面（片面・両面）に反射率の高い金属または金属酸化物などの膜をコーティングしたもので，日射遮蔽性に優れ，冷房負荷の低減による省エネルギー効果が高い．30％程度の可視光線を反射し，ミラー効果のあるガラスとして採用されている．

(h)　倍強度ガラス

板ガラスを加熱・冷却処理して製造され，板ガラスの約2倍の強度がある．

そのほか，建築に用いられるガラスにはガラスブロック，プリズムガラス，あわ（泡）ガラスなどがある．採光性に富むことから，内外壁・間仕切り壁や腰壁などに意匠的に用いられる．また，ガラスブロックには防火設備，特定防火設備として認定された製品もある．

写真 6.4　ガラスブロックの例

- **ガラスブロック**：溶融ガラスをプレスにより角形さら状ガラスに成形し，2枚を溶着して作製する．内部は減圧された中空層で各種の凹凸模様があり，外部は平滑に仕上げられている．結露しにくく遮音性や断熱・防火性を備え，拡散採光性が高く，採光可能な壁となる．内側着色品やガラスブロックを集成したパネル化製品もある．1個の基本寸法は190 mmと145 mmの正方形（厚さ95 mm）である．写真6.4にガラスブロックの例を示す．
- **プリズムガラス**：内部が密実のガラスブロックで，天井から室内あるいは地下下層部への採光に用いられる．肉厚で耐荷重性が高く，プリズム効果のための模様が付けられる．歩道などにはノンスリップ性の製品もある．
- **波型ガラス**：繊維強化セメント板のスレート（波形）に葺き合わせができる形状・寸法で製作され，網入や各種表面模様を有した製品もある．
- **溝型ガラス**：断面がU字型の細長いガラスで，表面に型模様があり半透明である．多数配置により大面積の光壁ができる．プロフィリットガラスとも呼ばれ，方立てなどの支持枠の使用を抑えられることや独特の雰囲気を持つことなどから施工例も多い．

そのほかのガラス製品としては，溶融ガラスを遠心力で吹き飛ばして綿状にした**ガラス繊維**があり，板状や筒状にして**グラスウール断熱材**や保温材として用いられている．また，ガラス微粉を発泡剤により高温で発泡・焼成した**あわ（泡）ガラス**は，発泡の程度などを変えると意匠性に富んだガラスとなる．**放射線防護用鉛ガラス**は放射線遮蔽ガラスとしてレントゲン室の監視窓に用いられる．

参考として，図 6.12 に JIS に規定されたガラスの衝撃試験方法の概要を，表 6.5 に建築用途別の設計衝撃力を示す．

参考 **有機ガラス**

プラスチック系素材から製造される透明材料を**有機ガラス**と呼ぶ．その中で，ポリカーボネート板は，熱可塑性のポリカーボネート樹脂を押出機で溶融（約 300 °C）して板状に成形したもの．ガラスと同様に透明性が高い材料でありながら，耐衝撃性は格段に優れていることから，安全性を重視する学校や病院などの窓や出入り口などに使われる．

同様な材料に**メタクリル樹脂板**（アクリル樹脂板）があり，曲面加工も容易で耐候性もあることからドームやアーケードなどの採光用として使われることが多い． □

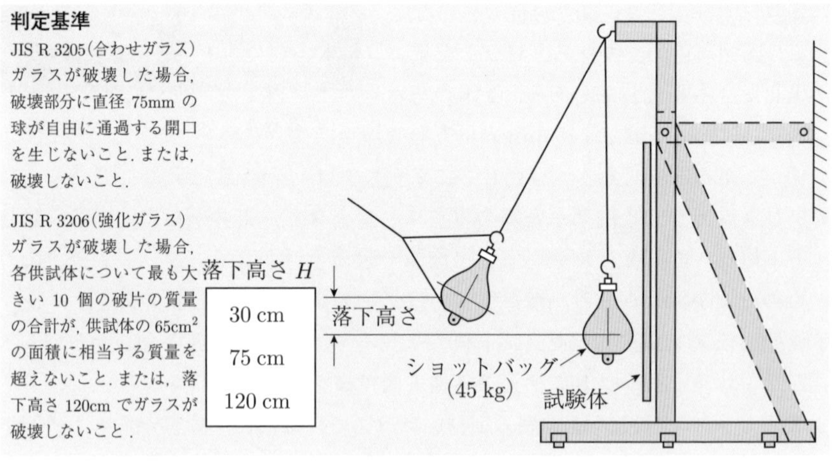

図 6.12 JIS に示す衝撃試験方法（ショットバッグ試験）
（板硝子協会 HP より，一部改変）

表 6.5　建築物の用途別の設計衝撃力（45 kg ショットバッグの落下高さ：*H*）（板硝子協会 HP より）

建築物＼開口部		出入口およびその隣接部	そのほかの開口部
1	a）集会場などのロビーなど b）百貨店，展示場などの通路，休憩所など	120 cm（*H*）	75 cm（*H*）
	c）学校，体育館など 幼稚園など 小中高等学校など	 30 cm（*H*） 120 cm（*H*）	 30 cm（*H*） 120 cm（*H*）
	d）浴室など	75 cm（*H*）	75 cm（*H*）
2	a）事務所，店舗などの玄関まわりなど b）病院，ホテル，共同住宅などの共用部分	120 cm（*H*）	75 cm（*H*）
	c）病院，老人ホームなどの居室	75 cm（*H*）	75 cm（*H*）
	d）住宅，共同住宅，ホテルなどの居室	30 cm（*H*）	30 cm（*H*）

ワンポイント建材解説

ガラス

(1)　Low-E 複層ガラス

複層ガラスのうち，中空層側のガラス表面に特殊金属膜（Low-E 膜）を張り，断熱性能をさらに高めたものを Low-E 複層ガラスという．高断熱複層ガラスとも呼ばれ，最近は事務所・店舗建築にも多く使われている．Low-E とは，Low Emissivity の略で，低放射率の意である．

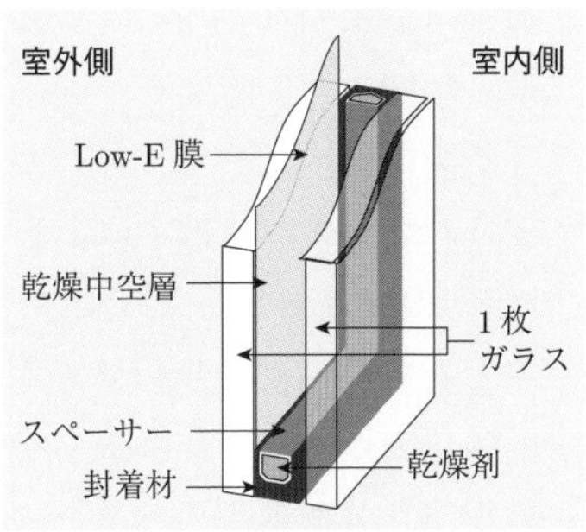

図 6.13　Low-E 複層ガラスの概要

Low-E 複層ガラスを使用する際には，窓の方位や建物の状況あるいは気候風土に応じて，Low-E 膜を張るガラスを室外側と室内側のどちらにするか，十分に留意する必要がある．Low-E 膜を室外側のガラス内面に張ると，「日射遮蔽型」の設置となり，日射熱をさえぎりやすい．逆に，室内側のガラス内面に張ると，「日射取得型」の設置となり，日射熱をとりこみやすい．

図6.13にLow-E複層ガラスの概要を示す．

(2) 調光ガラス

2枚の板ガラスの中間に液晶シートなどを挟み込み，強靱な中間膜で補強した一種の合わせガラスで，液晶シートの電源のオン・オフで透明（透視）と不透明（不透視）が切り替えられる．

(3) 防犯ガラス

防犯ガラスとは，合わせガラスの1種であり，2枚のガラスの中間膜を厚くしたり，強靱にしたガラスを用いたりして，窓を突き破りにくくして賊の侵入までの時間を長くさせ，防犯に供するものである．最近の各社カタログを見ると，窓からの侵入盗に対する安全性を高めた防犯ガラスの開発に力を入れていることがわかる．防犯ガラスと比較して，強化ガラスや網入りガラスの防犯性は低い．

(4) ステンドグラス

ガラス素地に着色剤を混入して着色した板ガラスを，様々な模様に組みつないだ鉛の組子に入れ込んで製作される．透明・不透明，無地・凸模様など様々なガラスがある．

(5) 防火戸・防火設備

建築基準法では延焼のおそれのある開口部には，防火戸あるいは防火設備を設置することを義務付けている．その中で，通常の火災時における火炎を有効に遮る時間（遮炎時間）が60分の性能のものを「**特定防火設備**」，20分のものを「**防火設備**」という．枠組や面材などに防火処理を施して網入ガラスを用いて作られた防火戸は告示による例示仕様となり，「防火設備」として認められる．「特定防火設備」は防火区画の開口部や避難階段の出入り口などに，「防火設備」は主として開口部の延焼防止用に使われ，それらに用いられる防耐火ガラスや耐熱強化ガラスなどが製造・使用されるようになっている．図6.14に建築基準法に規定された延焼のおそれのある部分の概要を示す．

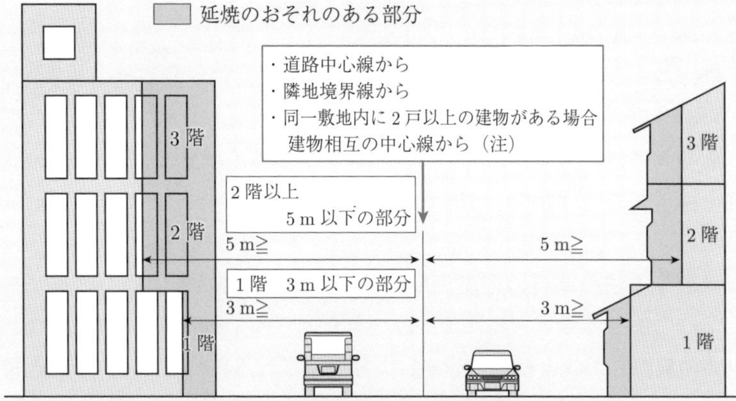

［注］ 床面積の合計が 500 m² 以内の場合は，1 つの建物とみなされる．
〈除外部分〉 防火上有効なものに面する部分・・・例えば，公園や広場のような空き地，川や海のような水面，防火構造のようなもの．

図 6.14 延焼のおそれのある部分の概要

6.2.3 紙（障子・ふすま）

(1) 障子

建築に使われる紙といえば，障子紙，ふすま紙，壁紙が挙げられる．障子紙やふすま紙は，その使われ方や下地枠の作られ方を含めて日本独特の開口部材料といえよう．障子やふすま（襖）は居室を間仕切るための建具であり，障子の紙を通して室内に入る光は，紙の持つ光の透過性や拡散性により室内に独特の雰囲気を醸し出す．また障子紙は吸放湿による調湿性を有している．

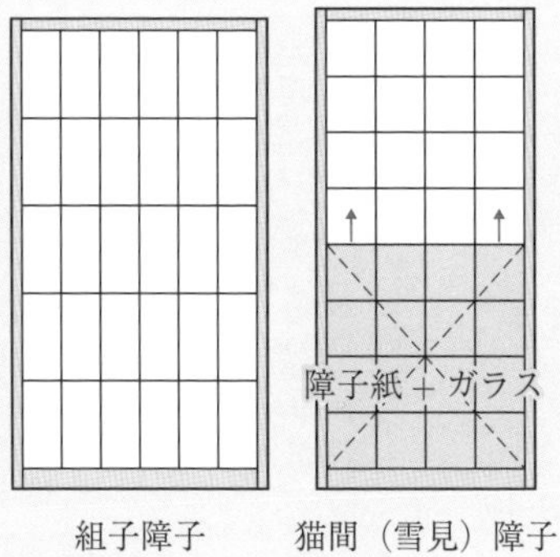

図 6.15 障子の例[1]

紙張障子の障子枠は，上・下の横材と左・右の縦材（それぞれ，桟またはかまちと呼ばれる）で構成され，その中に組子（くみこ）と呼ばれる格子を入れ込んだものが基本となる．用いられる樹種は柾目のヒノキ，スギ，ツガ，モミなどがある．障子の例を図 6.15 に示す．

障子紙はこうぞ（楮）を用いて手漉き加工されたものが最高級品とされる．ほかに，マニラ麻，レーヨンなどの長繊維を混合したものやプラスチックフィルムで片面や両面から接着したもの（プラスチック障子紙），消臭や難燃の性能を持たせた障子紙などがある．JIS には長繊維の配合割合により 4 種類が規定されている．

紙には製造方法や原料の相違から，木材などの繊維質を固めたパルプを機械漉きして作られる洋紙と，**こうぞ**，**みつまた**（三椏），**がんぴ**（雁皮）などの樹皮繊維質の液から手漉きや機械漉きにより製造される和紙がある．手漉き和紙には本美濃和紙（岐阜県），内山和紙（長野県），越中和紙（富山県）などがある．

(2)　ふすま（襖）

紙張障子が明かりとり（明かり障子）として用いられたのに対し，ふすまは可動間仕切としての用途を持っているもので，紙張障子とともに我が国独特の間仕切建具である．図 6.16 にふすまの例を示す．

一般のふすまのほかに，四周に縁を付けない太鼓張りふすま（坊主ふすま），一部に紙障子を配した源氏ふすまなどがある．

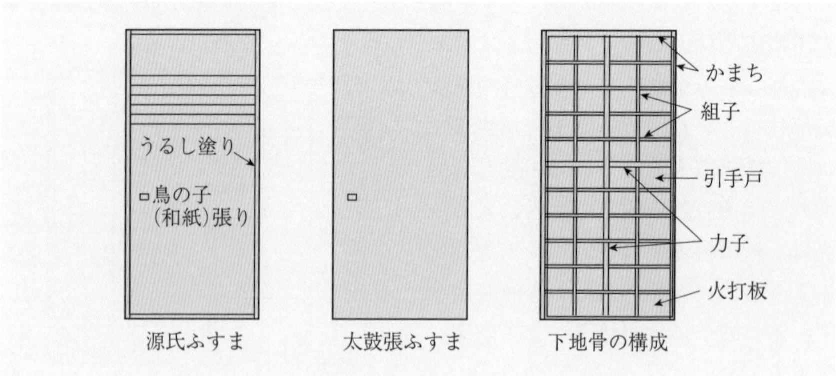

図 6.16　ふすまの例 [1]

紙障子と同様の骨組みの四隅に火打ち板が配され，様々な意匠・形状の引手が付けられる.

ふすま紙はこうぞ，みつまた，がんぴなどの樹皮繊維質の液から手漉き（本鳥の子）や機械漉き（鳥の子）したもの，原料にパルプなどを加えて柄付けまで一貫して機械加工したもの（新鳥の子）などがある．下張用には半紙，美濃紙などの上質な和紙を用いるとよい.

戸ふすまは洋室と和室を仕切るもので，片面に板を張り，他面に紙・布などを張る.

ふすま紙には絹や木綿などの布ふすま紙もある.

6.2.4　そ　の　他

和室には**らん間（欄間）**がある．はめ殺しと開閉する方式があり，スギやヒノキ板などに浮かし彫りや透かし彫りを施した板らん間，格子組や線組した組子らん間，紙障子としたらん間などがある．写真 6.5 にらん間の例を示す.

写真 6.5　板らん間と格子らん間（写真提供：日本工業大学 黒津研究室）

6章の問題

□**1** 次の各記述がそれぞれ正しければ○，誤りならば×を付けよ．

① 建具に使用される木材は，くるいの生じないように乾燥させることが望ましい．

② 樹脂製サッシは，断熱性，気密性に優れ，空調負荷を低減し，結露も防止する．

③ ジュラルミンとは，アルミニウムとその他の金属元素との合金である．

④ 銅と亜鉛との合金を黄銅，銅とすずとの合金を青銅という．

⑤ ブリキ板とは亜鉛めっき鋼板を，トタン板とはすずめっき鋼板をいう．

⑥ チタンの比重と線膨張係数は，ステンレスの約半分である．

⑦ 複層ガラスとは2枚の板ガラスの間にプラスチックフィルムが熱圧着されたものであり，合わせガラスとは2枚の板ガラスの間に乾燥空気を閉じ込めたものである．

⑧ 強化ガラスは，表面に引張応力層，内部にはそれに釣り合う圧縮応力層が形成されている．

⑨ メタクリル樹脂板は透明性が高く，耐衝撃性にも優れるため，安全性を重視する施設の開口部に使われる．

⑩ SSG構法はガラスを金物により点支持固定し，DPG構法はガラスを構造シーラントで固定する．

□**2** 次の各記述について説明せよ．

(1) 板ガラスの製造方法について記述せよ．

(2) Low-E複層ガラスを使用する際の留意点について記述せよ．

(3) 「防火設備」と「特定防火設備」について，それぞれ使用目的と遮炎時間について記述せよ．

第2部
機 能 材 料

第 7 章　美装・保護材料
第 8 章　接合材料
第 9 章　防水材料
第 10 章　耐火・防火材料
第 11 章　断熱材料
第 12 章　吸音・遮音材料

第7章

美装・保護材料

塗料などは，主として美装を目的として使用すると思いがちであるが，それと同時に下地材料の保護の目的も持つ．木材は風化，腐朽するし，鋼材では腐食するからである．ただし塗料はそれ自身で部位を構成する材料ではなく，下地に塗布し，美装や保護といった機能を与える材料である．機能材料のカテゴリーに入れてあるのはそのためである．

7.1　美装・保護の目的

建築の仕上げ面は人の目に直接触れるため，美観は重要である．しかし，建築コストなどの理由により，美観の観点からは中・低品質の下地材料あるいは仕上用基材に対して，外観に優れた薄い美装用の仕上材料を最終的に施すことが多い．また，この種の美装材料を用いれば，外観の意匠性の自由度は高まる．

仕上げ面の保護も重要である．仕上げ面には汚染・劣化因子などが直接作用することから，仕上げ面の耐久性を向上させる必要性は高い．また，仕上げ面のそのほかの性能を向上させたり，仕上げ面に新しい機能を付与させたりするために，下地材料あるいは仕上用基材に対して，仕上材料を別途に施すことも少なくない．

実際の場面では，以上の美装・保護の両方の目的で，塗料，仕上塗材，コーティング材，そのほかの材料が使用される．

なお一般に，美装・保護材料を用いた仕上げ面では，定期的に同様の材料で維持補修する必要が生じる．

塗料の高耐久化の動向

最近の屋外用塗料は高耐久化に向けていろいろな工夫がなされている．工夫の基本は，樹脂系塗膜を劣化させる主要な因子である**紫外線**に対する対策である．

(a)　塗膜樹脂に到達する紫外線の軽減

塗料に紫外線吸収剤を配合し，塗膜樹脂に到達する紫外線を減らすことにより，塗膜の劣化を緩和する方策である．

(b)　顔料の光触媒作用の軽減

酸化チタンは塗料の白色顔料として多用される．酸化チタンが紫外線を受け

7.2　美装・保護材料に要求される性能

(1)　外装面

外装面用の美装・保護材料に要求される性能は，基本的に屋根材料や外壁材料などの外装用材料に要求される性能と変わらない．

ひととおり列記すると，美観，意匠性，防汚性，防かび性，防腐性，清掃性，防水・防湿性，耐候性，防錆性，防火性，耐熱性，耐摩耗性，耐薬品性，耐環境性などが要求性能項目である．また，これらの性能が想定した期間，適切に保持されること，すなわち耐久性も重要である．

なお，断熱性や遮音性など，部位全体の材料構成や重量が深く関与する性能項目に関しては，特殊な場合を除き，施工厚の薄い美装・保護材料の寄与は少ない．

(2)　内装面

内装面用の美装・保護材料に要求される性能も，基本的に内壁や天井などの内装用材料に要求される性能と変わらない．美観，意匠性，防汚性，防かび性，防腐性，清掃性，防水・防湿性，防錆性，防火性，耐熱性，耐薬品性などが要求性能項目である．室内面の場合，臭気・有害物質の不発生性も重要である．断熱性や遮音性に関しては，外装面と同様である．

ると活性酸素が生じ，塗料の場合はこの活性酸素が塗膜を劣化させる．つまり，酸化チタンは顔料であると同時に，有害物としての側面を持つ．そこで，酸化チタンの表面を特殊コーティングすることにより，活性酸素を生む能力を低減させる方策である．

(c)　顔料由来の活性酸素の捕捉

光安定剤と呼ばれる，活性酸素を捕捉（無効化）できる添加物を塗料に配合し，活性酸素による塗膜の劣化を低減させる方策である．

(d)　無機系素材の併用による塗膜の高耐久化

以上に加え，塗膜樹脂に無機系の素材を配合し，樹脂と無機材の結合を強固にすることで塗膜の耐久性を高める方策もある．

7.3　美装・保護の対象となる下地面の種類と特徴

建築において，美装・保護の対象となる主な下地面は，材種別にみた場合，表 7.1 のとおりである．表 7.1 に，下地の種類別に，塗装がない場合の主な劣化現象・経年変化，および塗装下地としての主な留意事項を示す．

表 7.1　美装・保護の対象となる主な下地の種類と特徴

下地の種類	塗装なしの場合の主な劣化現象・経年変化	塗装下地としての主な留意事項
コンクリート・モルタル系	・中性化 ・ひび割れ ・水，風塵などによる浸食，摩滅 ・汚れ	・表面強度 ・レイタンス ・含水率，吸水性 ・平滑性 ・ひび割れ ・清浄度 ・アルカリ性
木質系	・紫外線，熱，水，風塵などによる変色，分解，浸食，摩滅 ・生物による食害，分解，変色 ・汚れ	・吸水性 ・乾燥度 ・平滑性 ・清浄度 ・ヤニ
鋼材，その他金属系	・発錆 ・汚れ	・錆 ・黒皮 ・平滑性 ・清浄度
プラスチック系	・紫外線，熱，水，風塵などによる変色，分解，浸食，摩滅 ・汚れ	・平滑性 ・清浄度 ・可塑剤

7.4　美装・保護材料の種類と特徴

7.4.1　塗　　料

表 7.2 に建築に使用される主な塗料の種類を，それらの塗膜の性能，および適用可能な塗装下地（**素地**（そじ）という）とともに示す．

塗料には目的に応じて多くの種類がある．また，塗装下地の種類や塗装作業時の環境条件など，塗装の良否を左右する要因も多岐にわたる．そのため，良好な塗装面を得るためには，周到な塗装設計と的確な施工が要求される．さら

表 7.2　建築に使用される主な塗料の特性 [40]

塗料の一般名称	主体樹脂	塗膜の性能					適応下地（素地）					主用途
		耐候性	耐水性	耐酸性	耐アルカリ性	耐油性	木部	鉄部	亜鉛めっき	アルミ	コンクリート・モルタル	
合成樹脂調合ペイント	長油性フタル酸樹脂	◇	○	△	×	○	○	○	□	□	×	鉄部・木部
フタル酸樹脂塗料	中油性フタル酸樹脂	◇	○	△	×	○	○	○	□	□	×	鋼製建具
ラッカー	硝化綿・フタル酸	◇	○	◇	×	○	○	○	□	□	×	木製建具（クリヤー系） 設備機器（エナメル系）
アクリル樹脂塗料	アクリル樹脂	○	○	○	○	○	−	□	□	□	○	内・外壁
アクリル樹脂エマルション塗料	アクリル樹脂エマルション	◇	○	△	○	−	−	−	−	−	○	内壁
つや有りアクリル樹脂エマルション塗料	アクリル樹脂エマルション	○	○	○	○	−	−	−	○	−	○	内・外壁
ポリウレタン樹脂塗料	ポリウレタン樹脂	◎	◎	◎	◎	◎	○	○	○	○	○	内・外壁
エポキシ樹脂塗料	エポキシ樹脂	×	◎	◎	◎	◎	−	○	○	○	○	床･コンクリート，鉄部の下塗
変性エポキシ樹脂塗料	変性エポキシ樹脂	×	◎	◎	◎	◎	−	○	○	○	○	鉄部下塗
アクリルシリコン樹脂塗料	アクリルシリコン樹脂	◎	◎	◎	◎	◎	○	○	○	○	○	外壁
フッ素樹脂塗料	フッ素樹脂	◎	◎	◎	◎	◎	○	○	−	○	○	外壁

［注］①「塗膜の性能」欄の評価記号の意味：優 ← ◎ ○ ◇ △ × → 劣（ただし，相対評価）
②「適応下地（素地）」欄の評価記号の意味：○：適用可，□：専用下地には適用可，
×：適用不可，−：通常は使用しない

に近年は，塗料の施工時，供用時における周辺環境，室内環境への配慮も重要となっている．

現場施工における代表的な塗装方法には，**ローラー塗り**，**はけ塗り**，**こて塗り**，**吹付け塗り**（エアスプレー式，エアレススプレー式）がある．エアレススプレー式とは，圧縮空気を用いずに塗料を加圧してスプレーする方法である．近年は施工時の近隣への配慮から，特に戸建て住宅の施工においては，騒音が発生する方法や，塗料が飛散する可能性のある方法の採用は減る傾向にあり，ローラー塗りが多用される．一方，高効率で塗装できる吹付け塗りは塗装面積が広く，近隣との距離も確保しやすい大規模のマンションや工場などの塗装工事に用いられる．

表7.3に代表的な塗料の耐用年数のおおよその目安と，表7.4に建築物の代表的な部位に関する標準的な塗替え時期の目安を示す．ただし，塗料の場合，塗膜素材が同系の塗料を用いていても，溶剤の種類や一液・二液形の違いなどにより製品の耐久性の幅は広いことに十分留意する必要がある．建築部位に関しても，立地・環境条件や建築部位の方位などの相違により塗装の実際の耐用年数は異なる．

表7.3　代表的な建築用塗料の耐用年数の目安
（塗料メーカーの資料等に基づき作成）

塗料の種類	耐用年数
合成樹脂調合ペイント	2～5
アクリル樹脂塗料	4～8
ポリウレタン樹脂塗料	5～10
アクリルシリコン樹脂塗料	10～15
フッ素樹脂塗料	15～20

表7.4　代表的な建築部位の塗替え時期の目安[62]

塗装部位	経過年数
屋根（カラートタン）	5～10
屋根（化粧スレート）	8～10
外壁（リシン）	5～8
外壁（弾性吹付けタイル）	8～12
金属部（手すり，鋼製扉など）	3～5
木部（柱，破風，窓枠など）	3～4

7.4.2　仕 上 塗 材

仕上塗材はセメント，合成樹脂などの結合材，顔料，骨材を主原料とする材料で，吹付け，ローラー塗り，こて塗りにより膜厚が数 mm～10 mm 程度に施工し，造形的な模様を設けることができる（仕上塗材については，p.143 の「ワンポイント建材解説」も参照のこと）．

7.4.3　コーティング

外壁面や床面にはしばしば**コーティング**が用いられる．コーティングと塗料の間に厳密な定義の違いはないが，建築分野の場合，一般にコーティングとい

光触媒

光触媒をコーティングなどに利用した製品が開発され，用いられてきた．

光触媒とは，光（紫外線）のエネルギーを吸収して，それ自身は変化することなく，ほかの物質の化学反応を促進する物質をいう．主流の光触媒は二酸化チタン（TiO_2）系のものである．

光触媒でコーティングした材料の表面に，あるエネルギー以上の光（紫外線）が当たると空気中の水，酸素と反応して強い酸化力を持つ 2 種類の活性酸素が生じ，材料表面の有機物，無機物を酸化・分解する（図 7.1）．また，光触媒は材料表面に親水性をもたらし，材料表面の物質を雨水などにより自然に洗い流す効果も確認されている．一方で，日射の少ない場合に十分な効果が得られないこと，汚れの種類や性状により効果が異なること，が指摘されている．

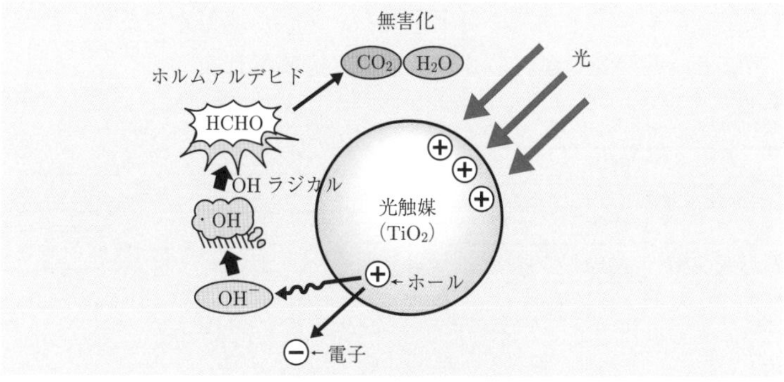

図 7.1　光触媒の働き（原図提供：光触媒研究所）

えば塗料よりさらに薄く建材表面を被覆する透明なものを指すことが多い．建材の工場生産段階で施されるコーティングも含めると，その種類や用途は多岐にわたる．

外壁用のコーティングの代表例はシリコン系コーティングである．その撥水機能と透明性を利用して，広く外装面の美観維持や表面保護の役割を担っている．シリコン系コーティングは，水や各種の外的因子が材料内部に侵入することを防ぎ，耐候性にも優れる．そのほかに，近年は塗料と同様に環境性を重視した無溶剤形のコーティングや，コラム「光触媒」にあるような新機能・高性能を付加するためのコーティングの開発も盛んである．

床用のコーティングとしてはワックス系，水系，ウレタン樹脂系，無機系などのコーティングがあり，プラスチック床材や木質床材，石材などの表面保護に広く用いられる．紫外線硬化形樹脂を用いた耐久性の高いものもある．

水まわり用，内壁・天井用にも，防汚，抗菌，防かびなどを目的とした，フッ素系などの各種コーティングがある．

ワンポイント建材解説

塗料

(1)　塗料の構成

塗料の種類や用途は多岐にわたるが，一般的な塗料は図 7.2 に示すように**塗膜形成要素**と溶剤により構成される．また，塗膜形成要素はさらに塗膜形成主要素，塗膜形成助要素，顔料の 3 要素により構成される．

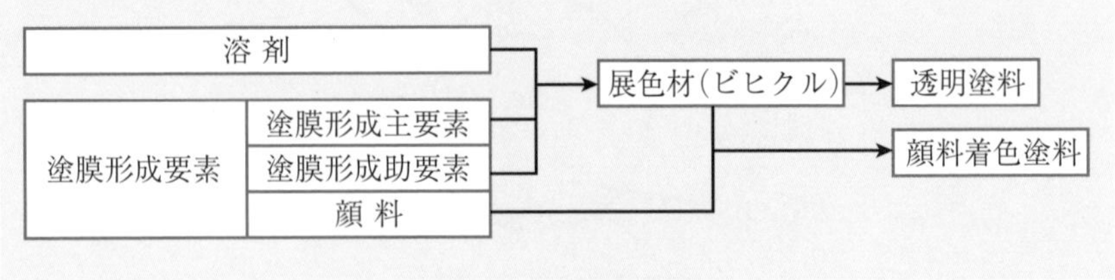

図 7.2　塗料の構成

塗膜形成主要素とは，各種の油脂，樹脂など，塗膜の主体となる成分をいう．

塗膜形成助要素とは，塗料の乾燥を早めるための乾燥剤や，塗膜に柔軟性を与えるための可塑剤など，主要素の性状を調整・改良するための成分をいう．

顔料とは，着色，造膜・増量，防錆などの目的で，主・助要素と混合する固体，粉体をいう．顔料には有機系と無機系があり，一般に有機系は色彩が鮮やかであり，無機系は耐候性に優れる．

溶剤とは，塗膜形成要素を希釈して同要素に流動性を与え，塗装しやすくするものをいう．溶剤としては，各種の有機溶剤や水が使用される．近年は，施工者や居住者の健康への配慮，あるいは周辺環境への配慮の観点から，有機溶剤に関しては，特に現場施工用塗料では，高性能ではあるものの毒性や臭気の強い強溶剤に代わり，より安全で臭気の弱い弱溶剤の利用が基本となっている．また，溶剤に水を用いる水性塗料の開発も活発であり，その性能も最近は目覚ましく向上している．

塗膜形成主要素・助要素と溶剤を合わせた，顔料を含まない部分は**展色材**（**ビヒクル**）と呼ばれる．

製品としての塗料においては，塗膜形成要素が1液形の製品と，いわゆる主剤と硬化剤に分かれている2液形の製品がある．2液形では，施工現場で主剤と硬化剤を正確に攪拌混合する必要がある．一般に，1液形のほうが取り扱いは楽であるが，2液形のほうが塗料としての性能が高く，適用可能な下地面の種類も多い．

また，基本的には，塗膜形成主要素である各種樹脂のそれぞれについて，強溶剤形，弱溶剤形，水性の3系統の塗料が存在する．また，さらに，それぞれについて，1液形と2液形の塗料が存在する．塗料の性質の一般的傾向としては，同じ樹脂でも「強溶剤・2液形」の塗料の性能が高い．しかし，その分，高い施工技術が要求され，安全面の課題も無視できない．一方，「水性・1液形」の塗料は扱いやすく，安全性や対環境性に関する懸念は小さい．

(2)　塗料の分類法

塗料の分類法にはいくつか種類がある．主な分類法を表7.5に示す．

表 7.5　塗料の分類法

分類の方法	名称の例
塗膜形成主要素による分類	天然樹脂ワニス，油ペイント，合成樹脂塗料
顔料による分類	錆止め塗料，アルミニウムペイント，ジンクリッチペイント
塗料の状態による分類	調合ペイント，エマルションペイント，粉体塗料
塗膜の性状による分類	つやなし塗料，透明塗料，蛍光塗料
塗膜の機能による分類	下塗塗料，耐酸塗料，防火塗料
被塗装物による分類	木材用塗料，コンクリート用塗料，鋼材用塗料
乾燥機構による分類	揮発乾燥形，融着乾燥形，酸化乾燥形，重合乾燥形

(3)　建築に用いられる主な塗料

建築に用いられる塗料は数多いが，代表的な塗料に関し以下に説明する．

(a)　アクリル樹脂塗料

建築物の内外装用に広く用いられる．特にエマルションタイプのものは内装用塗料としてよく使用される．速乾性であり作業効率が高い．ある程度の耐薬品性，耐候性があり，中庸の耐久性を示す．

(b)　ポリウレタン樹脂塗料

1 液形は主に床用，建具用に，2 液形は種々の下地に広く用いられる．光沢があり付着性，耐摩耗性，耐衝撃性，耐薬品性，耐水性に優れる．従来は太陽光により変色（黄変）することもあったが，最近は耐光性に優れる製品もある．

(c)　アクリルシリコン樹脂塗料

優れた耐候性，耐熱性を有し，撥水性，耐水性，耐薬品性に優れる．フッ素樹脂塗料に次ぐ耐久性を持つ．

(d)　フッ素樹脂塗料

化学的に安定しており，耐光性，耐薬品性，耐汚染性，耐摩耗性などに優れ，建築用塗料としては最も耐久性に優れる．

(4)　その他の塗料用語

塗料，塗装を理解する上で基礎的と考えられる用語をいくつか説明する．

(a)　うるし（漆）

うるしの木から採取した刺激臭のある樹液を加工した，油中水形の天然樹脂エマルションペイント（(g) 項を参照）である．熱や湿気，酸，アルカリに強く，防腐，防虫の効果もあるため，古くから食器や家具あるいは建築用の高級塗料として用いられてきた．昭和以降は顔料の進歩により色を比較的自由に出せるようになった．接着剤としても利用される．縄文時代にはすでに使用されていたことが知られている．うるしの短所は，紫外線を受けると劣化することと，過度に乾燥するとひび割れ，剥れが起きることである．

うるしは国内生産量も輸入量も減少が続いており，近年は年間供給量が 50 トン程度である．国内生産量は供給量のわずか 2％程度であり，価格も含め安定供給が課題とされている．

(b)　柿渋

未熟の渋柿をしぼり，発酵後 2～5 年熟成させた濃褐色の塗料を柿渋という．タンニンを多く含み，木や布などに塗ると防水，防虫，防腐，抗菌効果があるとされる．身近な塗料として古くから木造建築やいろいろな木製品に用いられてきた．塗り重ねると，色味が深くなる．柿渋は元来，独特の臭いがするが，最近は臭いの成分を取り除いた製品もある．うるし塗りの下塗りに利用されることもあった．2004 年に復元された箱根関所では，柿渋と松の木を焼いた煤（松煙）を混ぜた黒色の塗料が使用されている（写真 7.1，渋墨塗り）．

写真 7.1　箱根関所（渋黒塗り）［神奈川県］
（写真提供：箱根町観光協会）

(c) ラッカー

硝化綿（ニトロセルロース）を主原料として，飽和ポリエステル樹脂（アルキド樹脂ともいう）などを添加して使用しやすくした塗料をラッカーという．乾燥時間が早く，作業性が高い．

硝化綿はパルプ，くず糸などのセルロースを含む原料を硫酸と硝酸の混合液（混酸）に浸して製造する．硝化の程度の高いものは火薬の原料となる．

(d) ワニス（ニス）

樹脂類を油や有機溶剤で溶解し，溶剤の蒸発または硬化により塗膜を形成する塗料を総称してワニスという．ニスはワニスの略称．乾性油を用いた油性ワニスと，揮発性溶剤を用いた揮発性ワニスがある．なお我が国では，ワニスの中でも特に木材仕上げ用の透明塗料をニスと呼ぶことも多い．

(e) 調合ペイント

そのままの状態で塗装できるように成分を調整した塗料をいう．乾性油を主成分とする油性調合ペイントと，フタル酸樹脂ワニスを主成分とする合成樹脂調合ペイントがある．

(f) エナメルペイント

単にエナメルともいう．油性ワニスに顔料を練り混ぜたペイントの総称．乾燥が速く，塗膜は平滑で光沢に富み，固く，密着性が大きい．

(g) エマルションペイント

水と油のように混ざり合わない2種類の液体に関し，どちらか一方が他方の液体の中に分散し，乳濁した状態にあるものをエマルションという．牛乳（水中油形エマルション）やマヨネーズ（油中水形エマルション）は代表的なエマルションである．

今日，代表的なエマルションペイントである合成樹脂エマルションペイントは，水中にアクリル樹脂や酢酸ビニル樹脂などを分散させた塗料である．水性塗料であるため，保安・衛生上の問題は少なく，乾燥も比較的早い．

(h)　NAD 形塗料

NAD（Non Aqueous Dispersion）とは非水分散のことであり，水以外の溶剤に 1 μm 以下のポリマー粒子を高分子分散安定剤で分散，懸濁させた非水ポリマーディスパージョンを主成分とした塗料をいう．作業性，対環境性に優れる．

(i)　プライマー

塗料やシーリング材などの塗装系材料と下地との付着性向上を目的に使用される，密着性の高い下塗り用液剤をいう．

(j)　シーラー

下地が多孔質の場合などに，塗料の下地への過度の吸収を防止したり，逆に下地からの水分などの滲出を防止したりするために使用される，粘度の低い下塗り用塗料をいう．

(k)　フィラー

各種素地表面の凹凸・不陸などを均一化し，平滑な素地面を形成するための下地調整材をいう．セメント系，合成樹脂系，無機有機複合系などがあり，一般に厚塗りが可能である．

(l)　機能性塗料

防かび・防藻塗料，抗菌塗料，低汚染形塗料，VOC 分解塗料，耐熱塗料，防火塗料など，美装・保護に関し特殊な機能を持つ塗料の種類は数多い．また，発光塗料，示温塗料など，美装・保護以外の機能を持つ塗料もある．最近は，VOC を全く含まない塗料も登場している．

(m)　高日射反射率塗料

太陽光エネルギーの約半分は，可視光線より長波長域の赤外線によりもたらされる．また，赤外線は物質に吸収されると他の波長域の太陽光より熱に変わりやすい．

機能性塗料の 1 つである高日射反射率塗料は，特に夏季における住環境の改善や省エネルギーに資するため，この赤外線を選択的に反射することを意図して開発された塗料である．この塗料の太陽光反射率は，可視光の領域では一般

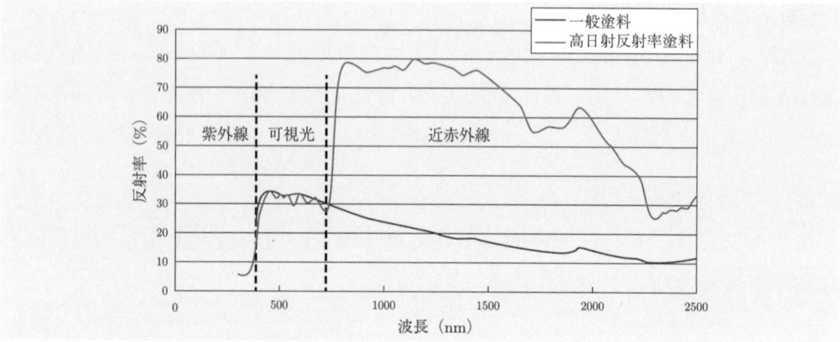

図 7.3　一般塗料と高日射反射率塗料の分光反射率の比較 [64]

的な塗料と同程度である．しかし，赤外線の領域では，暗色系塗料の場合，同色の一般的な塗料より反射率は 2〜10 倍程度高い（図 7.3）．塗料の色が暗いほど，相対的な効果は高い傾向にある．

高日射反射率塗料を金属製屋根に塗装した場合，一般的な塗料による塗装面あるいは無塗装面と比較して，夏季では屋根の表面温度が 10〜20 °C 程度，低くなるとされている．

塗膜が太陽光を反射したり吸収したりする性質は，主に塗料に含まれる顔料で定まる．高日射反射率塗料では，黒色顔料として，これまで多用されてきたカーボンブラックに代えて，赤外線領域での太陽光反射率が高い，金属系などの特殊顔料が使用されている．また，反射率を高めるため，白色顔料の酸化チタンなどについても，顔料の粒径を大きくするなどの工夫がなされている．

高日射反射率塗料の留意点としては，塗装面の温度が上がりにくくなるため，建物の断熱性能によっては，冬場には暖房負荷がかえって大きくなることが挙げられる．

ワンポイント建材解説

仕上塗材

仕上塗材には主に薄付け仕上塗材，厚付け仕上塗材，複層仕上塗材などの種類がある．それぞれの種類において，さらに細分化された種類がある．改修工事には，これらの仕上塗材の他に可とう型仕上塗材も用いられる．下塗り，主材塗り，上塗りの工程を基本に美装および下地の保護のため施工される．

薄付け仕上塗材は吹付リシンなどと呼ばれ，3 mm 程度以下の厚さに施工される．厚付け仕上塗材はスタッコなどと呼ばれ，4～10 mm の厚さ程度に施工される．複層仕上げ塗材は吹付タイルなどと呼ばれ，3～5 mm 程度の厚さに施工される．

それぞれ図 7.4 に示すように多様な模様を形作ることができ，様々な意匠表現が可能である．

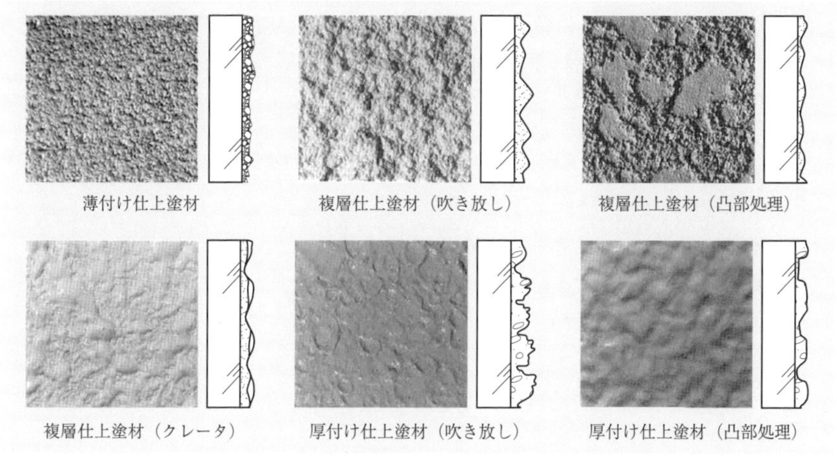

図 7.4　主な仕上塗材の表面形状 [65]

7章の問題

□**1**　次の各記述がそれぞれ正しければ○，誤りならば×を付けよ．

①　現場施工における塗装方法は，戸建て住宅では吹付け塗り，大規模のマンションや工場などではローラー塗りが代表的である．

②　溶剤は塗料の流動性を増加させる効果がある．

③　アクリルシリコン樹脂塗料は，撥水性，耐水性に劣る．

④　一般的に，アクリルシリコン樹脂塗料，フッ素樹脂塗料，ポリウレタン樹脂塗料の中で，フッ素樹脂塗料が最も耐久性に優れる．

⑤　1液形ポリウレタン樹脂塗料は，主に床用，建具用として使用される．

⑥　プライマーは塗装系材料と下地との付着性向上を目的に使用される．

⑦　弱溶剤形塗料は，安全性が高く臭気が弱い有機溶剤を使用した塗料である．

⑧　合成樹脂エマルションペイントは，安全性は高く，乾燥は比較的遅い．

⑨　うるしは，熱湿気，乾燥，酸，アルカリ，紫外線に強く，防腐，防虫効果もあるため，伝統的な高級塗料として用いられてきた．

⑩　高日射反射率塗料は，赤外線を反射する塗料であり，塗料の色が明るいほど効果が高い．

□**2**　次の各記述について説明せよ．

(1)　塗膜形成主要素，塗膜形成助要素，顔料，溶剤について，その役割を説明せよ．

(2)　塗装下地としての主な確認事項をコンクリート系，木質系，鋼材系，プラスチック系に分けて説明せよ．

第8章

接合材料

建築施工の多くの部分は，実は部材と部材，材料と材料を接合する作業で占められている．構造材料の接合技術は，I巻「構造材料編」で述べたが，仕上材料でも接合技術は大切である．仕上材料の接合に使用される主要な材料が接着剤である．確実な接着を行うためには，まずメカニズムの理解が必要である．本章では接着のメカニズム，接着剤の種類と特徴，接着事例について説明する．また建築では部材間の目地を接合する必要もある．特にカーテンウォール構法では不可欠の技術である．そのような目地では力学的接合に加えて，水密・気密的一体性も要求される．そのために使用される材料がシーリング材である．本章ではシーリング材の使用される目地およびシーリング材の概要についても説明する．

8.1　接合の目的

接合の主な目的は仕上材料，構造材料などの固定および**水密性**，**気密性**の確保である．すなわち，仕上材料においては構造体あるいは下地材に仕上材料を固定し，また必要に応じて設けられる目地を塞いで外部からの水や風の侵入を防ぎ，構造材料においては構造的力を確実に伝達するために材料相互を固定する．

接合は木造伝統構法における嵌合（継手，仕口など）を除けば，溶接や釘，かすがい，ボルトなどの金属材料，**接着剤**や**シーリング材**などの化学的材料を用いて行われる．

本章ではこれらの接合材料のうち，仕上材料の固定の際に重要な接着剤および水密性，気密性を確保する際に重要なシーリング材について説明する．

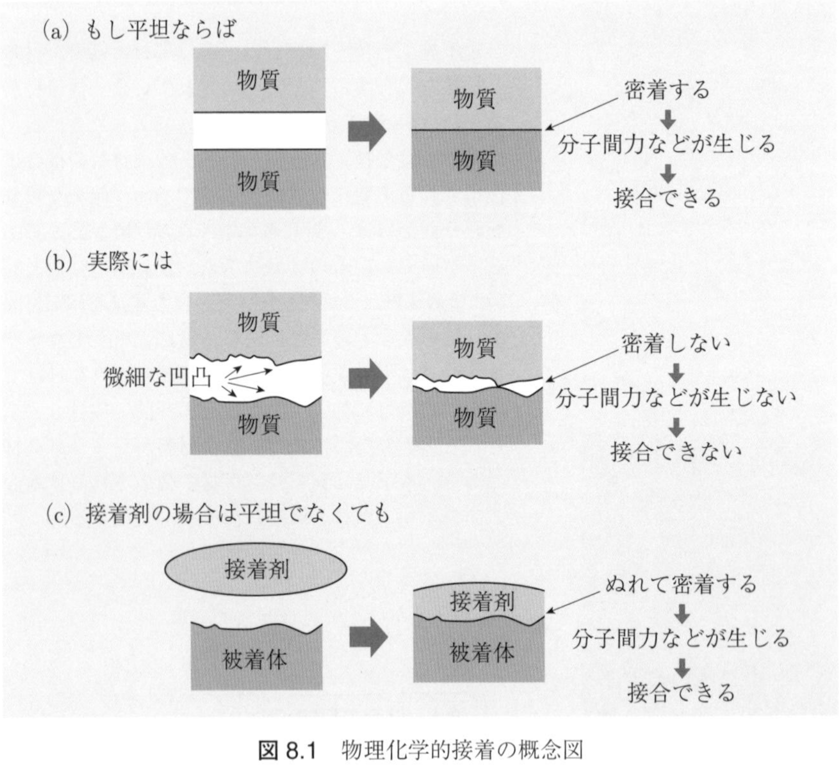

図 8.1　物理化学的接着の概念図

8.2 接　着　剤

8.2.1 接着のメカニズム

接着の代表的なメカニズムとして物理化学的接着と機械的接着が考えられている．

(1) 物理化学的接着

物理化学的接着とは接着剤と被着体の間の距離が極めて接近する，つまり密着することによって生じる**分子間力**（**ファン・デル・ワールス力**）や**原子間力**などによる接着のことをいう．この分子間力などは全ての物質に生じる力なので，理論的には密着させることができれば全ての物質が接合できる（図 8.1(a)）．しかし多くの場合，見た目が平坦，平滑な面であっても実際には微細な凹凸が存在するために，分子間力などが生じるまで密着させることができず，結果として接合させることはできない（図 8.1(b)）．接着剤の場合には被着体に微細な凹凸があっても密着することができる（図 8.1(c)）．液体である接着剤が固体である被着体に分子間力などが生じる距離まで密着するということは，接着剤によって被着体がぬれることを意味する．つまりぬれにくいものは接着剤を用いても接合しにくい．ある固体がある液体によってぬれるかどうかは固体上に液体を落とした際の**接触角** θ が目安となり，図 8.2 に示した接触角 θ が小さいほどぬれやすい．2 枚の板ガラスの間に少量の水を流し込むと板ガラス同士がくっついてしまい離せなくなるのは，ガラス自体が水にぬれやすい性質を持ち，水が双方のガラスに密着することによって分子間力などが生じるためである．

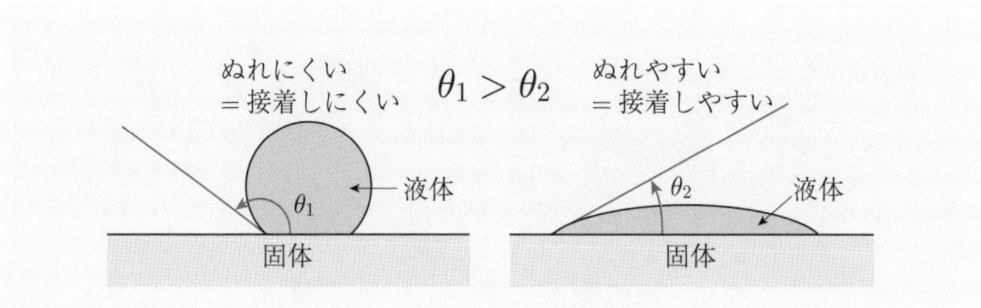

図 8.2　ぬれと接触角 θ の関係

(2) 機械的接着

機械的接着とは図 8.3 に示すように被着体表面の微細な凹凸に接着剤が入り込んで硬化することによって生じる，接着剤と被着体（接着される素材）の間の機械的な引っかかりによる接着のことをいう．このような接着剤が被着体の凹部に入り込んで引っかかる効果のことは**投錨（アンカー）効果**や**ファスナー効果**と呼ばれる．

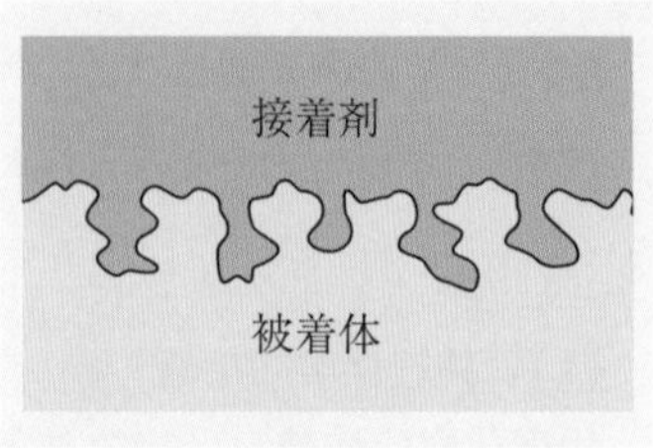

図 8.3 機械的接着の概念図

なお，ほかにも接着のメカニズムを説明する説はいくつかあり，かつそれぞれのメカニズムが複雑に合わさった結果として接着が生じていると考えられている．

8.2.2 接着剤に要求される性能

接着剤には何よりもまして確実な接着力とその持続性が要求される．近年の接着剤は様々な改良が加えられて高品質となってきたので，接着力とその持続性に関する信頼性は高くなっている．しかし，その使い方を誤ると本来有している性能も十分に発揮できない．図 8.4 に接着部位の形態と力の加わり方の例を示す．このうち接着剤は一般に接着面全体に一様な応力を受ける平面引張 (a) やせん断 (b) には強いが，端部に応力が偏る引き裂き (c) やはく離 (d) には弱い．さらに接着剤は衝撃力に対しても弱い傾向にある．これらの弱点も現在ではかなり克服されてはいるが，弱点が出現してしまうような使用を避ける必要がある．

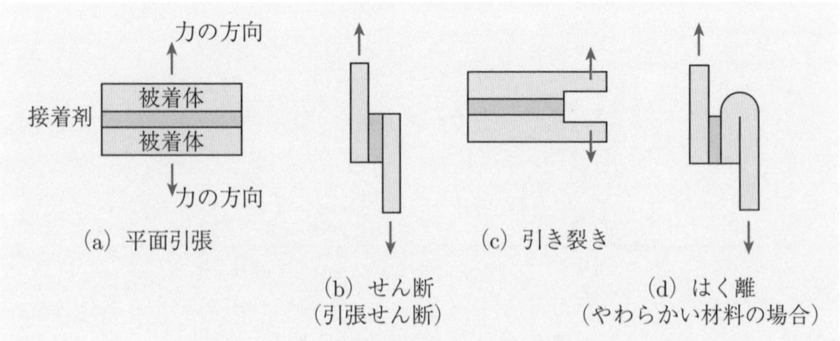

図 8.4 接着部位の形態と力の加わり方の例

8.2.3 建築に使用される接着剤の種類と特徴

接着剤は大きく化学反応形，溶剤揮散形，感熱形，感圧形，再湿形の 5 種に分けられる．

(a) 化学反応形

化学反応形は主剤と硬化剤を適切な分量で混ぜ合わせた際の化学反応によって硬化する 2 液形と，主剤と水分や熱，光などが反応して硬化する 1 液形のものがある．2 液形の代表的接着剤であるエポキシ樹脂系接着剤は適用できる被着体の種類が多く，かつ接着強度が高い利便性のよい接着剤である．

(b) 溶剤揮散形

溶剤揮散形は**蒸発固化形**，**乾燥固化形**とも呼ばれ，主剤を溶かしている水や**有機溶剤**が揮散することにより主剤が固化し，接着力が生じる．一方で人体や地球環境への安全性を考慮し，有機溶剤などの**揮発性有機化合物**（**VOC**）の規制が以前より増して多くなされるようになってきた．特に建材に含まれる有機溶剤が気密性の高い屋内で拡散し，健康を害するようなシックハウス症候群といわれる現象が生じるようになってきた．このような状況から，有機溶剤を使用した接着剤も健康に悪影響を及ぼすとされる成分を極力使用しないような改良がなされている．

(c) 感熱形

感熱形は加熱することにより流動化し，常温で固化する接着剤である．カーペットの相互の接合部に用いられるテープには感熱形の接着剤が塗布してあり，専用アイロンで溶かしてカーペット相互を接合する．

(d) 感圧形

感圧形は粘着性を保持したまま固化しない接着剤のことで，一般的には粘着テープに加工されて使用されるものもある．

(e) 再湿形

再湿形は乾燥させた後，水や溶剤で湿らせることにより接着性が出現するもので，例えば壁紙にも用いられる．

表 8.1 に建築に使用される主な接着剤の種類と特徴を示す．

表 8.1 建築に使用される主な接着剤の種類と特徴

(a) 特徴と施工場所

接着剤の種類		耐熱性			耐薬品性				施工場所	
		60°C	100°C	150°C	耐水	耐油	耐酸	耐アルカリ	屋内	屋外
化学反応形	①エポキシ樹脂系	○	○	×	○	○	○	○	○	○
溶剤揮散形	②クロロプレンゴム系溶剤形	○	×	×	○	×	○	○	○	○
	③ニトリルゴム系溶剤形	○	×	×	○	○	○	○	○	○
	④酢酸ビニル樹脂系エマルション形	○	×	×	×	○	×	×	○	×
	⑤アクリル樹脂系エマルション形	×	×	×	○	○	×	×	○	○

［注］○適用可　×適用不可

(b) 各接着剤を適用できる主な材料の組合せの例

	石	コンクリート	陶磁器	軟質塩化ビニル	硬質プラスチック	木	金属
金属	①	①②⑤	①	③	①	①②⑤	①②
木	①	①②④⑤	①②	③	①②	①②④⑤	
硬質プラスチック	①	①②	①	③	①②		
軟質塩化ビニル	③	③	③	③			
陶磁器	①	①②	①②				
コンクリート	①	①					
石	①						

①エポキシ樹脂系
②クロロプレンゴム系溶剤形
③ニトリルゴム系溶剤形
④酢酸ビニル樹脂系エマルション形
⑤アクリル樹脂系エマルション形

接着剤による接合は，接着剤の塗布後すぐに被着体を張り合わせるのではなく，しばらく時間をおいてから張り合わせる場合がある．この時間のことを**オープンタイム**といい，オープンタイムが適切にとられていないと十分な接着力が得られないおそれが生じる．オープンタイムの長さは接着剤の種類に固有のものであるが，気温や湿度，被着体の温度などの影響も受けるので，施工の際には配慮する必要がある．

また，図 8.5 に一例として示すように，接着剤の種類によっては接着力（図では引張せん断力）の発現の仕方に違いが見られる．合成ゴム系溶剤形は接着直後よりほぼ 100％の接着力が発現する一方，エポキシ樹脂系は接着後数時間経過しないと接着力が発現し始めないが，時間とともに接着力が増し，完全硬化時には合成ゴム系溶剤形の数倍の接着力を発揮する．

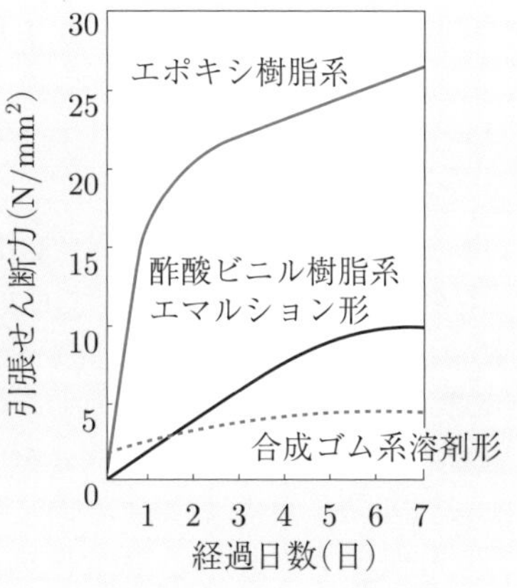

図 8.5　接着後の経過日数と引張せん断力の関係の例 [59]

8.2.4 接 着 事 例

(1) 外壁の施工

接着剤を用いた主な外壁施工としてセラミックタイル張り仕上げがある．下地に接着剤を塗布し，その上からタイルを押しつけ圧着する．接着剤にはエポキシ樹脂系や合成ゴム系ラテックス形などが用いられる．外壁は温度や水分の影響を直接受けるので材料の膨張収縮などのムーブメント（8.3.1 項参照）に対して配慮する必要がある．**弾性接着剤**を用いることによってタイルや下地のムーブメントを吸収し，タイルの剥離を防ぐことができる．

(2) 内壁の施工

主な内壁の施工としてはクロス張り仕上げがある．使用するクロスは繊維布のものやビニル製，紙製のものなどがある．石こうボードなどの下地に接着剤を全面に薄く塗布しクロスを張り付ける．ほかに化粧合板やボード類，石材類を用いた仕上げにも接着剤を用いる．

VOC

VOC とは Volatile Organic Compound（**揮発性有機化合物**）の略語で，数百種類ある揮発性を有する有機化合物の総称として用いられる．建材に用いられる塗料，防腐剤，防虫剤などに含まれており，多量に吸引すれば健康を害するおそれが生じる．接着剤には**ホルムアルデヒド**（VVOC：高揮発性有機化合物）や**トルエン**，**キシレン**，**エチルベンゼン**，**スチレン**（公共住宅や住宅性能表示制度で測定対象になっている 4VOC）などが含まれているものもあり，使用の際には十分な換気を行うなどの対応を必要とする．

さらに建築物の気密性が増し，内装にこれらの VOC を含む建材，接着剤を用いた後，VOC が徐々に揮発し体調不良を生じさせる**シックハウス症候群**が問題になっている．2003 年 7 月から施行された改正建築基準法ではシックハウス対策に係る規制として，居室を有する建築物にはシロアリ駆除剤などに使われるクロルピリホスを添加した建築材料の使用が禁止されている．また木質建材などに使われるホルムアルデヒドについては揮発性が高く発ガン性も指摘されており，内装仕上げの制限，換気設備設置の義務付け，天井裏などの制限を設けている．例えば，内装仕上げではホルムアルデヒドの放散速度に応じた F ☆☆☆☆などの等級を設け，その使用を制限している（表 8.2）．

表 8.2　建築基準法におけるホルムアルデヒド放散等級

区分	ホルムアルデヒドの放散速度	表示	内装仕上の制限
建築基準法の規制対象外	5 μg/m^{2}h 以下 ＜少ない＞	F ☆☆☆☆	制限なしに使用できる
第 3 種ホルムアルデヒド発散建築材料	5 μg/m^{2}h ～20 μg/m^{2}h	F ☆☆☆	使用面積が制限される
第 2 種ホルムアルデヒド発散建築材料	20 μg/m^{2}h ～120 μg/m^{2}h	F ☆☆	
第 1 種ホルムアルデヒド発散建築材料	120 μg/m^{2}h 超 ＜多い＞	表示なし	使用禁止

※ μg（マイクログラム）：100 万分の 1g の重さ．放散速度 1 μg/m^{2}h は建材 1 m^2 につき，1 時間当たり 1 μg の化学物質が発散されることをいう．

(3) 床の施工

主な床の施工には木質系仕上げ，ビニル長尺シート仕上げ，リノリウム仕上げ，ビニルタイル仕上げ，カーペット仕上げがある．木質系仕上げにはフローリングやパーケット材が用いられ，下地がコンクリートの場合には接着剤のみで施工を行うが，合板などの捨て板の場合には隠し釘打ちを併用することが多い．他の仕上げの場合はいずれもくし目ごてで接着剤を薄く塗布し，仕上材を張り付ける．

(4) 天井の施工

主な天井の施工としてはクロス張り仕上げ，ボード類を用いた仕上げがある．

(5) その他

内装下地の固定，例えばコンクリート造の壁に木レンガや胴縁を固定したり，コンクリートスラブに根太を固定する際にも接着剤を用いることがある．また，コンクリートや左官材料を用いた建築物内外の壁面や柱に生じたひび割れの注入補修にも接着剤が使用される．

8.2.5 接着の長所および短所

建築に用いられる接着の一般的な長所および短所を表 8.3 に示す．

表 8.3 接着の一般的な長所および短所

長所	短所
外観，美観を損なわない．	剥離に弱い．
応力集中が起こらない．	衝撃に弱い．
広い面や薄い板でも接合できる．	耐熱性に限界がある．
異種材料でも接合できる．	強度のばらつきが大きい．
水密性・気密性が高い．	固化するまでに時間がかかる．
ボトル等がないので接合部が軽い．	点接合ができない．

接合のためのボルトや金物が表面に存在せず，外観，美観を損なわないことは常に人目に触れる仕上材料を接合する材料として非常に有利な点である．また，ボルトなどで点接合した場合に接合部に応力が集中し，破損が生じることがあるが，接着による接合は応力を接着面全体に分散させられるので応力集中による破損を防ぐことができる．

一方，高い接着力があるとはいえ，剥離や衝撃に弱いということは溶接や釘，ボルト，接合金物と比較すると接着の信頼性，耐久性における信頼性の低下を招いてしまう場合もある．また，耐熱性に限界があることは火災の際の危険性を助長しかねない．さらに，現場施工の場合には，施工の良否による強度のばらつきも見られ，品質の安定性が十分でないこともある．

以上のように，接合における接着の利便性は高いが，接着のみに頼るのはよい方法ではない．

弾性接着剤

接着剤の中で弾性が高いタイプのものを**弾性接着剤**という．例えばムーブメント（8.3.1 項参照）の差が大きい仕上材料と下地を一般の接着剤で接着した場合，接着剤が双方のムーブメントに追従することができず，結果として仕上材料と下地が剥離してしまうことがある．一方，弾性接着剤は，双方のムーブメントを吸収・緩衝することができるので，仕上材料と下地の剥離を少なくすることが可能となる．このような弾性接着剤は，従来は外装に用いられることが多かったが，最近ではたわみや振動が加わることの多い木造床下地の仕上げや浴室のタイル張りなどの内装にも使用されるようになってきた．

8.3　シーリング材

8.3.1　シーリング目地

部材や接合部に意図的に設けた隙間を**目地**という．部材は一般に温度や湿度変化に対して伸縮したり，地震や風圧などの外力によって動いたり位置がずれたりする．これらの部材の伸縮や位置のずれの動きのことを**ムーブメント**という．部材にムーブメントが生じた際に部材と部材がぶつかり合うことを避けるために，目地には隙間を設ける．しかし特に外壁の場合，隙間が開いたままだとそこから雨水や風などが入り込んで**水密性**や**気密性**が損なわれてしまうので，目地につめものをして隙間を塞いでおく必要がある．この際に用いるつめもののことを**シーリング材**または**シーラント**といい，シーリング材を施してある目地のことを**シーリング目地**という．

シーリング材は硬化前はペースト状で流動性があるが硬化後は弾力性のあるゴム状になる**不定形シーリング材**と，はじめから形が決まっていて部材にはめ込んだり部材をはさみ込んだりする**定形シーリング材**との 2 つに大別される．一般にシーリング材というと不定形シーリング材のことを指し，不定形シーリング材のうちムーブメントが比較的小さい目地に用いられる弾力性のあまりないものを**コーキング材**という．一方，定形シーリング材を特に**ガスケット**といい，サッシとガラスの接合に用いられる**グレイジングチャンネル**や**グレイジングビート**はガスケットの一種である．

図 8.6 にシーリング目地の例を示す．

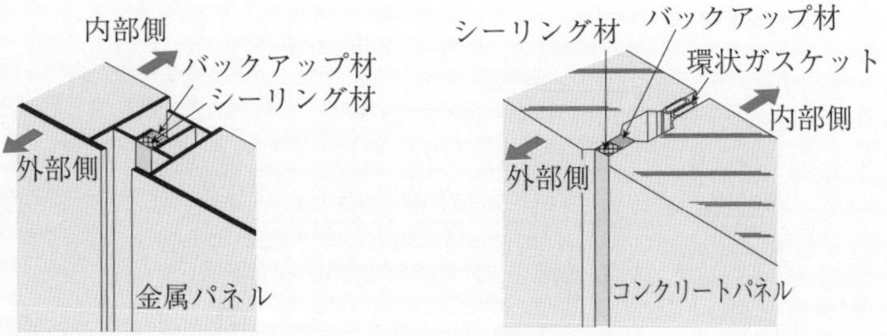

(a) 金属パネルの場合　(b) コンクリートパネルの場合

図 8.6　シーリング目地の例 [2]

以下ではシーリング材として一般的な不定形シーリング材について述べる.

8.3.2 シーリング目地の設計

図 8.7 にシーリング目地の基本的な構成を示す.

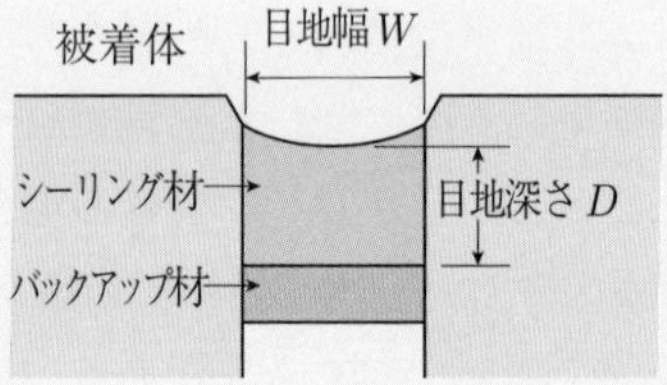

図 8.7 シーリング目地の基本的な構成

シーリング材に弾力性があるといってもその範囲には限界がある. 例えば部材のムーブメントがシーリング材の弾性範囲を超えてしまうとシーリング材の破損や剥離が生じてしまう. したがってシーリング材の施工にあたっては, ムーブメントの大きさを考慮しながら目地の形状, 寸法を予め決めておく必要がある. このようなシーリング目地の形状, 寸法を適切に決定することを, **シーリング目地設計**という.

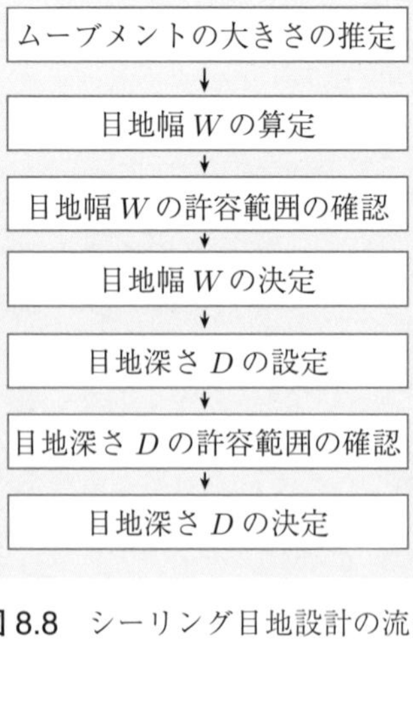

図 8.8 シーリング目地設計の流れ

図 8.8 に目地設計の流れを示す．ムーブメントの大きさを推定後，図の流れに沿って目地幅 W，目地深さ D をそれぞれ決めることによって，使用するシーリング材に合った適切な目地形状，寸法とすることができる．結果として，目地幅は部材の間隔で，目地深さはバックアップ材を用いて調整し，部材およびシーリング材との最適な組合せで施工される．

8.3.3　シーリング材に要求される性能

前述したとおりシーリング材の目的は水密性，気密性の確保にあることから，まずはこの 2 つの性能が重要である．当然のことながら，水密性，気密性を確保するためには被着体への十分な接着力と被着体のムーブメントへの追従性が必要となる．

また，シーリング材は過酷な屋外環境に長期間さらされても水密性，気密性を持続できる耐候性や，目地に生じるムーブメントに対する耐疲労性など長期的な耐久性も重要である．同時に建築物の美しい外観を保持するためにも汚れにくく（耐汚性）変色しないこと（耐変色性）も必要となる．一方でシーリング材は目地設計や施工が適切で，適材適所で材種を選定すれば，長期間の防水機能の確保が期待できる．一般的なシーリング材の打ち替え時期は 10 年とされている．

8.3.4　シーリング材の種類と特徴

表 8.4 に主な外壁の構法・部位・構成材とシーリング材の組合せを示す．最近では大地震が発生した際に，RC 造建築物の柱や壁が破壊しないように，柱や梁と非耐力壁の間に応力が集中するように設けた構造スリットといわれる目地もある．この目地に使用されるシーリング材にはムーブメント追従性が求められるなど用途が多様化している．このため構法・部位・構成材，シーリング材ともに様々な種類があるので，適宜適切な組合せを選択する必要がある．

シーリング材は外壁のほか，屋根葺き材の接合部やキッチン，浴室などの屋内の水まわりなどにも使用される．

表 8.4(a) 主な外壁の構法・部位・構成材とシーリング材の組合せ [55]

主な外壁の構法・部位・構成材				使用できるシーリング材			
				シリコーン系		変成シリコーン系	
				2成分形	1成分形	2成分形	1成分形
カーテンウォール	ガラス・マリオン方式	ガラスまわり目地		○	○ (*3)		
		方立無目ジョイント		○			
	金属パネル方式	ガラスまわり目地		○	○ (*3)		
		パネル間目地		○ (*2)		○	
	PCa パネル方式	PCa パネル間目地				○	
		窓枠まわり目地				○	
		ガラスまわり目地		○ (*2)	○ (*2,3)		
各種外装パネル	ALC パネル (アンカー構法, ロッキング構法)	ALC パネル間目地 窓枠まわり目地	塗装あり (*1)				
			塗装なし			○	○
	塗装アルミニウムパネル	パネル間目地		○ (*2)	○ (*2,3)	○	
	塗装鋼板・ほうろう鋼板パネル	パネル間目地・窓枠まわり目地				○	
	GRC, 押出成形セメント板	パネル間目地 窓枠まわり目地	塗装あり (*1)				
			塗装なし			○	
	窯業系サイディング	パネル間目地 窓枠まわり目地	塗装あり (*1)				
			塗装なし			○ (*4)	○
金属製建具	ガラスまわり	ガラスまわり目地		○	○		
	建具まわり	水切，皿板目地		○ (*2)		○	
		建具間目地				○	
	工場シール	シーリング材受け					
笠木	金属笠木	笠木間目地		○ (*2)		○	
	石材笠木	笠木間目地				○	
	PCa 笠木	笠木間目地				○	
RC壁	構造スリット	構造スリットの目地 (*5)	塗装あり (*1)				
			塗装なし			○	

*1 塗装性の事前確認が必要
*2 汚染性に注意
*3 低モジュラスを使用
*4 サイディング用に使用
*5 シーリング材に耐火性が求められる場合には耐火構造用シーリング材を使用

表 8.4(b) 主な外壁の構法・部位・構成材とシーリング材の組合せ [55]

<table>
<tr><th colspan="4" rowspan="3">主な外壁の構法・部位・構成材</th><th colspan="5">使用できるシーリング材</th></tr>
<tr><th colspan="2">ポリサルファイド系</th><th>アクリルウレタン系</th><th colspan="2">ポリウレタン系</th></tr>
<tr><th>2成分形</th><th>1成分形</th><th>2成分形</th><th>2成分形</th><th>1成分形</th></tr>
<tr><td rowspan="7">カーテンウォール</td><td rowspan="2">ガラス・マリオン方式</td><td colspan="2">ガラスまわり目地</td><td></td><td></td><td></td><td></td><td></td></tr>
<tr><td colspan="2">方立無目ジョイント</td><td></td><td></td><td></td><td></td><td></td></tr>
<tr><td rowspan="2">金属パネル方式</td><td colspan="2">ガラスまわり目地</td><td></td><td></td><td></td><td></td><td></td></tr>
<tr><td colspan="2">パネル間目地</td><td></td><td></td><td></td><td></td><td></td></tr>
<tr><td rowspan="3">Pca パネル方式</td><td colspan="2">PCa パネル間目地</td><td>○</td><td></td><td></td><td></td><td></td></tr>
<tr><td colspan="2">窓枠まわり目地</td><td>○</td><td></td><td></td><td></td><td></td></tr>
<tr><td colspan="2">ガラスまわり目地</td><td>○</td><td></td><td></td><td></td><td></td></tr>
<tr><td rowspan="9">各種外装パネル</td><td rowspan="2">ALC パネル
(アンカー構法, ロッキング構法)</td><td rowspan="2">ALC パネル間目地
窓枠まわり目地</td><td>塗装あり (*1)</td><td></td><td></td><td>○</td><td>○</td><td>○</td></tr>
<tr><td>塗装なし</td><td>○</td><td></td><td></td><td></td><td></td></tr>
<tr><td>塗装アルミニウムパネル</td><td colspan="2">パネル間目地</td><td></td><td></td><td></td><td></td><td></td></tr>
<tr><td>塗装鋼板・
ほうろう鋼板パネル</td><td colspan="2">パネル間目地・
窓枠まわり目地</td><td>○</td><td></td><td></td><td></td><td></td></tr>
<tr><td rowspan="2">GRC,
押出成形セメント板</td><td rowspan="2">パネル間目地
窓枠まわり目地</td><td>塗装あり (*1)</td><td></td><td></td><td>○</td><td>○</td><td></td></tr>
<tr><td>塗装なし</td><td>○</td><td></td><td></td><td></td><td></td></tr>
<tr><td rowspan="2">窯業系サイディング</td><td rowspan="2">パネル間目地
窓枠まわり目地</td><td>塗装あり (*1)</td><td></td><td></td><td></td><td></td><td>○ (*4)</td></tr>
<tr><td>塗装なし</td><td></td><td>○</td><td></td><td></td><td>○ (*4)</td></tr>
<tr><td rowspan="4">金属製建具</td><td>ガラスまわり</td><td colspan="2">ガラスまわり目地</td><td>○ (*6)</td><td></td><td></td><td></td><td></td></tr>
<tr><td rowspan="2">建具まわり</td><td colspan="2">水切, 皿板目地</td><td></td><td></td><td></td><td></td><td></td></tr>
<tr><td colspan="2">建具間目地</td><td></td><td></td><td></td><td></td><td></td></tr>
<tr><td>工場シール</td><td colspan="2">シーリング材受け</td><td>○</td><td></td><td></td><td></td><td></td></tr>
<tr><td rowspan="3">笠木</td><td>金属笠木</td><td colspan="2">笠木間目地</td><td></td><td></td><td></td><td></td><td></td></tr>
<tr><td>石材笠木</td><td colspan="2">笠木間目地</td><td>○</td><td></td><td></td><td></td><td></td></tr>
<tr><td>PCa 笠木</td><td colspan="2">笠木間目地</td><td>○</td><td></td><td></td><td></td><td></td></tr>
<tr><td rowspan="2">RC壁</td><td rowspan="2">構造スリット</td><td rowspan="2">構造スリットの
目地 (*5)</td><td>塗装あり (*1)</td><td></td><td></td><td>○</td><td>○ (*7)</td><td></td></tr>
<tr><td>塗装なし</td><td>○</td><td></td><td></td><td></td><td></td></tr>
</table>

*6 グレイジングを用途としていないものもある

*7 事前検討が必要

参考 SSG 構法（structural sealant glazing system）

板ガラスを用いたカーテンウォール構法の 1 つで，窓枠（サッシ）の代わりに**構造シーラント**（structural sealant）を用いて板ガラスを支持部材に固定し外壁とする構法（図 8.9）．構造シーラントで固定する板ガラスの辺の数に応じて 1 辺 SSG 構法〜4 辺 SSG 構法と呼ぶ（図 8.10）．4 辺とも構造シーラントで固定すれば壁面全体が 1 枚のガラス板に見間違うような外装にすることができる（写真 8.1）．また，上下の 2 辺を窓枠，左右の 2 辺を構造シーラントで固定すると，壁面に平坦なガラスの帯を巻いたように仕上げることができる．

構造シーラントはシーリング材の一種であるが，単に水密性，気密性を確保するだけではなくガラスを支持部材に固定するという接着剤としての役割も担っている．そのため，シーリング材が有する一般的な性能はもとより，より大きな接着力や材料自体の強度を有している必要がある．図 8.11 に 4 辺 SSG 構法の例を示す．図からわかるように，4 辺 SSG 構法であっても板ガラスを安全のためフィン付き上下枠内に納める構造になっており，構造シーラントのみで板ガラスに関わる全ての荷重を負担するわけではない． □

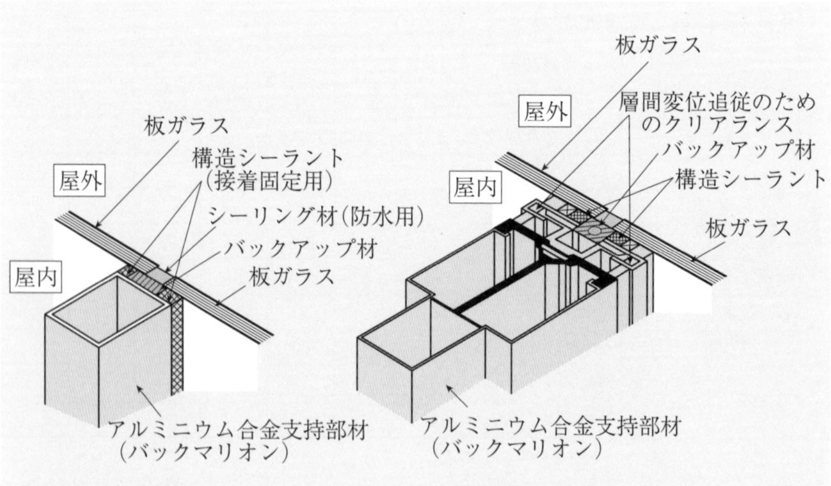

(a)層間変位追従機構を有さないタイプ　(b)層間変位追従機構を有するタイプ

図 8.9 SSG 構法の概念図 [11]

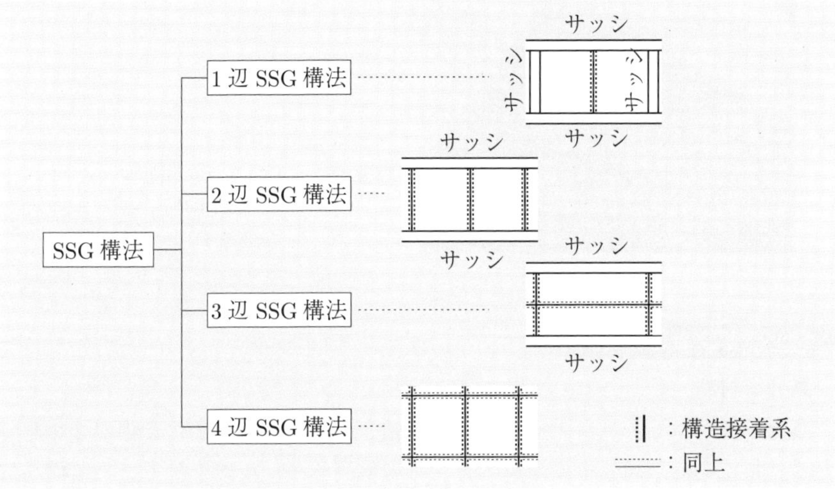

図 8.10　SSG 構法の種類[11]
（1 辺，2 辺および 3 辺の SSG 構法では 90 度回転させた構成もある）

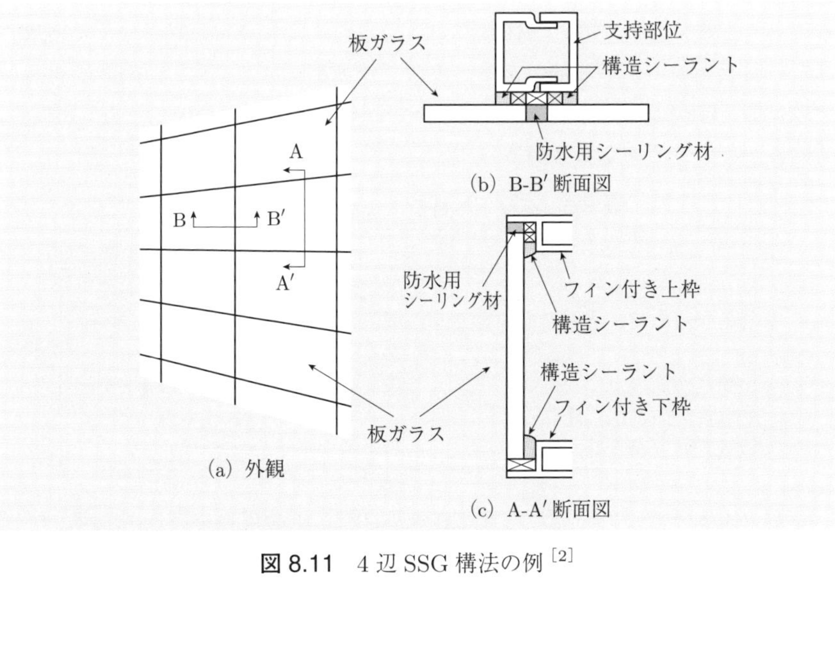

図 8.11　4 辺 SSG 構法の例[2]

写真 8.1 東急プラザ銀座
［東京都中央区］
（写真提供：松尾隆士 氏）

ワンポイント材料解説

高分子材料

高分子材料は分子量が1万以上の共有結合から成る高分子化合物で作られている材料である．高分子には炭素を含む有機高分子，炭素を含まない無機高分子があり，それぞれにおいて天然で作られた天然高分子と人工的に作られた合成高分子のものがある．例えば，絹，羊毛，皮革，でんぷん，天然ゴムなどは天然の有機高分子であり，石綿や雲母などは天然の無機高分子である．一方，プラスチックや合成ゴムは人工的に作られた有機高分子（合成高分子）で構成されており，建築分野で高分子材料という場合にはこれらの合成高分子で構成された材料を指すのが一般的である．また，表 8.5 に示すように，高分子材料は全般に加工性がよく，軽量の割には強度が高い（比強度が高い）一方，耐候性，耐熱性が不十分であることが多い．

表 8.5 高分子材料の主な長所および短所

長所	短所
優れた加工性を持つ． 着色が自由で，透明のものもできる． 比強度が高い． 耐水性，防水性に優れる． 電気絶縁性が良好である．	耐熱性が不良で，可燃性である． 機械的性質の温度依存性が大きい． クリープが大きい． 表面硬さが小さく，局部破壊を起こしやすい． 耐候性が不十分なものが多い．

なお，建築分野に用いられる主な高分子材料とその用途を表 8.6 に示した．

表 8.6(a)　建築分野に用いられる主な高分子材料とその用途 [2]

種類			物質的性質			
			比重 (25 °C)	引張強さ (MPa)	伸び (%)	弾性係数 (GPa)
プラスチック	熱可塑性樹脂	ポリ酢酸ビニル (PVAC)	1.18〜1.20	20〜40	20〜40	1.0〜1.5
		ポリ塩化ビニル (PVC)	1.30〜1.40	35〜63	2.0〜4.0	2.5〜4.2
		ポリエチレン (PE)	0.92〜0.93	7〜39	150〜650	0.1〜1.3
		ポリスチレン (PS)	1.04〜1.07	21〜63	1.0〜3.6	2.8〜4.2
		ポリアミド (ナイロン，PA)	1.09〜1.14	49〜84	20〜320	1.0〜3.1
		アクリル樹脂 (MA)	1.18〜1.19	42〜77	2〜10	2.1〜3.5
		ポリカーボネート (PC)	1.2	63〜72	110〜150	2.1〜2.5
		ポリエチレンテレフタレート (PET)	1.29〜1.40	48〜72	30〜300	2.8〜4.1
	熱硬化性樹脂	フェノール樹脂 (PF)	1.25〜1.30	49〜70	1.0〜1.5	5.3〜8.8
		ユリア樹脂 (UF)	1.47〜1.52	42〜91	0.5〜1.0	8.1〜11.2
		メラミン樹脂 (MF)	1.47〜1.52	49〜91	0.6〜1.9	7.0〜10.5
		エポキシ樹脂 (EP)	1.11〜1.40	28〜85	1〜70	3.0〜5.0
		不飽和ポリエステル樹脂 (UP)	1.53〜1.57	42〜70	0.5〜5	2.1〜4.5
		ウレタン樹脂 (PUR)	1.00〜1.30	30〜75	100〜600	0.1〜7.0
合成ゴム		スチレンブタジエンゴム (SBR)	0.93〜0.94	2〜7	300〜350	
		アクリロニトリルブタジエンゴム (NBR)	0.98〜1.00	3〜7	450〜500	
		クロロプレンゴム (CR)	1.15〜1.23	15〜29	550〜600	
		ブチルゴム (IIR)	0.91〜0.93	13〜20	600〜700	
		エチレン・プロピレンゴム (FPT または EPDM)	0.86〜0.87	7〜25	300〜800	
		ポリサルファイドゴム (T)	1.27〜1.60	5〜14	200〜700	
		シリコーンゴム (Q)	1.40〜2.00	2〜12	200〜500	
		ウレタンゴム (U)	1.00〜1.30	20〜55	300〜1000	
天然ゴム (NR)			0.91〜0.93	20〜40	600〜1200	

表 8.6(b) 建築分野に用いられる主な高分子材料とその用途 [2]

種類			主な用途
プラスチック	熱可塑性樹脂	ポリ酢酸ビニル（PVAC）	塗料，接着剤
		ポリ塩化ビニル（PVC）	フィルム，ルーフィング，パイプ，床用タイル・シート，発泡品，塗料，採光板，化粧板
		ポリエチレン（PE）	フィルム，ルーフィング，パイプ，発泡品
		ポリスチレン（PS）	フィルム，発泡品，採光板
		ポリアミド（ナイロン，PA）	フィルム，発泡品
		アクリル樹脂（MA）	FRP，採光板，塗膜防水剤，セメント用混和材
		ポリカーボネート（PC）	透明板，波板，歩道橋腰板
		ポリエチレンテレフタレート（PET）	ガラス用フィルム
	熱硬化性樹脂	フェノール樹脂（PF）	FRP，発泡品，塗料，接着剤
		ユリア樹脂（UF）	発泡品，塗料，接着剤
		メラミン樹脂（MF）	化粧板，塗料，接着剤
		エポキシ樹脂（EP）	FRP，発泡品，塗料，接着剤，セメント用混和材，塗膜防水剤，防食ライニング材，塗床材
		不飽和ポリエステル樹脂（UP）	フィルム，化粧板，FRP，採光板，塗料，接着剤，塗膜防水材，塗床材，防食ライニング材
		ウレタン樹脂（PUR）	発泡品，塗料，接着剤，塗膜防水材，塗床材
合成ゴム		スチレンブタジエンゴム（SBR）	発泡品，塗料，接着剤，セメント用混和材，床用タイル・シート，シーリング材
		アクリロニトリルブタジエンゴム（NBR）	床用タイル・シート，発泡品，接着剤
		クロロプレンゴム（CR）	ルーフィング，発泡品，塗料，接着剤，塗膜防水材，シーリング材，セメント用混和材
		ブチルゴム（IIR）	ルーフィング，塗料，接着剤，シーリング材
		エチレン・プロピレンゴム（FPT または EPDM）	ルーフィング
		ポリサルファイドゴム（T）	塗料，接着剤，シーリング材
		シリコーンゴム（Q）	塗料，接着剤，シーリング材
		ウレタンゴム（U）	シーリング材，塗膜防水材，塗床材
天然ゴム（NR）			床用タイル・シート，発泡品，接着剤，セメント用混和剤

プラスチックとゴムの違いは，狭義として常温で高分子材料に力を加えたときに高分子の鎖がその力により形状が容易に変形しないものをプラスチック，容易に変形するものをゴムと呼んでいる．

プラスチックは熱可塑性樹脂と熱硬化性樹脂に大別される．熱可塑性樹脂は加熱によって軟化し，成形できるようになり，それを冷却すると固化する特性を持っている．加熱すれば再度成形できるためリサイクルも比較的容易である．一方，熱硬化性樹脂は加熱により 3 次元的に架橋構造となり硬化し，一度生成されたものは再び熱しても液状に戻らない．このため，長期的に安定しており，機械強度も強く，耐熱性に優れている．

ゴムは非常に高い弾性を有することが特徴の材料である．ゴムの木から採取された樹脂で製造される天然ゴムは油によって品質が低下する（耐油性が低い）が，合成ゴムはこのような欠点が改善されており，多くの用途に使用されている．

高分子材料から構成される接着剤やシーリング材における表 8.5 の長所と短所について，建築材料の使われ方について考えてみよう．例えば長所に関して，着色が自由であることは建築デザインの観点からニーズに応じて色彩設計をすることが可能となり優位性を持つ．軽量で高強度であることは建物全体の総重量を減らすことができ経済的なメリットをもたらす．耐水性や防水性，そして耐薬品性に優れることは，雨水の浸入経路となりやすい部材の接合部に使われる材料として必要不可欠な性能となる．短所に関して，耐熱性や耐候性が低いことは屋外環境下で使用される接着剤やシーリング材にとって弱点となる．例えば，シーリング材は屋外で暴露された場合，日射，外気温などの影響を受けて劣化しやすい．一方で社会的に建物の長寿命化が求められており，材料メーカーなどを中心に高耐久なシーリング材の開発がされている．さらに，これらシーリング材の耐久性を客観的に評価することも重要であり，例えば屋外にシーリング材を長期間暴露する屋外暴露試験，あるいは光，熱，風雨などの屋外環境を人工的に再現し，劣化の進行を観察する耐候性試験（促進劣化試験）などが実施されている．建築材料の利用において長所と短所を理解し，建物に適材適所使用していくための材料設計や性能評価が重要となる．

8章の問題

□**1** 次の各記述がそれぞれ正しければ○，誤りならば×を付けよ．

① 液状の接着剤を被着体表面に塗るとき，一般的にその表面はぬれやすいほどよい．

② 固体表面と液体との接触角（θ）が大きいほど，ぬれやすい．

③ 接着剤は一般に引き裂きやはく離に比べ，平面引張やせん断に弱い．

④ オープンタイムとは，接着剤を被着体に塗布してから，もう一方の被着体を張り合わせるまでの適切な前置き時間のことを示す．

⑤ エポキシ樹脂系接着剤は，合成ゴム系接着剤に比べて，強度発現は遅いが完全硬化した後は数倍の接着力を示す．

⑥ タイル張りの接着に使用される弾性接着剤は，モルタルによる接着に比べて，ムーブメントに対する追従性がよい．

⑦ 建築基準法では，ホルムアルデヒドの濃度に応じてF☆☆☆☆などの等級に分けられている．

⑧ シーリング材で最も要求される条件は，ムーブメントに対する追従性である．

⑨ シーリング目地設計とはムーブメントの量を考慮しながら目地の寸法，形状を適切に設定することである．

⑩ 構造スリットは，RC造建築物において，大地震時に柱や梁と非耐力壁の間に応力を集中させるために設けられる．

□**2** 次の各記述について説明せよ．

(1) 化学反応形，溶剤揮散形，感熱形，感圧形，再湿形の接着機構と用途について記述せよ．

(2) 接着の長所および短所について記述せよ．

(3) 熱可塑性樹脂と熱硬化性樹脂の性質の違いについて記述せよ．

第9章

防水材料

建物の中に不要な水が入り込むと，我々の活動や生活が阻害される．さらには建物の耐久性も低下する．ほとんどの建築材料は水分の存在により劣化が早められるからである．建物の長寿命化にも防水は重要な役割を果たしている．かつては雨仕舞という技術がこのことを具現化していたが，建物構法の変化，防水要求水準の高度化により，部材や建物表面を防水材で覆う技術が必要となった．防水技術は，今や欠くことのできない重要な建築技術要素の１つとなっている．ところで防水材料は，必ず下地となるほかの建築材料と組み合わせて用いられる．そのため，それに適した性質が求められる．ここではそのための材料と性質について説明する．また多様な技術により施工されるが，それらの施工法についても概説する．

9.1 防水の目的と要求される性能

ほとんどの建築材料は，多少なりとも透水性，吸水性を持つ．さらに建築にはいろいろな接合部や接続部もある．またコンクリートではひび割れが発生する．これらの部分では水が自由に通り抜ける．防水材料はこれら材料，部材や欠陥部を通しての水の移動を阻止する目的で使用される．

防水材料は，必ず下地となる建築材料の上にシート状材料を張ったり，後で硬化して塗膜となる液状材料を塗ったりして使用されるため，完成後の材料の形としては，厚さが数ミリメートルの皮膜となる．皮膜となるので**メンブレン防水層**と呼ばれる．

そのため，まず防水層自身が水を透過させないことが最低限の必要条件である．さらにコンクリートの上に使われた場合は，ひび割れに対して破損しないことも大切である．またコンクリートパネルやALCパネルを並べた下地でも，その接合部で破損しないこと，特にその部分は気象の変化や，外力により微小であるが動いている（これは**ムーブメント**と呼ばれる）ので，疲労破壊しないことも重要な点である．当然であるが，防水層が長期間劣化せず，長持ちすること（現状では10〜30年程度）も要求される．

9.2　防水層の使用される部位

9.2.1　建築で防水が必要とされる部位

水遮断を必要とする部位全てが対象となる．実際の防水層の施工される部位を図 9.1 に示す．防水は屋根だけと思いがちであるが，建築物の中で水と接触する可能性のある部位は，ほとんど防水施工の対象となる．

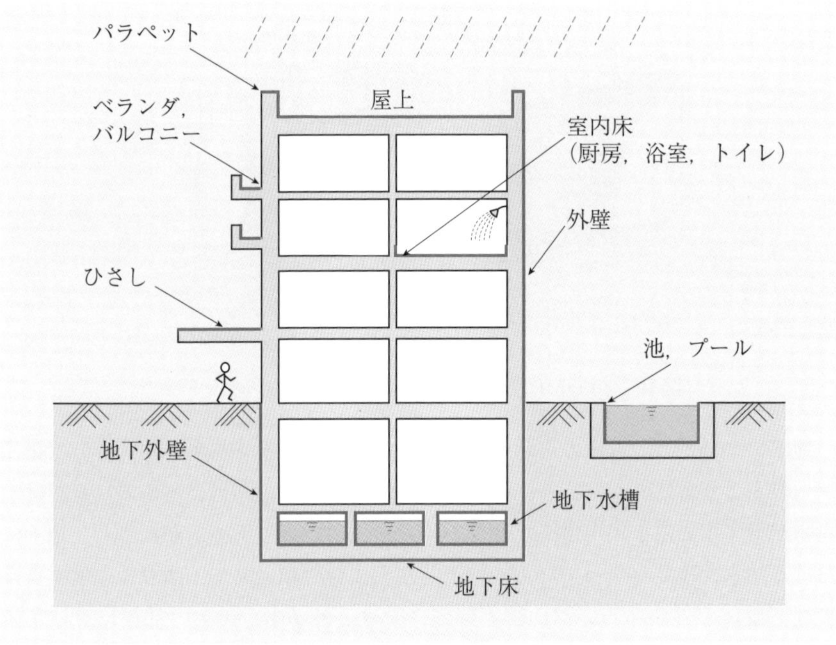

図 9.1　建築で防水の必要とされる部分

9.2.2　各部位で使用される防水材

防水材は戸建住宅からビル・マンションに至るまで幅広く利用されている．屋根において，戸建住宅の葺屋根では，第 2 章：屋根において記述したように一般的に表層に屋根葺材，中間層に下葺材，下地層に野地板から構成されており，下葺材には防水を目的に屋根の下地に貼るシート状材料が使用される．ビル・マンションの屋根ではメンブレン防水層として各種防水材が使用される．

外壁において，外壁部材内で発生するひび割れ，あるいは各部材が接合される部分（納まり）などから漏水が発生しやすい．RC 造建物の外壁では，ひび割れが発生する位置を計画的に設けるためのひび割れ誘発目地を設け，PC部材やALCパネルジョイント部の接合部にシーリング材を施工し防水処理を行う．戸建住宅の外壁では，その裏面には図9.2に示すように壁体内部や室内に浸入させず外部に流す役割を果たす防水シートが使用される．防水シートとして，一般的に湿式工法であるモルタル仕上げではアスファルトフェルトを，また乾式工法であるサイディング仕上げでは透湿防水シートが使用される．

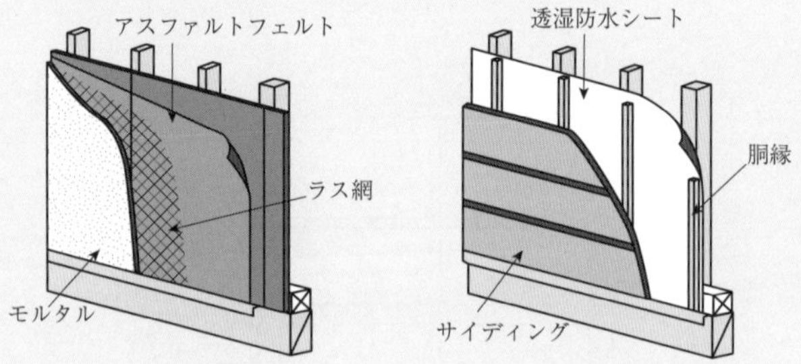

(a) モルタル仕上げ　　(b) サイディング仕上げ

図9.2　戸建住宅の外壁内部に使用される防水シート

地下については，敷地の有効利用の観点から地階（建築基準法施行令では床面が地盤面より下にあり，その位置が天井高の1/3以上の深さにある階）を設ける建物が増えている．ビル建築だけでなく戸建住宅でも地下構造が増加し，地下における防水が重要となっている．地下防水工法の分類として，図9.3に示すように地下躯体の外側あるいは山留め壁側に設ける**外防水**，建物内部側に設ける**内防水**に大別される．さらに外防水は，地下躯体コンクリートを打設する前に山留め壁面に防水層を施す先やり外防水と，施工・養生した後のコンクリート面に施工する後やり外防水に区分される．なお地下防水は地下水側の面における防水性を保つことが可能な外防水が望ましい．さらに外防水については敷地条件などが許されるのであれば，後やり外防水を施すことが防水の品質上望ましい．

先やり工法と後やり工法の概要及び使用する工法と材料を図9.4と図9.5に示す．地下防水は，屋上防水に比べて狭く湿った環境下で複数工種が混在する中で作業をしなければならない．このため，地下防水に使用される防水材には屋根防水で使用実績があるアスファルト系，シート系，塗膜防水系の防水材などが用いられている．

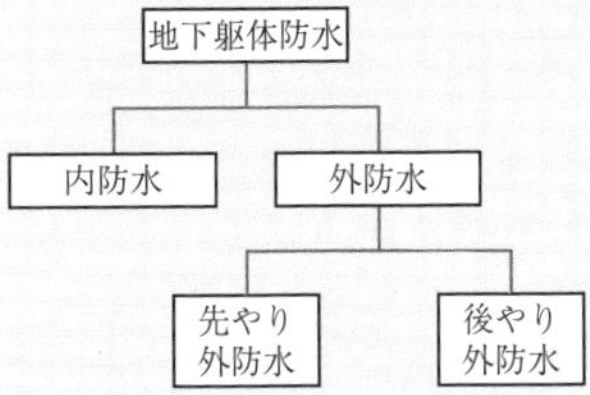

(a) 地下躯体防水の区分

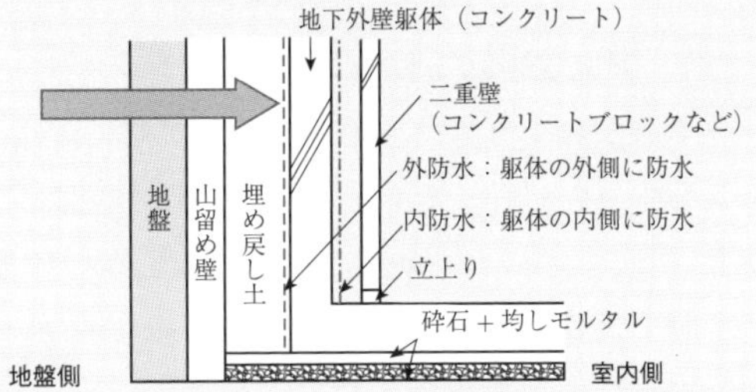

(b) 外防水と内防水

図 9.3　地下躯体防水の区分

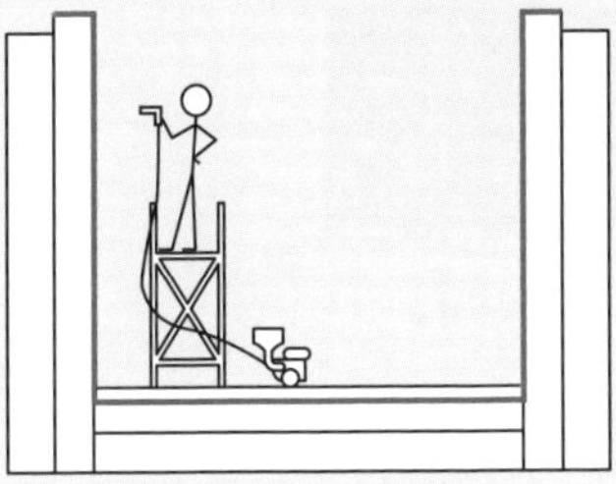

(a) 先やり工法の概要

工法	種類
シート防水	① 非加硫ゴム系シート防水 ② 改質アスファルトシート防水常温粘着工法 ③ エチレン酢酸ビニル樹脂系シート防水
塗膜防水	① ゴムアスファルト系塗膜防水吹付け工法 ② 改質アスファルト系塗膜防水吹付け工法 ③ 超速硬化ウレタンゴム系塗膜防水

(b) 先やり工法の種類

図 9.4　先やり工法の概要と工法一覧

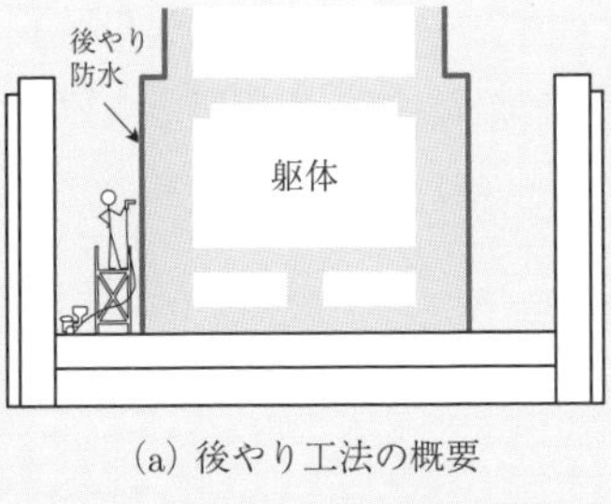

(a) 後やり工法の概要

工法	種類
シート防水	① 改質アスファルトシート防水トーチ工法 ② 非加硫ゴム系シート防水 ③ 改質アスファルトシート防水常温粘着工法 ④ エチレン酢酸ビニル樹脂系シート防水
塗膜防水	① ゴムアスファルト系塗膜防水 ② 改質アスファルト系塗膜防水 ③ ウレタンゴム系塗膜防水
セメント系防水	① モルタル防水 ② ケイ酸質系塗布防水 ③ ポリマーセメント系塗布防水

(b) 後やり工法の種類

図 9.5　後やり工法の概要と工法一覧

9.3　防水層の種類と材料

(1)　アスファルト防水層

熱で溶かしたアスファルトをスラブ面に流し，その上に**アスファルトルーフィング**を張り付ける．これを写真 9.1 に示すように 2〜3 回繰り返し，防水層を作り上げる．そのため積層アスファルト防水層と呼ばれることもある．最上層は防水層を露出したままの状態，あるいは保護コンクリートを施工するなど，建物の用途に応じた保護・仕上げを行う．

写真 9.1　アスファルト防水層の施工

用いられる材料はアスファルトとアスファルトルーフィングである．アスファルトは石油精製のときの残渣として得られる．これはストレートアスファルトと呼ばれる．ただし，物性として軟化点が低く，伸度が大き過ぎて使いにくいので，これにさらに加熱空気を吹き込み，物性改善をする．これは**ブローンアスファルト**と呼ばれる．ただし防水工事には，工事に適するようにさらに物性を整えた**防水工事用アスファルト**が用いられる．また最近は，ゴムやプラスチックなどの高分子材料を添加し，特に温度特性を改善した**改質アスファルト**も用いられる．アスファルト物性の範囲は広いが，表 9.1 に，物性の測定法といくつかの測定例を示す．

表 9.1　アスファルトの物性の測定例

アスファルトの種類	軟化点	伸度	針入度
	アスファルトの軟度を表すもので，試料を加熱したとき，規定距離だけたれ下がるときの温度． 	アスファルトの延性を表すもので，規定の形にした試料の両端を引っ張ったとき，試料が切れるまでの伸び． 	アスファルトの硬さを表すもので，針が試料中に垂直に進入した長さで表す． 1/10 mm の単位で表される． 
ストレートアスファルトの測定例	46.5 °C	150 cm	70
ブローンアスファルトの測定例	95.5 °C	2.0 cm	24
防水工事用アスファルト（3 種）の測定例	115 °C	3.0 cm	27
防水工事用 SBS 改質アスファルトの測定例	121 °C		37

アスファルトルーフィングは幅 1 m，長さ 8～16 m のシート状の材料である．補強材として用いられる原反の種類，使うアスファルト，形状によって，工事では表 9.2 に示す数種類のものが使い分けられる．最近，都市部ではにおい，煙のために使用の制限される場合もある．

表9.2　アスファルトルーフィングの種類

材料	説明
アスファルトルーフィング	天然繊維をベースとしたルーフィング原反に，アスファルトを含浸・被覆し，表面に鉱物質粉末を付着させたもの.
ストレッチアスファルトルーフィング	合成繊維をベースとした原反にアスファルトを含浸・被覆し，表面に鉱物質粉末を付着させたもの.
あなあきルーフィング	ルーフィングのあなが一定間隔で設けられたもの．これを最下層に用いることにより，部分接着となり，絶縁工法による防水層を形成する.
改質アスファルトルーフィングシート	高分子などを添加し物性改善のされた改質アスファルトを単独で，または繊維質シート，プラスチックフィルムと組み合わせてシート状に成型したもの．必要に応じて鉱物質粉粒，金属はく，プラスチックフィルムなどが付着される.

(2)　改質アスファルトシート防水層（トーチ工法）

改質アスファルトを用いたシートの裏面（裏面に2〜3 mmの改質アスファルト層が付けられている）をガスバーナーで溶かし，写真9.2に示すように，下地に張り付けてゆく防水層のことである．火炎を用いるためトーチ工法と呼ばれることもある．施工が簡便で早いのが特徴である.

写真9.2　トーチ工法による施工

(3)　シート防水層

合成高分子ルーフィングシートを下地に接着剤で張り付ける，あるいは固定金物で取り付ける工法である．材料が変形性に富むため，PC板やALC板などのジョイント部のように，ムーブメントの生じやすい下地の防水に適している．また施工が簡便で早いのも特徴である．ただしシート間の接合部が弱点になりやすく，接合不良を起こさないような十分な配慮が必要である.

合成高分子シートは**塩化ビニル樹脂**，**EPDMゴム**などを厚さ1〜2 mmのシート状にしたものであるが，さらに強度，寸法安定性向上のために，ガラス繊維やポリエステル繊維，ナイロン繊維などの補強材を挿入している製品もある.

(4)　塗膜防水層

液状のゴムを写真 9.3 に示すように下地に直接塗布し，その硬化により防水層を形成させるものである．屋根面では塗膜の補強と塗り厚さを一定（平均厚さ約 3 mm）にするため，**補強布**を敷き込むのが一般的である．

材料としては，屋根防水にはウレタンゴム，外壁防水にはアクリルゴムが多く使用される．

写真 9.3　塗膜防水層の塗布

写真 9.4　ステンレス防水におけるシーム溶接

(5)　ステンレスシート防水層

板厚 0.4 mm 程度の**ステンレスシート**を下地の上に敷き並べ，その接合部を一体化して，防水層としたものである．ステンレスシートは非常に丈夫な材料であり，そのため耐久性に優れた防水層を作り上げることができる．シート同士の接合部は写真 9.4 に示すようにシーム溶接機により完全に一体化される．最近はさらに耐久性に優れるチタンシートも利用される．

(6)　ポリマーセメント防水層

粉体としてのセメントや充填材，細骨材にセメント混和用ポリマー（アクリルエマルション，エチレン酢酸ビニルエマルション）を 50～300 %混入しスラリー状にし，1～2 mm 程度コンクリート下地に塗りつけて防水層とする．コンクリートがいつも湿潤状態にある，地下室のような環境でも施工が可能である．ただし，ひび割れが生じたり，それのムーブメントが想定される部位には適さない．

9章の問題

□**1** 次の各記述がそれぞれ正しければ○，誤りならば×を付けよ．

① 戸建住宅の外壁では，モルタル仕上げの場合は透湿防水シート，サイディング仕上げの場合はアスファルトフェルトで防水処理をする．

② 地下防水は，建物内部側の面における防水性を保つことができる内防水が望ましい．

③ アスファルトの軟化点とはアスファルトの軟度を表すもので，試料を加熱したとき，規定距離垂れ下がるときの温度で表す．

④ 針入度とはアスファルトの硬さを表すもので，針が試料中に垂直に進入した長さで表す．

⑤ アスファルトルーフィングは，施工時ににおい，煙が発生するため都市部では使用が制限される場合がある．

⑥ 改質アスファルトシート防水は，裏面をガスバーナーで溶かしながら，下地に張り付けてゆく工法である．

⑦ シート防水は，ムーブメントの生じやすい下地の防水に適している．

⑧ 塗膜防水は，屋根面においては塗膜の補強と塗り厚さを一定にするために補強布を敷き込む．

⑨ ステンレスシート防水はシート同士の接合部を接着剤で張り付けて一体化させたものである．

⑩ ポリマーセメント防水は，コンクリート下地が湿潤状態である環境での施工は避けるべきである．

□**2** 次の各記述について説明せよ．

(1) 防水材料に要求される性能について記述せよ．

(2) 建築物で防水の施工される，あるいは可能性のある部位を挙げよ．

第10章

耐火・防火材料

防災上，地震とならび重要なのは建築の防耐火である．火災に対して安全な建物を作るためには，材料の燃焼性と，それらをいかに制御するかの両方の観点からの知識が必要である．そのため，まず燃焼の原理と防耐火の原理について説明する．ついで防火材料の種類と特徴について説明する．これらは法令との関係での理解が必要である．また高層建築に用いられる鋼構造では，鋼材そのものは燃えないが，強度が低下する．そのため耐火被覆が不可欠であり，その目的で使用される材料についても説明する．

10.1　耐火・防火の目的と要求される性能

火災に耐え人命や財産を守ることは，建築物に要求される重要な役割の 1 つである．耐火的で安全な建築物を構成するためには，主要な構造部分や重要な箇所に用いる建築材料について，以下の項目が要求される．

① 火熱にさらされても，燃焼しないこと

② 火熱にさらされても，防火上有害な変形，溶融，き裂そのほかの損傷を生じないこと

③ 火熱にさらされても，避難上有害な煙またはガスを発生しないこと

これらの項目は極めて重要なことから，後述するように，建築基準法・同施行令などにおいて，耐火・防火の観点から建築材料が分類・定義されている．

火災

バックドラフト

密閉空間内で火災が発生すると，酸素が次第に不足するために燃焼が途中で弱まる一方で，残炎・残熱により引き続き発生した可燃性ガスが空間内に充満することがある．この状態のときに，何らかの原因により外部から空間内に大量の空気が供給されると，急激に爆発的燃焼が起こる．これを**バックドラフト**という．火災時に起こる危険な現象の 1 つであり，爆風は速度 15 m/s，温度は 1000 °C 以上に達するといわれる．

フラッシュオーバー

屋内火災時に燃焼が進行するに従い，可燃物から発生した可燃性ガスが天井付近に滞留・蓄積し，空気と混じって燃焼に適した混合比に達すると，一瞬のうちに激しく炎が広がることがある．これを**フラッシュオーバー**という．室内温度は 1000 °C 程度にまで達するといわれる．

10.2　燃焼と耐火・防火の原理

(1)　燃焼の原理

燃焼とは，一般に発熱・発光をともなう酸化反応で，かつ燃焼物自体からの発生熱により持続可能な化学反応をいう．したがって，可燃性の物質とは，酸化可能でかつ酸化反応の熱収支が全体として発熱過程の物質である．また，燃焼が起こるためには次の3条件が同時に成立する必要がある．

① 可燃性の物質があること

② 酸素が供給されること

③ 物質の温度が必要温度以上であること

次に，燃焼の始まり方には，発火と引火の2種類がある．

発火は**着火**ともいい，上述の3条件が揃えば，周囲に火種がなくとも可燃性の物質は燃焼を開始する．発火のために必要な最低温度を**発火点**（または**着火点**）といい，物質ごとに固有の値を示す．表10.1に示すように，代表的な可燃性の建材である木材の発火点はおおよそ425〜485°Cの範囲，プラスチックの発火点は350〜565°Cの範囲にある．

表10.1　木材とプラスチックの発火点，引火点の例[35], [41]

材料名	発火点（°C）	引火点（°C）
スギ	435	240
ヒノキ	430	253
アカマツ	485	263
ブナ	470	271
ケヤキ	464	264
キリ	425	269
ポリエチレン	349	341
ポリスチレン	496	360
ポリエステル	488	399
ポリ塩化ビニル	454	391
シリコン	564	527
ポリウレタン	416	310

物質の温度が発火点に至る主な原因には2つがある．多くの場合は外部から与えられた熱エネルギーにより物質の温度が発火点に至る．しかし，**自然発火**といって，石炭や廃材などでは酸化，分解などの反応を起こすことにより，物質の内部に徐々に熱が蓄積されて発火に至る場合もある．また，まれに，木材などでは繰り返し加熱されると，木材内部に蓄熱され，100〜150°C程度の温度でも発火することがある．これを**低温発火**という．

次に**引火**とは，発火点以下の温度であるにも関わらず，物質から発生した可燃性ガスが物質周辺の口火に触れて燃焼することにより，ついには物質自体も燃焼を始める現象をいう．引火のために必要な最低温度を**引火点**といい，物質ごとに固有の値を示す．表10.1に示すように，木材の引火点はおおよそ240〜270°Cの範囲，プラスチックの引火点は310〜530°Cの範囲にある．

(2) 耐火・防火の原理

前項を踏まえると，建築物を火災から守るには，原則的には，耐火的な材料を使用するか，酸素を遮断するか，高温を遮断するかの，最低限1項目を達成すればよい．

しかし，建築物を全て燃えない材料で構成することや，建築物から酸素を完全に遮断することは現実には不可能に近い．そこで，防火上重要性の高い構造骨組みや屋根・外壁などに関しては，耐火・防火性に優れる材料を用いることが基本となる．

参考 **ガソリンと灯油の発火点と引火点**

よく引火の例に出される**ガソリン**は，発火点は灯油とほぼ同じ260°C程度であるが，引火点が大きく異なる．**灯油**の引火点約50°Cに対し，揮発性の高いガソリンの引火点は約−40°Cであり，非常に引火しやすい． □

10.3　耐火・防火性から見た建築材料の種類

建築基準法・同施行令などの法令では，耐火・防火的な性質を持つ材料として，不燃材料，準不燃材料，難燃材料の3種類を定めている．これらの材料は，一般に防火材料と総称される．これらの材料の指定あるいは認定は，告示あるいは規定された試験を経て行われる．建築材料を学ぶ場合も，これらの法令の内容に沿って理解することが有益と考えられる．

(1)　不燃材料

加熱開始後20分間，10.1節の①～③に示した3項目（燃焼しない，変形などの有害な損傷を生じない，有害な煙またはガスを発生しない）を満足する材料を**不燃材料**という．告示による不燃材料を表10.2に示す．なお，石こうボードなど，板厚などにより不燃，準不燃，難燃材料のいずれに該当するかが異なる材料があるので，注意が必要である．

検証方法により判定する場合は，国土交通大臣に指定された性能評価機関が行う，不燃性に関わる各種試験により判定し，担当大臣が認定する．これらの方法によれば，材料を新規開発した場合など，試験に合格し認定を得れば，当該材料は材種や仕様に関わらず不燃材料となる．

表10.3，表10.4に，不燃材料，準不燃材料，難燃材料を判定するための試験項目等を示す．

(2)　準不燃材料

加熱開始後10分間，10.1節の3項目を満足する材料を**準不燃材料**という．告示による準不燃材料を表10.2に示す．なお，表にあるとおり，現行の法令では，告示による準不燃材料は不燃材料も含む規定となっている．図10.1に，不燃材料，準不燃材料，難燃材料の相互関係を示す．

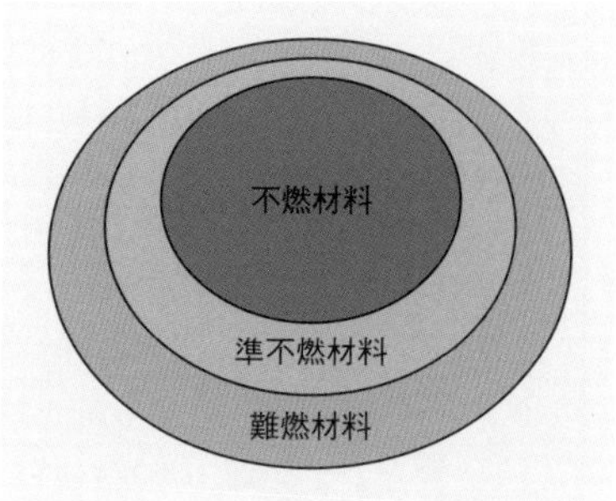

図10.1　不燃材料，準不燃材料，難燃材料の相互関係

表 10.2　国土交通大臣が指定する防火材料 [63]

不燃材料	1	コンクリート
	2	れんが
	3	瓦
	4	陶磁器質タイル
	5	石綿スレート
	6	繊維強化セメント板
	7	厚さが 3 mm 以上のガラス繊維混入セメント板
	8	厚さが 5 mm 以上の繊維混入ケイ酸カルシウム板
	9	鉄鋼
	10	アルミニウム
	11	金属板
	12	ガラス
	13	モルタル
	14	しっくい
	15	石
	16	厚さが 12 mm 以上の石こうボード （ボード用原紙の厚さが 0.6 mm 以下のものに限る）
	17	ロックウール
	18	グラスウール
準不燃材料	1	不燃材料のうち国土交通大臣が定めたもの
	2	厚さが 9 mm 以上の石こうボード （ボード用原紙の厚さが 0.6 mm 以下のものに限る）
	3	厚さが 15 mm 以上の木毛セメント板
	4	厚さが 9 mm 以上の硬質木片セメント板 （かさ比重が 0.9 以上のものに限る）
	5	厚さが 30 mm 以上の木片セメント板 （かさ比重が 0.5 以上のものに限る）
	6	厚さが 6 mm 以上のパルプセメント板
難燃材料	1	準不燃材料のうち国土交通大臣が定めたもの
	2	難燃合板で厚さが 5.5 mm 以上のもの
	3	厚さが 7 mm 以上の石こうボード （ボード用原紙の厚さが 0.5 mm 以下のものに限る）

(3)　難燃材料

加熱開始後 5 分間，10.1 節の 3 項目を満足する材料を**難燃材料**という．告示による難燃材料を表 10.2 に示す（なお，防火材料個々の特性などについては，I 巻 1，2，3，4 章の当該箇所を参照のこと）．

表 10.3　防火材料を認定するための性能試験の項目

<table>
<tr><th></th><th>ガス有害性試験が
不要な材料の場合</th><th>ガス有害性試験が
必要な材料の場合</th></tr>
<tr><td>不燃材料</td><td>発熱性試験
または
不燃性試験</td><td rowspan="3">＋　ガス有害性試験</td></tr>
<tr><td>準不燃材料</td><td rowspan="2">発熱性試験
または
模型箱試験</td></tr>
<tr><td>難燃材料</td></tr>
</table>

表 10.4　ガス有害性試験が不要な材料

<table>
<tr><td rowspan="6">一</td><td>厚さ 0.3 mm 以上のアルミニウム</td><td rowspan="6">加熱側表面の有機物が
1 m^2 につき 200 g 以下のもの</td></tr>
<tr><td>厚さ 0.27 mm 以上の鋼板</td></tr>
<tr><td>厚さ 0.25 mm 以上のステンレス鋼板</td></tr>
<tr><td>厚さ 5 mm 以上の繊維強化セメント板
（ケイ酸カルシウム板）</td></tr>
<tr><td>厚さ 3 mm 以上の繊維強化セメント板
（スレートまたはスラグ石こう板）</td></tr>
<tr><td>厚さ 9 mm 以上の石こうボード
（ボード用原紙の厚さが 0.6 mm 以下のもの）</td></tr>
<tr><td rowspan="4">二</td><td>厚さ 15 mm 以上の木毛セメント板</td><td rowspan="4">加熱側表面の有機物が
1 m^2 につき 100 g 以下のもの</td></tr>
<tr><td>厚さ 9 mm 以上の硬質木片セメント板
（かさ比重が 0.9 以上のもの）</td></tr>
<tr><td>厚さ 30 mm 以上の木片セメント板
（かさ比重が 0.5 以上のもの）</td></tr>
<tr><td>厚さ 6 mm 以上のパルプセメント板</td></tr>
<tr><td>三</td><td>上記一，二を除く材料</td><td>材料に含まれる有機物が
1 m^2 につき 200 g 以下のもの</td></tr>
</table>

参考 建築物の耐火・防火に関する最近の動向

(1) 関連法令の性能規定化の進展

建築基準法・同施行令などの法令では，防火材料だけではなく，地域，建築物，建築構造に関しても，耐火・防火の観点からいくつかの種類を規定している．主なものとして，以下が挙げられる．

- **地　域**：防火地域，準防火地域
- **建築物**：耐火建築物，準耐火建築物
- **建築構造**：耐火構造，準耐火構造，防火構造

実際の建築物では，これらの種類，また建築物の用途・規模・階数，あるいは部屋や建築部位の種類などにより，建築材料の使われ方も細かく規定される．

これらに関する法令は常に見直しされ，改善がはかられている．従来の法令では，いわゆる仕様規定が基本であった．近年は性能規定の考え方がより進展し，市街地の安全性の確保，既存建築物の活用，木材資源の利用などの観点から，建築技術や消防力の向上を背景に，より総合的・弾力的に建築物の耐火・防火性能を規定するようになっている．

規模や階数によっては木造耐火建築物も実現しており，このような建築物の数は累計で6000を超えている．また，最近の法令の改正により，従来の耐火建築物ではなくとも，それと同等の性能を有する建築物であれば防火地域に建設することが可能となった．具体的な例としては，外壁と軒裏を75分または90分準耐火構造とし，開口部に防火戸を設け，建物内部に適切な防火区画と消火設備を設置して延焼抑制性能を確保した3階建ての建築物であれば，防火地域に建てることができる．この建築物の場合，火災中の非損傷性，遮熱性，遮炎性は耐火建築物と変わりなく，かつ**燃えしろ設計**により，いわゆる「あらわし」の木造部材も可能である．

(2) 耐火・防火的な木造建築物の発展

上述した背景により，近年は階数が多く規模も大きい木造建築物が増えており，この傾向はますます強くなっている．

図10.2は，木質材料による柱，はりなどの構造部材の耐火構造の例である．部材の主な種類には，被覆型，燃え止まり型，鉄骨内蔵型の3種類がある．最近は3時間耐火の木質部材も認定されている．

図 10.3 は，木造耐火構造（1 時間耐火）の外壁の構成例である．この例では，強化石こうボードによる防火被覆が壁の両面に施されており，屋外側は耐水性のボードである．□

	方策 1（被覆型）	方策 2（燃え止まり型）	方策 3（鉄骨内蔵型）
概要		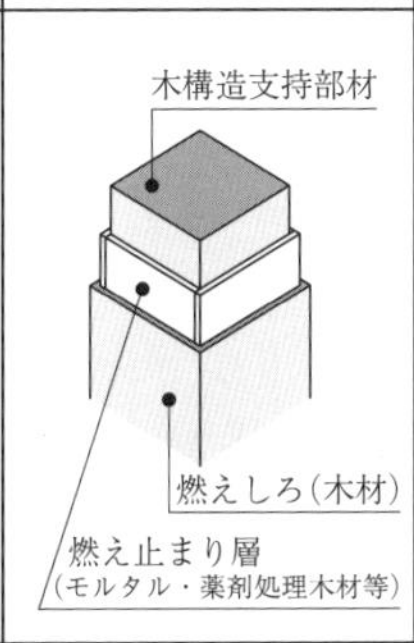	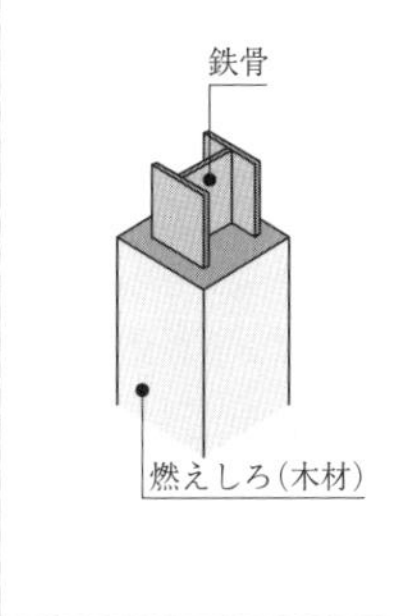
構造	木造	木造	鉄骨造＋木造
特徴	木構造部を耐火被覆し燃焼・炭化しないようにする	加熱中は燃えしろが燃焼し，加熱終了後，燃え止まり層で燃焼を停止させる	加熱中は燃えしろが燃焼し，加熱終了後，燃えしろ木材が鉄骨の影響で燃焼停止する
樹種	制限なし	スギ，カラマツ等	ベイマツ・カラマツ
部位	外壁・間仕切壁・柱床はり・階段・屋根	柱・はり	柱・はり

図 10.2　木質材料による耐火構造の例
（提供：京都府木材組合連合会，桜設計集団一級建築士事務所）

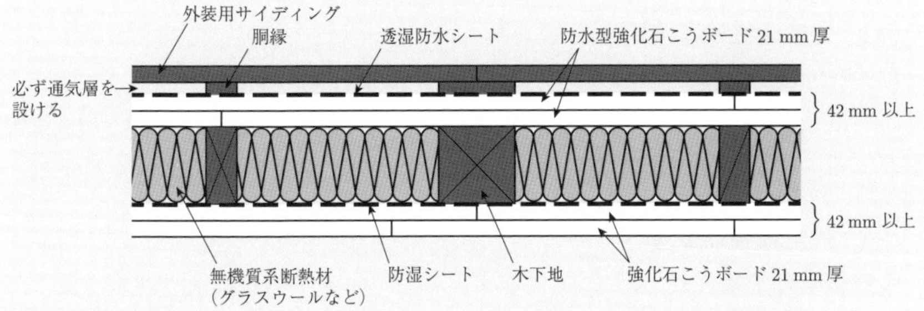

図 10.3　木造耐火構造の外壁の例（1 時間耐火，水平断面図）

10.4　耐火被覆工法

鋼構造建築物などにおいては，耐火性を確保するため，構造部材などを不燃材料により耐火被覆する．以下に，鋼構造の主な**耐火被覆工法**を説明する．

(1)　乾式吹付け工法，半湿式吹付け工法

吹付けロックウール工法は今日広く用いられる耐火被覆工法であり，主材料のロックウールと結合材のセメントとを混合状態にして吹き付け，固化させるものである．この工法には乾式と半湿式があるが，多くの場合（9 割程度）は半湿式工法が採用される．

乾式工法では，ロックウールとポリマーセメントを吹付け機のノズル先端で水と混ぜ合せ，吹き付ける．一方，**半湿式工法**では，ロックウールとセメントスラリー（セメントに水を混ぜたもの）をポンプで別々に圧送し，吹付け機のロックウールホース内にスラリーホースを挿入し，吹き付ける工法である．

吹付けロックウール工法は断熱性に優れ，複雑な形状の箇所にも簡単に施工できる．一方で，施工時に粉塵が発生することや，所定の被覆厚さを確保することに留意する必要がある．写真 10.1 に吹付け工法の例を示す．

写真 10.1　吹付け工法の例
（半湿式工法）
（写真提供：ノザワ）

(2)　湿式吹付け工法

湿式吹付け工法とは，ロックウール，モルタル，石こうなどの原料を水であらかじめモルタル状に混練し，吹き付ける工法である．粉塵の発生は乾式・半湿式より少ないが，ポンプ圧は高くなるため，それに対応した施工機器が必要となる．

(3)　成形板張り工法

成形板張り工法とは，図 10.4 に示すように，鉄骨を繊維混入ケイ酸カルシウム板，石こうボード，ALC 板などの不燃性の板材で被覆する乾式工法である．耐火被覆の品質管理がしやすく，成形板に下地処理を施せば仕上げも可能である．

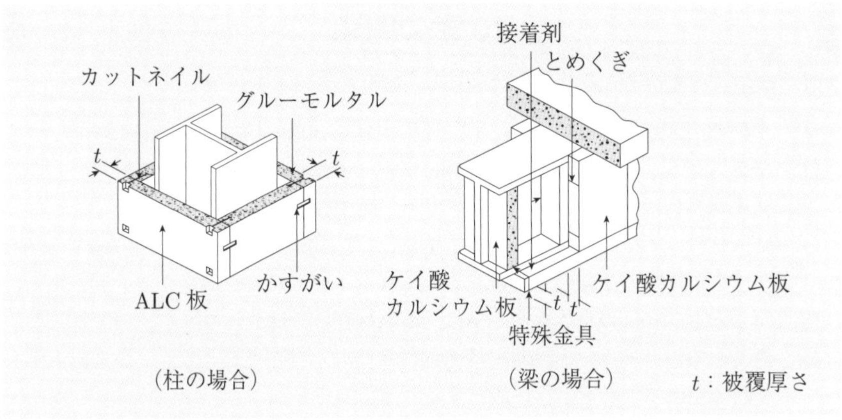

図 10.4　成形板張り工法の例 [1]

(4)　巻付け工法

巻付け工法とは，平成 12 年の建築基準法の改正後に適用されるようになった工法であり，軽量で薄く柔軟性のある耐火被覆材を鉄骨に巻き付け，これを固定ピンで鉄骨に固定する工法である．固定ピンは鉄骨に溶接固定される．耐火被覆材には，高耐熱ロックウールフェルトやセラミック繊維フェルトが使用される．高耐熱ロックウールフェルトとは，通常品より耐熱性に優れ熱収縮の小さいロックウールをフェルト状にし，表面に不燃性不織布を用いたものである．セラミック繊維フェルトとは，アルミナ系のセラミック繊維をフェルト状にし，表面に不燃性不織布を用いたものである．巻付け工法は被覆材が軽量で薄いこと，品質が安定していること，施工時・供用時にほとんど粉塵が発生しないこと，などが利点である．写真 10.2 に巻付け工法の例を示す．

写真 10.2　巻付け工法の例
（写真提供：ノザワ）

10章の問題

□**1**　次の各記述がそれぞれ正しければ○，誤りならば×を付けよ．

①　木材の引火点は約240～270°C，発火点は約425～485°Cの範囲にある．

②　プラスチックの発火点と引火点はほぼ同じ温度範囲内に存在する．

③　防火材料には，不燃材料，準不燃材料，難燃材料の3種がある．

④　防火材料は，所定の時間，「燃焼しない」，「変形など有害な損傷を生じない」，「有害な煙またはガスを発生しない」のいずれか1つの項目を満足する必要がある．

⑤　厚さが9.5 mmの石こうボードは，不燃材料に分類される．

⑥　燃えしろ設計とは，火災時に構造部材表面の木材が燃焼しても，構造耐力上必要な断面が保持されるように設計することである．

⑦　耐火被覆工法で，巻付け工法は半湿式吹付け工法に比べて，施工時に粉塵が発生しやすい．

□**2**　次の各記述について説明せよ．

(1)　燃焼が起こる3条件について述べよ．

(2)　バックドラフトとフラッシュオーバーの燃焼現象について説明せよ．

第11章

断熱材料

断熱材料による熱流の制御は，我が国古来の開放系の建築物では，強くは意識されなかったが，現在のように密閉度の高い建築物では，快適な温熱環境を確保する上で不可欠である．特に近年は暖房負荷削減を意図した省エネルギー建築が強く望まれており，断熱の重要性は増加している．また，結露による腐食，腐朽防止，および躯体の温度変化による劣化防止など，建築物の耐久性の観点からも断熱は必要である．熱流の制御には，壁をはじめとする建築各部位の断熱性能の評価が必要である．本章では，そのための基礎的な計算法を紹介するとともに，計算の基となる各種断熱材料の熱的性質および特徴も説明する．また断熱材料を用いた断熱構法について，躯体の種類ごとにいくつかの具体例を紹介する．

11.1 断熱の目的

住宅をはじめとする種々の建築物における居住後評価で，苦情の対象となる例が最も多いのが，熱と音に関する問題である．このうち，熱に関する問題としては，冬寒く夏熱い，暖房（冷房）をつけてもなかなか暖まらない（冷えない），結露が生じ汚れやかびなどが発生したり床がすべったりする，などといった例が挙げられる．また，**結露**は建築物の耐久性にも大きな影響を及ぼす．**断熱材**は，このような現象を未然に防ぐ目的で，外壁を中心に屋根や床，場合によっては内壁や天井などの各部位に施されるものである．すなわち，断熱の目的としては，居住空間の熱的快適性の確保，空調効率の向上による省エネルギー化，結露の防止による安全，衛生性の確保と耐久性の向上などが挙げられる．

表 11.1(a) 主要建築材料の熱的性質 [2]

材料分類	材料名	熱伝導率 λ (W/m·K)	比熱 C (kJ/kg·°C)	密度 ρ (kg/m^3)
金属	鋼材	53	0.5	7830
	アルミニウム	204	0.92	2700
ガラス	板ガラス	0.78	0.75	2540
セメント系	ALC	0.17	1.09	500～700
	コンクリート	1.6	0.80	2300
	モルタル	1.5	0.80	2000
	石こうプラスター	0.62	0.84	1950
	瓦，スレート	0.96	0.75	2000
	タイル	1.3	0.84	2400
	普通れんが	0.62	0.84	1650
塗材	しっくい	0.7	0.88	1300
	繊維質上塗材	0.12	—	500
畳	畳	0.11	2.30	230
	化学畳	0.065	1.30	200
木材	木材	0.12	1.30	400
	木材	0.16	1.30	600
	合板	0.16	1.30	420～660
石こう・セメント・スレート板	石こうボード	0.22	1.13	700～800
	石綿セメントケイ酸カルシウム板	0.12	0.75	600～900
	石綿スレート	0.96	1.22	1500

［注］ 熱伝導率は一般には温度 20～25 °C で，湿度約 60 %の条件の値である．

11.2　断熱性能の計算法

建築部位の断熱性を評価するためには，部位を構成する各材料内の熱の伝わりやすさを表す指標である**熱伝導率**を把握する必要がある．熱伝導率の定義は，次のとおりである．物体内の単位面積を単位時間に通過する熱量 q（$\mathrm{W/m^2}$）は，物体内の温度勾配 $(\theta_0 - \theta_1)/x$（K/m）に比例し，下式で表される．

$$q = \lambda \frac{\theta_0 - \theta_1}{x}$$

ここで，θ_0 は熱の伝わるもとの側，θ_1 は先の側の温度を，x は両点間の距離を表す．この式中の比例定数 λ が熱伝導率であり，大きいほど熱が伝わりやすいことを表す．単位は，W/(m·K)（ここで W = J/s）などとなる．表 11.1 に，主要建築材料の熱伝導率を示す．表に示すように，断熱材の熱伝導率は他の材

表 11.1(b)　主要建築材料の熱的性質 [2]

材料分類	材料名	熱伝導率 λ (W/m·K)	比熱 C (kJ/kg·°C)	密度 ρ ($\mathrm{kg/m^3}$)
木質繊維板	インシュレーションボード	0.045〜0.070	1.30	200〜400
	硬質繊維板	0.17	1.30	950 以下
	パーティクルボード	0.15	1.30	400〜700
	断熱木毛セメント板	0.10	1.68	400〜600
	木片セメント板	0.17	1.68	1000 以下
繊維系断熱材	グラスウール(ウール)	0.042〜0.049	0.84	
	グラスウール保温板	0.042〜0.046	0.84	32〜64
	ロックウール保温板	0.044	0.84	40〜100
	吹込み用グラスウール	0.052	0.84	13〜20
	セルローズファイバー	0.044	1.26	30
	吹付けロックウール	0.047	0.84	200
発泡プラスチック系断熱材	ビーズ法ポリスチレンフォーム	0.034〜0.043		15 以上
	押出法ポリスチレンフォーム	0.028〜0.040	1.01〜1.51	20 以上
	硬質ウレタンフォーム	0.024		35〜45
	吹付け硬質ウレタンフォーム	0.025		25 以上
	高発泡ポリエチレン	0.043	1.01〜1.59	40〜65
	フェノールフォーム保温板	0.030		30 以上
その他	水	0.6	4.2	998
	氷	2.2	2.1	917
	空気	0.022	1	2.3

料と比較して小さい．

熱伝導率は，1 つの材料内の熱の伝わりやすさを表す指標であるが，壁，屋根，床などの建築部位は，通常，複数の材料が何層か積層されて構成されている．このような部位の断熱性能を表す指標として，**熱貫流抵抗** R が用いられる．熱貫流抵抗の定義は，次のとおりである．建築部位の両側に温度差があり，高いほうの温度が θ_0（°C），低いほうが θ_1（°C）の場合に，その部位の面積 A（m^2）の範囲を時間 t（s）の間に移動する貫流熱量 Q（J）は，下式で表される．

$$Q = K(\theta_0 - \theta_1)\,At$$

この式中の比例定数 K が**熱貫流率**であり，その逆数，すなわち $1/K$ が熱貫流抵抗である．単位は，$\mathrm{m^2{\cdot}K/W}$ などとなる．そして，複数の材料が積層されて構成された部位の熱貫流抵抗 R は，下式で算出することができる．

$$R = \frac{1}{\alpha_0} + \sum \frac{d_i}{\lambda_i} + \frac{1}{\alpha_1}$$

ここで

d_i：当該部位を構成する i 層の厚さ

λ_i：当該部位を構成する i 層の熱伝導率

α_0，α_1：当該部位表面空気層の熱貫流率

α_0，α_1 は，部位表面のテクスチャなどが影響し，凹凸があるほうが小さい値（断熱性が高い）となるが，一般には屋内の場合 5〜8 $\mathrm{W/(m^2{\cdot}K)}$ 程度となる．また，屋外の場合は風速によっても変化するが，通常，風速 2 m/s として 22 $\mathrm{W/(m^2{\cdot}K)}$ を標準とする．

この式を用いれば，ある部位を構成する各層の厚さと使用されている材料の熱伝導率から，その部位の熱貫流抵抗を算出することができ，貫流熱量を把握することができる．

例えば，図 11.1 に示す外壁の場合，屋外側から d_i/λ_i を計算すると，

- モルタルの厚さ $d_1 = 20\,\mathrm{mm} = 0.02\,\mathrm{m}$，熱伝導率 $\lambda_1 = 1.5\,\mathrm{W/(m{\cdot}K)}$
  よって $d_1/\lambda_1 = 0.013\ \mathrm{(m^2{\cdot}K)/W}$
- 合板の厚さ $d_2 = 18\,\mathrm{mm} = 0.018\,\mathrm{m}$，熱伝導率 $\lambda_2 = 0.16\,\mathrm{W/(m{\cdot}K)}$
  よって $d_2/\lambda_2 = 0.113\ \mathrm{(m^2{\cdot}K)/W}$

- グラスウールの厚さ $d_3 = 90\,\mathrm{mm} = 0.09\,\mathrm{m}$，熱伝導率 $\lambda_3 = 0.044\,\mathrm{W/(m{\cdot}K)}$
  よって $d_3/\lambda_3 = 2.045\ (\mathrm{m^2{\cdot}K})/\mathrm{W}$
- 石こうボードの厚さ $d_4 = 12.5\,\mathrm{mm} = 0.0125\,\mathrm{m}$，熱伝導率 $\lambda_4 = 0.22\,\mathrm{W/(m{\cdot}K)}$
  よって $d_4/\lambda_4 = 0.057\ (\mathrm{m^2{\cdot}K})/\mathrm{W}$
- 塩化ビニル製壁紙の厚さ $d_5 = 0.5\,\mathrm{mm} = 0.0005\,\mathrm{m}$，熱伝導率 $\lambda_5 = 0.17\,\mathrm{W/(m{\cdot}K)}$
  よって $d_5/\lambda_5 = 0.003\ (\mathrm{m^2{\cdot}K})/\mathrm{W}$

となり，$\sum d_i/\lambda_i = 2.231\ (\mathrm{m^2{\cdot}K})/\mathrm{W}$ となる．また，屋外側表面空気層の熱貫流率 α_{o} を $22\,\mathrm{W/(m^2{\cdot}K)}$，屋内側表面空気層の熱貫流率 α_{i} を $8\,\mathrm{W/(m^2{\cdot}K)}$ とすると，熱貫流抵抗 $R = 1/22 + 2.231 + 1/8 = 2.401\ (\mathrm{m^2{\cdot}K})/\mathrm{W}$ となり，熱貫流率 $K = 1/R = 0.416\,\mathrm{W/(m^2{\cdot}K)}$ となる．したがって，仮にこの壁の屋外側と屋内側の温度差 $\theta_{\mathrm{o}} - \theta_{\mathrm{i}} = 10\,{}^\circ\mathrm{C}$ で、この壁の面積 $A = 21\,\mathrm{m^2}$ だとすると、この壁内を時間 $t = 1\,\mathrm{s}$ の間に移動する貫流熱量 $Q = K(\theta_{\mathrm{o}} - \theta_{\mathrm{i}})At = 87.4\,\mathrm{J}$ となる．ちなみに，建築物全体としての断熱性能の指標としては，屋内外の温度差が $1\,{}^\circ\mathrm{C}$ の場合に時間 $t = 1\,\mathrm{s}$ の間に屋内から屋外に流出する熱量を延べ床面積で除した Q 値（単位は $\mathrm{W/(m^2{\cdot}K)}$）が用いられる．

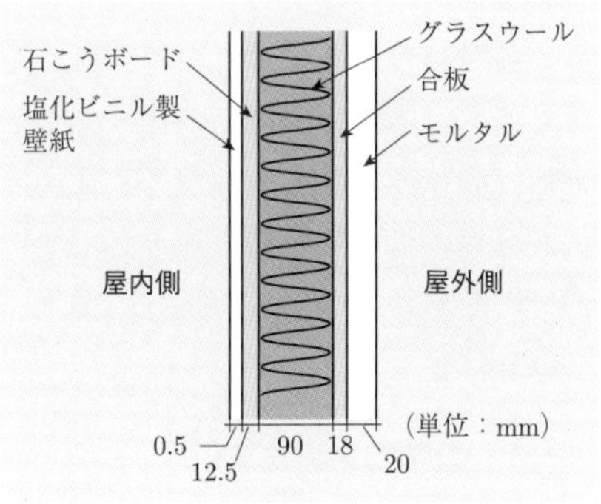

図 11.1　熱貫流抵抗の計算に用いた外壁の例

なお，物体の熱的性質を表す指標には，熱伝導率以外にもいくつかの種類がある．比熱 C（$\mathrm{kJ/kg{\cdot}{}^\circ C}$）も，その 1 つである．比熱とは，単位質量の物体の温度を単位温度上昇させるのに必要な熱量である．表 11.1 に，主要建築材料の比熱を示す．また，比熱に物体の質量を乗じたものを熱容量 c（$\mathrm{kJ/{}^\circ C}$）という．熱容量は，物体の熱しにくさ，冷めにくさを表す指標であり，建築的には，各材料の蓄熱性能を把握する際必要となる．

11.3　熱の伝達と断熱のメカニズム

(1)　熱の伝達のメカニズム

熱の伝達メカニズムには，**伝導**と**対流**，**輻射**の3種がある．このうち，伝導は，物体内の熱の移動によるもので，熱伝導率は伝導による熱の伝わりやすさを表す指標である．

輻射は，電磁波および粒子線の形で熱源から熱が放出されるもので，太陽の熱が真空の宇宙空間でも伝達されるのはこの輻射によるものである．建築空間の居住性の観点からは，屋根などにおける太陽からの輻射熱の遮断が重要である．輻射熱の遮断には，アルミはくを熱源に面して使用するのが有効である．

対流は，ある程度以上の体積を有する気体や液体の一部分が熱せられたとき，気体，液体内に生じる温度差にともなう密度差の影響で，熱を持った気体，液体が温度の低い部分に移動することにより，熱が伝達されるものである．建築部位の断熱性について検討する場合，この対流による熱伝達に注意する必要がしばしば生じる．

(2)　断熱のメカニズム

材料の熱伝導率は，その材料の**密度**と深い関係がある．主要建築材料の熱伝導率を示した表11.1に，各材料の密度を示す．表には，参考として，空気と水，氷の熱伝導率および密度も示した．表から，密度の大きい材料ほど熱伝導率は大きい傾向があること，および空気の熱伝導率は他のいずれの材料よりも小さく，種々の断熱材の熱伝導率がこれに続いていることがわかる．一般に，断熱材とは，内部に多くの空気を含ませ，この空気の熱伝導率の小ささを利用して断熱性を付与した材料と見なすことができる．

このように考えると，壁などの建築部位内にできるだけ厚い空気層を設けるのが，断熱の観点から最も効果的と思われがちである．しかし，実際には，空気のみの層より，固体と空気が混在している層のほうが，断熱性は高い．例えば，**繊維質系断熱材**の場合，充填密度が小さい，すなわち空気をできるだけ多く含んでいるほど熱伝導率が小さくなるのではなく，材料ごとに熱伝導率が最も小さくなる充填密度が存在し，それより充填密度が小さくても熱伝導率は大きくなる，すなわち断熱性は低下する．

これは，(1)で述べた対流の影響によるものである．充填密度が極端に小さい繊維質系断熱材では，内部に含まれる空気が対流を起こし，断熱性は低下する．充填密度がある程度以上大きければ，内部の空気は小さな体積に分断されるため，対流は起きにくくなる．より高い断熱性を得るためには，材料内部により多くの空気を含ませるだけでなく，内部の空気が対流を起こさないよう，個々の空隙の体積や形状に留意する必要がある．

(3)　断熱材料に対する水分の影響

断熱材の熱伝導率は，一般に絶乾時が最も小さく，含水率が高くなるとともに大きくなる．これは，空気と水の熱伝導率の違いによるものである．表 11.1 に示したように，水の熱伝導率は空気の約 30 倍である．材料の含水率が高くなるということは，内部に含まれる空気が水に置き換わることを意味しており，この部分を熱が伝わりやすくなるため，熱伝導率が大きくなるのである．したがって，断熱材の使用にあたっては，材料内部への湿気の侵入と，内部での湿気の結露（断熱材内部は温度勾配が大きいため結露しやすい）による含水率の上昇に，十分な留意が必要である．特に，断熱の重要性が高い寒冷地では，材料内に侵入，残留した水分が夜間などに凍結する可能性がある．氷の熱伝導率は，表 11.1 に示したように，水よりもさらに大きく空気の約 100 倍であり，断熱性の低下はより大きなものとなる．

11.4　断熱構法の種類と特徴

断熱構法は，建築物の躯体と断熱層の位置関係によって，**内断熱**（**躯体内断熱**）と**外断熱**に分けることができる．その概要を，図 11.2 に示す．

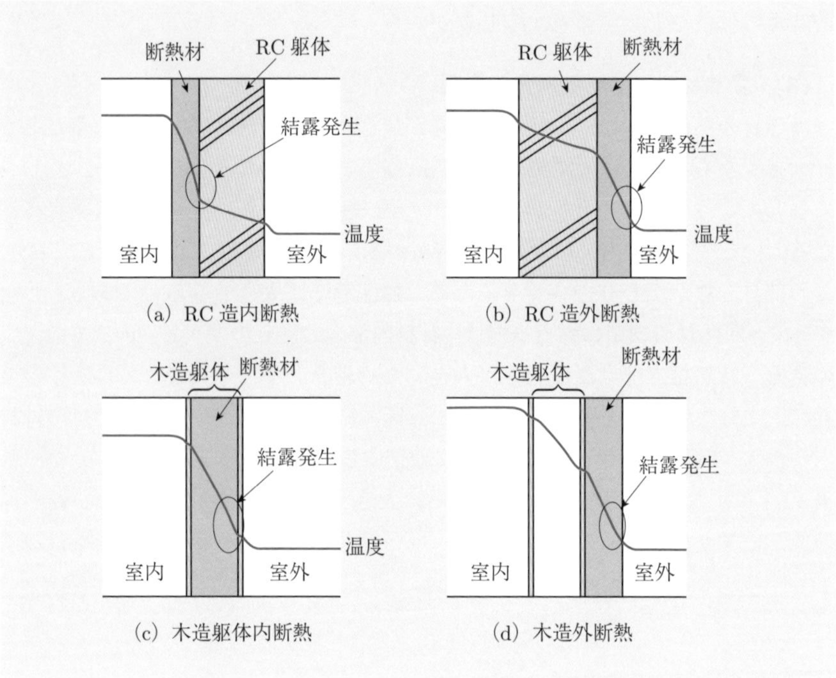

(a) RC 造内断熱　(b) RC 造外断熱

(c) 木造躯体内断熱　(d) 木造外断熱

図 11.2　断熱構法の種類

図 11.2(a) は，RC 造建築物で一般的な内断熱構法，すなわち躯体の室内側に断熱材を施した構法を示したものである．図には，冬季における室内から室外にかけての温度の変化を表す曲線も示した．図に示すように，暖房の影響により室内側で高い温度は，断熱材内で急激に低下し，その後，躯体であるコンクリート内で若干低下して室外側の温度に達する．この場合，断熱材内の躯体に近い部分（図参照）で空気中の水蒸気が飽和状態に達し，結露が発生する．この結露による水分は，逃げ場がないため断熱材内に蓄積され，11.3 節で述べたように断熱材の断熱性を著しく低下させる．

これに対し，図 11.2(b) は，RC 造での外断熱構法，すなわち躯体の室外側に断熱材を施した構法を示したものである．この場合，温度曲線は図に示すようになり，断熱材内の室外に近い部分で結露が発生するが，この位置では水分は室外側に逃げることができるため蓄積されず，断熱材の断熱性に悪影響を及ぼしにくい．また，図 11.2(a) と (b) を比較すると，コンクリート躯体の温度に大きな差があることがわかる．(b) の外断熱構法では，熱容量の大きいコンクリート躯体に室内の熱を蓄熱できるため，一度暖まったら冷めにくい，熱効率の良い室内空間を得ることができる．すなわち，省エネルギー効果がある．

一方，図 11.2(c) は，木造建築物で一般的な躯体内断熱構法，すなわち躯体（大壁）の内部に断熱材を施した構法を示したものである．この場合，温度曲線は図に示すようになり，断熱材内，すなわち躯体内で結露が発生する．この結露による水分は，逃げ場がないため断熱材内や躯体内に蓄積される．木造建築物では，躯体内に蓄積された水分は腐朽を促進させ，耐久性を極端に低下させる直接的な原因となる．また，断熱材の断熱性も低下させる．

これに対し，図 11.2(d) は，木造での外断熱構法を示したものである．この場合，図 11.2(b) と同様，結露による水分は断熱材内に蓄積されないため，躯体の耐久性や断熱材の断熱性への悪影響は避けることができる．ただし，木造の場合，躯体の熱容量は小さいため，RC 造で見られたような省エネルギー効果は期待できない．

以上を簡単にまとめると，同じ外断熱構法でも RC 造建築物と木造建築物ではその主目的が異なり，RC 造では主に省エネルギー効果を期待して外断熱構法が採用されるのに対し，木造では躯体の耐久性確保の観点から有効な構法と位置付けられることがわかる．

11.5 断熱材料の種類と特徴

断熱材料は，繊維質系断熱材と多孔質系断熱材に大別できる．以下に，それぞれの種類と特徴を記す．

(1) 繊維質系断熱材

繊維質系断熱材としては，**グラスウール**，**ロックウール**，**軟質繊維板**（インシュレーションボード）などが挙げられる．

グラスウールは，溶融ガラスを直径数 μm の微細な繊維とし綿状にしたもので，現在，住宅用断熱材の主流となっている．ボード状のもの，フェルト状のもののほか，ばら状で現場にて壁体内や天井裏などに吹き込むタイプのものもある．ボード状のものは厚さ 12〜50 mm 程度，フェルト状のものは 50〜100 mm 程度が一般的である．なお，ガラスはぬれやすい材料であることもあり，グラスウールは結露水により断熱性が大幅に低下するので，室内側には必ず防湿層を設け，結露防止対策を施す必要がある．写真 11.1 に，グラスウールの例を示す．

写真 11.1 グラスウールの例（写真提供：硝子繊維協会）

ロックウールは，安山岩，玄武岩など耐熱性の高い鉱物を原料に，高温で溶融して微細な繊維とし綿状にしたものである．製品の形態や性能はグラスウールと同様であり，結露防止対策として室内側に防湿層を設ける点も同様である．なお，耐熱性は，グラスウール（300 °C 程度）と比較してロックウール（400〜650 °C 程度）のほうが高い．写真 11.2 に，ロックウールの例を示す．

ロックウールボード　　ロックウールベルト

写真 11.2　ロックウールの例（写真提供：ニチアス）

軟質繊維板は，ボード状で，ほとんどが 11.6 節で述べる張付け工法で施工される．厚さは 9～12 mm 程度と比較的薄いものが一般的であり，単独で高い断熱性を期待するには無理がある．

(2)　多孔質系断熱材

多孔質系断熱材としては，**ポリスチレンフォーム**，**硬質ウレタンフォーム**，**ポリエチレンフォーム**などが挙げられる．これらの熱伝導率は，一般に，繊維質系断熱材よりさらに小さい．

多孔質系断熱材のうち最も代表的なものが，ポリスチレンを発泡させたポリスチレンフォームである．製品はボード状で，厚さは 20～100 mm 程度が一般的であるが，ビーズ状で現場にて壁体内や天井裏などに吹き込むタイプのものもある．また，透湿性が小さいため，一般に防湿層を設ける必要はない．ただし，グラスウールなどの無機系材料と比較すると，耐熱性が乏しく，最高使用温度は一般に 70 °C 程度である．写真 11.3 に，ポリスチレンフォームの例を示す．

硬質ウレタンフォームは，ウレタン樹脂の発泡体をボード状に成形したもので，種々の断熱材の中でも，最も熱伝導率が小さい部類の 1 つである．ウレタン樹脂の接着性を利用して，種々の板状材料と一体化された製品も多い．また，現場で吹き付けるタイプのものもある．硬質ウレタンフォーム自体の厚さは，10～25 mm 程度が一般的だが，100 mm といったものもある．写真 11.4 に，硬質ウレタンフォームの例を示す．

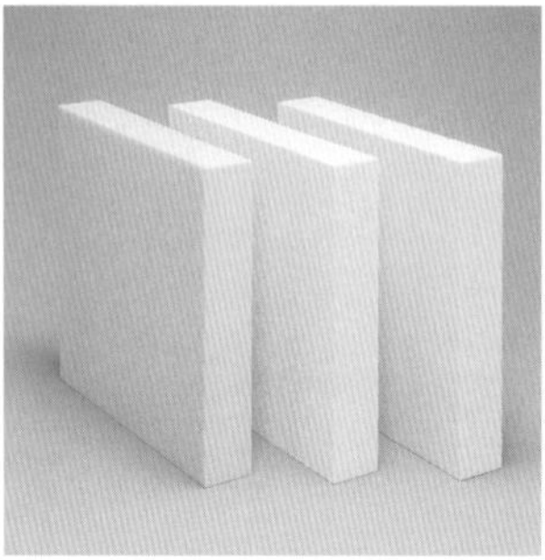

写真 11.3 ポリスチレンフォームの例
（写真提供：押出発泡ポリスチレン工業会）

写真 11.4 硬質ウレタンフォームの例
（写真提供：ウレタンフォーム工業会）

ポリエチレンフォームは，断熱性は一般にポリスチレンフォームよりやや劣るが，透湿性，吸水性が非常に小さいことが特徴である．厚さの薄い製品は，単独では断熱性が不十分であることから，種々の板状材料に張り合わせて，水分の影響が懸念される箇所に使用されることが多い．

このほか，熱伝導率は 0.1 W/(m·K) 程度と断熱材としては比較的大きいが，650〜1000 °C と高い耐熱性を有する多孔質系断熱材として，スレートの一種でケイ酸質と石灰の粉末をオートクレーブ養生中に反応させ発泡させた**ケイ酸カルシウム板**などがある．

建築物の性能測定（1）：気密性および換気性

断熱性とともに，近年，省エネルギーや快適性，健康維持などの観点から重要視されているのが，**気密性**や**換気性**などの性能である．ここでは，実建築物におけるこれらの性能の測定状況を紹介する．

写真 11.5 に，気密性の測定状況を示す．写真に示すように，窓などに大型の送風機を取り付けた上で，送風機を駆動させて建築物内外で圧力差をつけ，そのときに測定される通気量と圧力差の関係から，気密性の指標である単位床面積あたりの開口面積（C 値，単位は $\mathrm{cm^2/m^2}$）を把握するものである．

写真 11.6 に，換気性の測定状況を示す．白いチューブから無害で無色透明の六フッ化硫黄ガスを散布し，小型のファンで攪拌する．その後，数時間～十数時間程度透明のチューブから採取される空気中のガスの濃度を測定し，その変動から換気性の指標である単位時間あたりの換気回数を把握するものである．

写真 11.5 気密性の測定状況

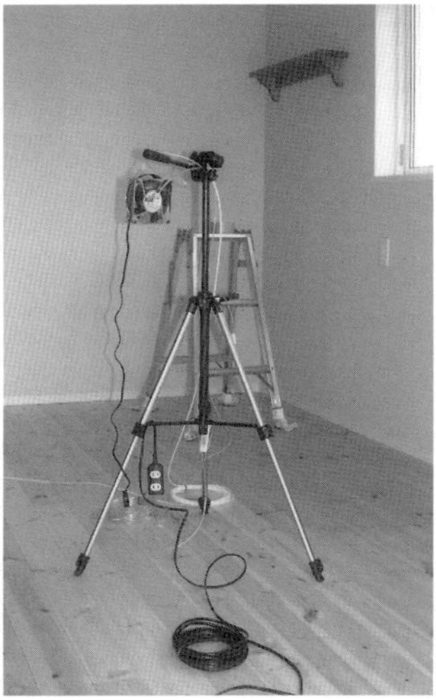

写真 11.6 換気性の測定状況

11.6　断熱材料の施工法

断熱材の施工法には，**充填工法**，**張付け工法**，**打込み工法**，**吹込み工法**，**吹付け工法**などがある．

充填工法とは，軸材，板材で囲まれた部位内部の空間や部位の裏側などにフェルト状およびボード状断熱材を充填する工法である．写真 11.7 に充填工法による施工例を示す．写真は，木造建築物の壁体内にグラスウールを充填し，室内側に防湿シートを施工している状況を示したものである．

張付け工法とは，部位を構成する軸材や板材などにボード状断熱材を張り付ける工法である．写真 11.8 に張付け工法による施工例を示す．写真は，木造建築物の壁体の屋外側にポリスチレンフォームを施工した状況を示したものである．

打込み工法とは，コンクリート型枠のコンクリート側の面にあらかじめボード状断熱材を張り込んでおき，打設後にコンクリート表面の断熱材を残して型枠を解体する工法である．写真 11.9 に打込み工法による施工例を示す．写真は，基礎の型枠にポリスチレンフォームを施工した状況を示したものである．

吹込み工法とは，軸材，板材で囲まれた部位内部の空間や部位の裏側などにばら状およびビーズ状断熱材を吹き込む工法である．写真 11.10 に吹込み工法による施工例を示す．写真は，木造建築物の天井裏にグラスウールを施工している状況を示したものである．

吹付け工法とは，スプレーガンなどを使用して断熱材を軸材，板材に吹き付ける工法である．写真 11.11 に吹付け工法による施工例を示す．写真は，木造建築物の壁体内に現場発泡型の硬質ウレタンフォームを施工している状況を示したものである．

写真 11.7　充填工法による施工例
（写真提供：硝子繊維協会）

写真 11.8　張付け工法による施工例
（木造建築物外断熱構法）
（写真提供：押出発泡ポリスチレン工業会）

写真 11.9　打込み工法による施工例
（写真提供：押出発泡ポリスチレン工業会）

写真 11.10　吹込み工法による施工例
（写真提供：硝子繊維協会）

写真 11.11　吹付け工法による施工例
（写真提供：ウレタンフォーム工業会）

11 章の問題

□**1**　次の各記述がそれぞれ正しければ○，誤りならば×を付けよ．

①　熱伝導率とは，材料内の熱の伝わりやすさを表す指標であり，大きいほど断熱性が高いことを意味する．

②　熱の伝達のメカニズムには，伝導，対流，輻射の 3 種がある．

③　熱容量とは，物体の熱しにくさ，冷めにくさを表す指標であり，熱容量が大きい材料ほど，蓄熱の観点から有効である．

④　熱貫流抵抗と熱貫流率とは，逆数の関係である．

⑤　木造建築物の外断熱構法は，省エネルギー効果が期待できる構法である．

⑥　断熱材の断熱性は，水分の影響を受けやすく，一般に含水率が高くなるほど大きくなる．

□**2**　図 11.3 に示す壁体について，次の問に答えよ．

条件：外気側温度 $\theta_o = 36.0\,°\mathrm{C}$，外気側熱貫流率 $\alpha_o = 23$（$\mathrm{W/(m^2 \cdot K)}$）
室内側温度 $\theta_i = 26.0\,°\mathrm{C}$，室内側熱貫流率 $\alpha_i = 8$（$\mathrm{W/(m^2 \cdot K)}$）

(1)　熱貫流抵抗 R（$\mathrm{m^2 \cdot K/W}$）を求めよ（表 11.1 参照）．

(2)　面積を 20（$\mathrm{m^2}$）としたときの 1 時間あたりの貫流熱量 Q（kJ）を求めよ．

(3)　各境界層における境界面温度を求めよ．ただし，

境界面温度 $\theta_n = \theta_{n-1} - (r_n{}^{※}/R) \times (\theta_o - \theta_i)$
※各層の熱貫流抵抗 $r_n = d_n/\lambda_n$

により求められる．

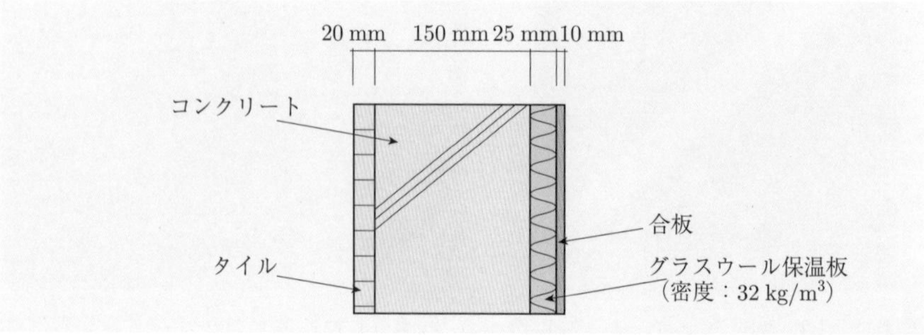

図 11.3

第12章

吸音・遮音材料

快適な居住性確保のためには，音の制御も重要な技術の１つである．音環境制御のためには，建築部位の吸音性，遮音性の制御が必要であり，その目的で使用される材料が吸音，遮音材料である．これらの材料を理解するためには，音の性質や吸音，遮音のメカニズムの把握，および吸音，遮音性能の表示法などに関する知識が必要である．また音の制御，特に遮音性について検討する場合，材料単体では限界があり，各種材料を組み合わせた構法としての考え方が重要となる．本章では，吸音・遮音材料の特徴や性能表示法に関する基礎的事項を説明するとともに，構法の具体例について紹介する．

12.1 吸音・遮音の目的

音の問題は，熱と並んで，住宅などでの居住後評価において苦情の対象となる事例が最も多い問題の1つである．音は，空気などの媒介物中を粗密波として伝搬する波動を，人間が聴覚で感じとるものである．音の観点から建築部位に要求される性能としては，**吸音性**，**遮音性**，**発音性**，**防音性**などが挙げられるが，このうち居住性確保の観点から特に重要で，古くから一般的な建築物の設計の際の検討事項に取り入れられているのは，吸音性と遮音性である．

図12.1に，吸音と遮音の概念を示す．図に示すように，壁や床などの建築部位に入射した音（I）は，入射してきた方向に反射する分（R）と，部位の反対側に透過する分（T），および部以内に吸収される分（A）の3種に分かれる．

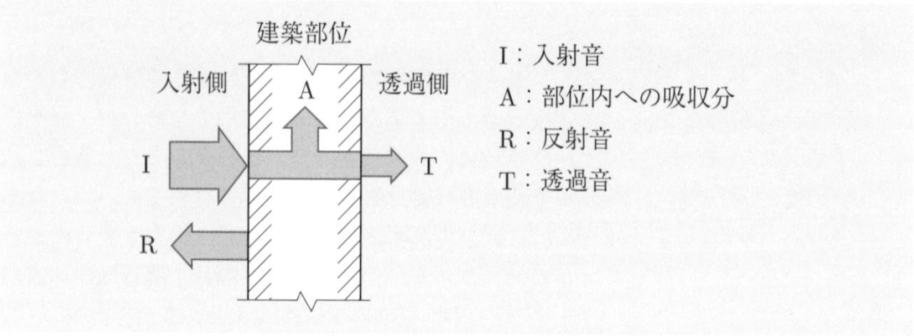

図12.1 吸音，遮音の概念[2]

ここで，吸音とは，入射音がどれだけ反射してこないかを表す概念である．建築部位の吸音性は，部位で囲まれた空間内に存在する音源による，その空間内の音環境を左右する．具体的には，音声の聞き取りやすさや，音楽などを聞いたときの豊かさなどに影響する．一般に，吸音率が低い空間では，音が長い間響き（残響時間が長くなり）エコーがかかったような状態になり，音声が聞き取りにくくなる．一方，吸音率が高い空間では，音の余韻がほとんど残らない（残響時間が短い）ため，音環境自体の豊かさがなくなってしまう．このように，一般の空間では，適度な吸音性を有することが肝要であるが，放送局や音楽録音用スタジオなどでは，その用途上，高い吸音性が求められる．

一方，遮音とは，入射音がどれだけ透過しないかを表す概念である．建築部位の遮音性は，部位で囲まれた空間外に存在する音源による，空間内の音環境を左右する．遮音性の高い部位で囲まれた空間では，外部で発生した音が内部に伝わりにくい．各種交通機関や事業所，オーディオ機器や楽器，さらには話し声までも含む生活音など，周囲に存在する様々な音源からの音を遮断し空間内の静寂を確保するためには，高い遮音性が必要となる．

また，このように外部にある音源からの音に対する遮音性のほかに，建築部位自体が音源となる場合の遮音性についても，考慮する必要がある．すなわち，上階の床や壁などに外部から衝撃が加わり，この影響で内部に騒音が発生する場合である．このような音を**衝撃音**といい，特に上階の床に衝撃が加わり下階に発生する衝撃音を**床衝撃音**という．床衝撃音に関しては，集合住宅における上階での他人の子供の飛び跳ねや物品の落下，引きずりによる音，戸建て住宅における家族の歩行による音などがよく問題となるほか，事務所ビルでも歩行による音が苦情につながった事例が報告されている．

建築物の性能測定（2）：残響特性

建築空間の音環境を左右する重要な特性の 1 つに，**残響特性**がある．写真 12.1 に，実建築物における残響特性の測定状況を示す．写真に示すように，空間の角部に壁面に向けてスピーカを設置するとともに，空間内にマイクロホンを設置し，スピーカの音（通常，各周波数帯域の音が均等に混合された「ホワイトノイズ」を用いる）を瞬時に止めたときの音圧レベルの時間変化から，残響特性の指標である残響時間を求めるものである．

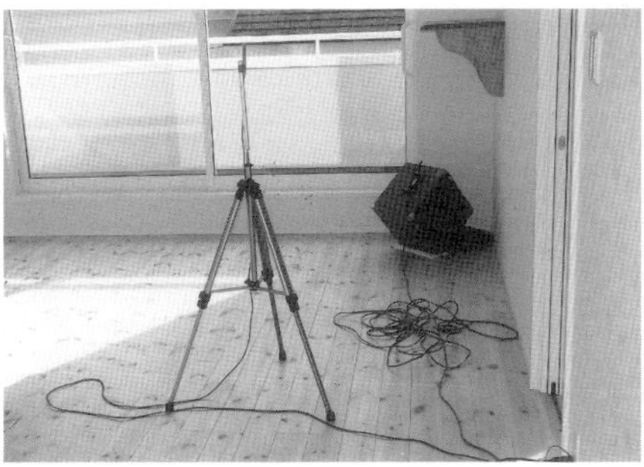

写真 12.1　残響特性の測定状況

12.2 音の指標

(1) 音の強さの表示法

音の物理的な強さは，その音の進行方向に垂直な単位断面を単位時間に通過する運動エネルギーで表すことができる．具体的には，空気中を伝搬する音のエネルギー I は，下式で表すことができる．

$$I = \frac{\rho c a^2 \omega^2}{2}$$

ここで，ρ は空気の密度，c は空気中の音速，a は粒子振動の半振幅，ω は角振動数である．しかし，一般には，ある物理現象に対する人間の大きさ感覚はその物理現象の強さの対数に比例するとする**ウェーバー・フェヒナーの法則**に従って，**音の強さ**は下式の IL で表される．

$$IL = 10 \log \frac{I}{I_0}$$

ここで，I_0 は，人間が聞き取ることのできる最弱可聴音の強さである 10^{-12}（$\mathrm{W/cm^2}$）とする．このように，ある基準となる値（この場合は I_0）に対する比の対数で表示された数値をレベル（この場合は音圧レベル）といい，単位は dB を用いる．

(2) 音の大きさの表示法

人間が感じる**音の大きさ**には，音の物理的な強さのほかに，音の周波数が影響する．人間は，約 20～20000 Hz の範囲の音を聞くことができるが，音に対する敏感さは周波数により異なり，表 12.1 に示すようになっている．この表は，聴覚の敏感さを 1000 Hz を基準として示したもので，例えば 31.5 Hz と 1000 Hz の音を比較した場合，人間の聴覚は 31.5 Hz のほうが 39 dB 鈍感であることを表している．

このように，**周波数依存性**がある現象について周波数ごとの応答，反応特性を示したものを，**周波数特性**という．また，表 12.1 に示す聴覚の周波数特性を A 特性といい，音圧レベルを周波数ごとに A 特性に従って補正したものを A 特性音圧レベル（通称，騒音レベル）（dBA）という．A 特性音圧レベルは，人間が感じる音の大きさを表す指標として，一般的に用いられている．

表 12.1 聴覚の周波数特性

オクターブバンド中心周波数（Hz）	31.5	63	125	250	500	1000	2000	4000
聴覚の敏感さ（dB）	−39	−26	−16	−9	−3	±0	+1	+1

なお，人間の音に対する感覚には，ここまで述べてきた大きさのほかに高さと音色があり，音の大きさ，高さ，音色の 3 つを**音の 3 要素**という．音の高さは，音の周波数と密接な関係があることが明らかにされている．一方，音色は，その音に含まれている周波数成分と深い関係があると考えられているが，いまだ解明されていない部分が多く残されている．

(3) 吸音性能の表示法

図 12.1 に示した建築部位への入射音（I）のエネルギーを I_{I}，反射音（R）のエネルギーを I_{R}，透過音（T）のエネルギーを I_{T}，および部位内に吸収（A）されるエネルギーを I_{A} とすると，

$$I_{\mathrm{I}} = I_{\mathrm{R}} + I_{\mathrm{T}} + I_{\mathrm{A}}$$

となる．

ここで，吸音とは，12.1 節で述べた通り，入射音がどれだけ反射してこないかを表す概念であり，下式で表される**吸音率** α が指標として用いられる．

$$\alpha = \frac{I_{\mathrm{I}} - I_{\mathrm{R}}}{I_{\mathrm{I}}} = \frac{I_{\mathrm{T}} + I_{\mathrm{A}}}{I_{\mathrm{I}}}$$

通常は，どのような材料，構法の部位でも吸音性に周波数依存性があるので，吸音率は周波数ごとに求め表示するのが一般的である．

(4) 遮音性能の表示法

遮音とは，12.1 節で述べた通り入射音がどれだけ透過しないかを表す概念であり，遮音性の指標としては，次式で表される**透過率** τ の逆数をレベル表示した**透過損失** TL（dB）が用いられる．

$$\tau = \frac{I_T}{I_I}$$

$$TL = 10 \log \frac{1}{\tau} = 10 \log \frac{I_I}{I_T}$$

遮音性も，通常は周波数依存性があるので，透過損失を周波数ごとに求め表示するのが一般的である．

(5) 床衝撃音遮断性能の表示法

現在，JIS A 1418 には，**軽量床衝撃音**と**重量床衝撃音**の 2 つの測定法が規定されている．前者は，ハイヒールでの歩行やスプーンの落下，掃除機や椅子の引きずりなどによる床衝撃音を対象としたもので，測定用衝撃源として，500 g の鋼製ハンマーを 40 mm の高さから落下させるタッピングマシンが規定されている．一方，後者は，子供の飛び跳ねなどによる床衝撃音を対象としたもので，住宅内で素足で（靴を脱いで）生活する我が国特有の規定である．測定用衝撃源としては，7.3 kg のゴムタイヤを 85 cm の高さから自由落下させる方法（通常バングマシンと呼ばれる装置を用いる）などが規定されている．写真 12.2 に，バングマシンによる測定状況を示す．

これらの衝撃源で上階の加振室の床を加撃した際に，下階の受音室で測定される音圧レベルに基づいて，上階と下階の間の床や天井を合わせた総合的な床衝撃音遮断性が評価される．床衝撃音遮断性も，通常は周波数依存性があるので，受音室の音圧レベルは周波数ごとに求め表示するのが一般的である．

写真 12.2　バングマシンによる測定状況

12.3　音の伝搬の特徴

音は，反射音などの影響がない条件下では，一般に，音源から遠ざかるに従って小さくなる．このように，波動のエネルギーが小さくなる現象を**減衰**といい，音源から遠ざかることによる減衰を**距離減衰**という．

音の距離減衰には，通常 2 つの要因が関与している．1 つは，音の伝搬方向の空間的な広がりにより単位断面を通過するエネルギーが小さくなることによる減衰で，**幾何減衰**という．もう 1 つは，音が伝搬してゆく過程で，波動のエネルギーが媒介物の摩擦などにより熱エネルギーなどに置き換わることによる減衰で，**内部減衰**という．内部減衰については，下式が成立する．

$$I = I_{\mathrm{s}} \exp(-2\alpha x)$$

I：音源から距離 x 離れた地点での音のエネルギー

I_{s}：音源での音のエネルギー

α：吸収係数

α は，音の周波数の 2 乗に比例する．このことは，周波数の小さい，すなわち低い音のほうが減衰が小さい，つまり遠くまで伝搬することを意味する．

また，α は音が伝搬する媒介物の密度に逆比例する．このことは，密度の小さい空気より密度の大きい水などの液体の中，さらには液体より固体の中のほうが，音は遠くまで伝搬することを意味する．

一般に，空気中を伝搬する音を**空気伝搬音**，地盤や各種建築部位，部材などの固体内を伝搬する音を**固体伝搬音**という．床衝撃音も固体伝搬音の代表例の 1 つであるが，水平距離で数百メートル離れた場所にある道路の地下を走行する地下鉄の走行音が地盤を介して建築物に伝搬し，柱や居室の壁を振動させ，この壁の振動の影響で空気の振動が発生し（この現象を**音響放射**という），騒音となって認知された例など，固体伝搬音に関しては解決の困難な問題が多数報告されている．

12.4　吸音材料の種類と特徴

吸音材料は，その吸音のメカニズムから，多孔質材料および繊維質材料，板状材料，孔あき板材料に分類できる．以下に，それぞれの種類と特徴を記す．

(1)　多孔質材料および繊維質材料

多孔質材料および**繊維質材料**としては，**グラスウール**，**ロックウール**，**軟質繊維板**などがよく用いられる．このほか，床材のカーペットやカーテンなども，同様のメカニズムによる吸音性を有している．多孔質材料および繊維質材料は，音が入射してくる表面の微視的形状をできるだけ粗面にすることにより吸音するものである．そのメカニズムの概要を，図 12.2(a) に示す．表面が平滑な場合，入射してきた音は直ちに反射してゆくが，粗面の場合，図に示すように，入射してきた音は反射するまでに長い距離を伝搬しなければならない．この間の

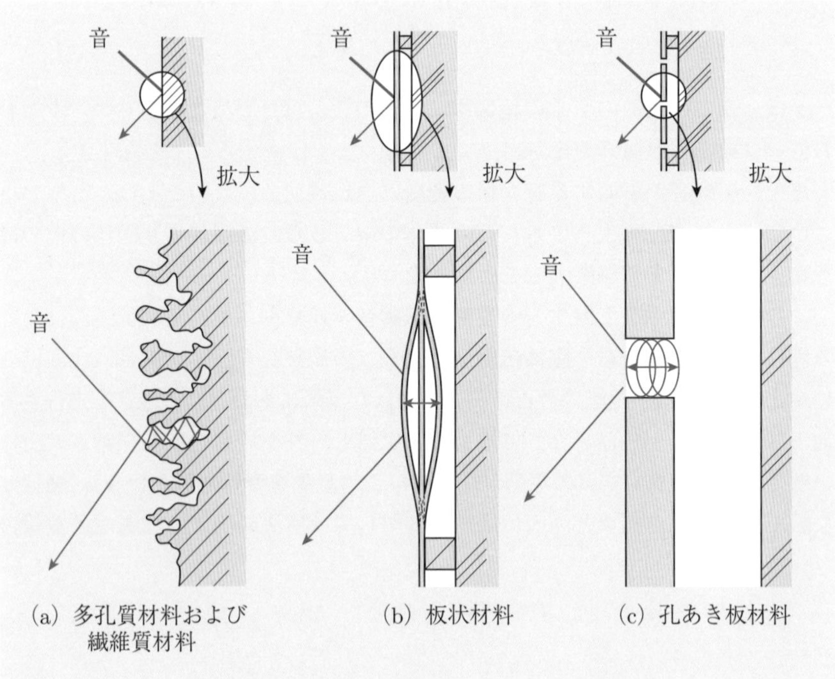

図 12.2　吸音材料の吸音メカニズムの概要

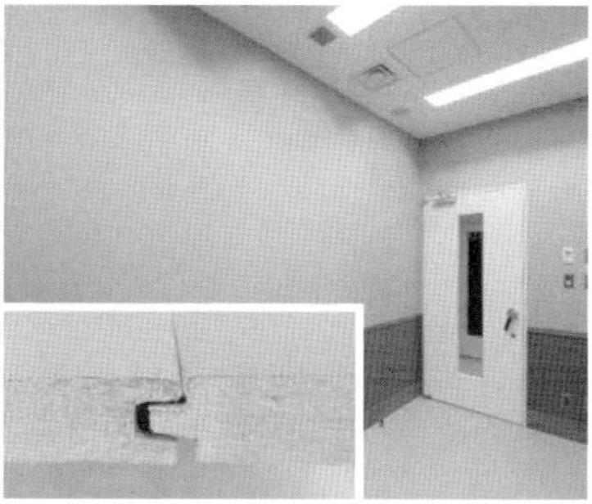

写真 12.3　グラスウール化粧吸音材とその使用例
（写真提供：日本環境アメニティ）

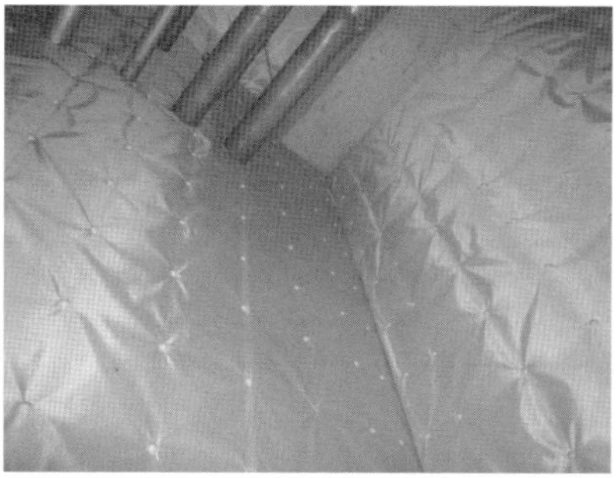

写真 12.4　グラスウール吸音材（表面にガラスクロスやアルミグラスクロス貼り）を使用した空調機械室
（写真提供：日本音響材料協会）

写真 12.5　グラスウール吸音材を使用した無響室
（写真提供：日本音響材料協会）

写真 12.6　ロックウール吸音材の施工例
（写真提供：日本音響材料協会）

写真 12.7　ロックウール化粧吸音材とその使用例
（写真提供：日本音響材料協会）

内部減衰や，入射音により励起される吸音材料内部の空気振動と音の波動との衝突による粘性摩擦などの影響で，反射音は大きく減衰する．したがって，多孔質材料および繊維質材料では，内部減衰や粘性摩擦などの影響が大きい高周波数の音（高い音）のほうが，吸音率は大きい．写真 12.3～写真 12.7 に，多孔質材料もしくは繊維質材料からなる吸音材とその使用例を示す．

(2)　板状材料

板状材料は，薄い板状（あるいは膜状）材料を背後に空気層が存在するよう適当な間隔で支持したものである．板状材料の吸音メカニズムの概要を，図 12.2(b) に示す．図に示すように，板上材料の表面に音が入射すると，音による空気の圧力の影響で板状材料の振動が励起される．すなわち，音のエネルギーが板状材料の振動エネルギーに変換される．板状材料の振動は曲げ振動のため，支持部での摩擦などの影響で熱エネルギーなどに変換されやすく大きく減衰する．このため，板状材料からの音響放射は小さく，結果として反射音は小さくなる．板状材料の吸音率は，そのメカニズム上，板状材料の固有振動数に近い周波数の音ほど大きくなる．一般に，板状材料の固有振動数は 300 Hz 以下で低周波数の音の領域にあることから，板状材料は低い音の吸音に適している．

(3)　孔あき板材料

孔あき板材料は，一定の間隔で孔やスリットをあけた板状材料を，背後に空気層が存在するよう適当な間隔で支持したものである．板状材料には，石こうボードや硬質繊維板，合板などが用いられる．孔あき板材料の吸音メカニズムの概要を，図 12.2(c) に示す．孔あき板材料では，孔やスリットの部分の空気の質量が背後の空気バネにより支持された振動系が構成されており，ここに音が入射すると，この振動系の共鳴により音のエネルギーが振動系の振動エネルギーに変換され，さらに空気の摩擦により熱エネルギーなどに変換されるため，結果として反射音は小さくなる．孔あき板材料の吸音率は，そのメカニズム上，孔やスリットと背後の空気層により構成された振動系の固有振動数に近い周波数の音ほど大きくなる．すなわち，孔やスリットの大きさ，形状や空気層の厚さにより変化する．写真 12.8，写真 12.9 に，孔あき板材料からなる吸音材とその使用例を示す．

写真 12.8　天井用吸音石こうボード
（写真提供：チヨダウーテ）

写真 12.9　孔あき板材料の使用例
（写真提供：日本音響材料協会）

参考　様々な吸音材料

以上に述べたように，吸音材料の吸音率にはそのメカニズムに応じた周波数特性がある．このため，実際には，幅広い周波数の音に対して大きな吸音率が得られるよう，図 12.2(a)〜(c) の 3 種のうち複数のメカニズムを組み合わせた吸音材料も多用されている．□

12.5　遮音の方法および遮音材料の種類と特徴

(1)　遮音の方法

建築部位の遮音性を確保する方法には，大きく分けて，部位の質量を大きくする方法と，部位を二重構造にして入射側と透過側の間で音が伝搬しにくいよう縁を切る方法の 2 種がある．

前者は，最も基本的かつ効果的な方法である．部位の遮音性は，その部位の固有振動数近傍の周波数の音の透過損失が著しく低下する**コインシデンス効果**を除けば，ほぼその部位の質量に比例して大きくなることが知られている．しかし，部位の質量を増すことは，構造体への負荷増に直接つながるため，構造設計上敬遠されがちである．

一方，後者は，構造体への負荷をそれほど大きくせずに遮音性を確保することが可能な方法である．部位内の固体伝搬経路をなくすため，入射側と透過側の構造はできるだけ独立させることが望ましい．また，両側の板状材料の間隔は 10 cm 以上とするのが望ましいが，場合によっては中間に設けた空気層が共振する**太鼓現象**が発生し，その影響で，低周波音の遮音性が一重構造の部位以下となることがあるので，注意を要する．なお，両側の構造の間に多孔質あるいは繊維質の吸音材料を施すことにより，幅広い周波数にわたりより大きな遮音性を得ることが期待できる．

(2)　床衝撃音の遮断方法

床衝撃音を低減する方法には，大きく分けて，床表面に緩衝効果のあるやわらかい仕上材を施す方法，床の質量を大きくする方法，および天井なども含めて上階側と下階側で縁の切れた二重構造とする方法の 3 種がある．

やわらかい仕上材を施す方法としては，カーペットや畳などの使用が効果的である．近年では，表面に非常に薄く剛性の低いフローリングを用い，その裏面にやわらかいゴムを施して緩衝性を高めた**遮音フローリング**なども多く出回っている．ただし，やわらかい仕上材を施す方法は，軽量床衝撃音に対しては効果があるが，重量床衝撃音にはほとんど効果がないことに注意が必要である．

床の質量を大きくする方法は，軽量および重量床衝撃音のどちらにも効果的な方法である．床の質量増は，当然のことながら構造設計上歓迎されることではない．しかし，近年では，良好な音環境の確保が社会的な要求となっており，例えばRC造のスラブの設計にあたっても，床衝撃音遮断性の観点からスラブ厚が決まっている場合が多いのが実状である．写真12.10に，床の質量を大きくする方法の1つとして用いられる鉛シートの例を示す．

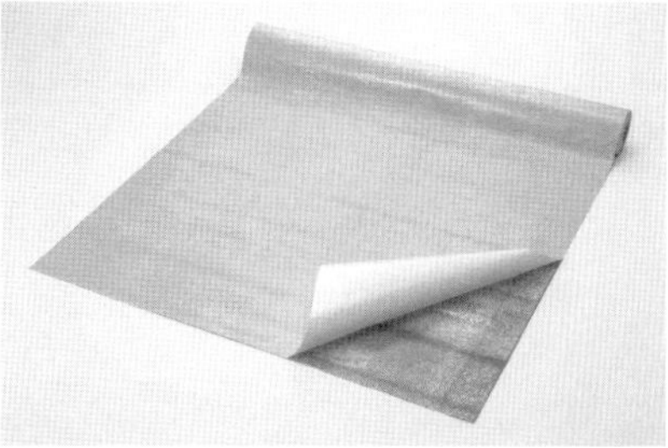

写真 12.10　鉛シート（写真提供：日本音響材料協会）

二重構造とする方法も，軽量および重量床衝撃音のどちらにも効果的な方法である．具体例としては，コンクリートスラブ内にやわらかい緩衝材からなる層を設けた**浮き床**構造や，床の下に床とは独立した（壁から支持された）天井を設ける方法などが挙げられる．乾式二重床や吊り天井は，縁の切れた二重構造とはなっていない．また，中間に空気層を設けた場合，空気層の共振の影響で床衝撃音に多く含まれる低周波音が増幅する太鼓現象が発生し，床衝撃音遮断性能がかえって低下することもあるので，十分な注意が必要である．

建築物の性能測定（3）：歩行時の床衝撃音

床衝撃音遮断性を測定するための衝撃源は，JISに軽量床衝撃源と重量床衝撃源とが規定されているが，これらとは別に，戸建住宅や事務所ビルなどで苦情の対象となることが多い**歩行時の床衝撃音**を再現するための衝撃源も開発されている．写真12.11に，この衝撃源を用いた実建築物における床衝撃音の測定状況を示す．この衝撃源は，人間の歩行のように2つの落下体を交互に落下させるもので，落下体の重量や落下速度，および衝突部分のやわらかさなどが，歩行者の人体や動作の特性に近似させてある．

写真 12.11　歩行時の床衝撃音の測定状況

12章の問題

□**1**　次の各記述がそれぞれ正しければ○，誤りならば×を付けよ．

① 吸音とは，建築部位に入射した音がどれだけ反射してこないかを表す概念である．また，遮音とは，入射した音がどれだけ透過しないかを表す概念である．

② 床にカーペットなどのやわらかい仕上材を施すことにより，軽量床衝撃音遮断性能，重量床衝撃音遮断性能ともに向上する．

③ 音のエネルギー I が 2 倍になると，音の強さを表す音圧レベル IL は約 6 dB 大きくなる．

④ 一般に，界壁の重量を大きくすることは，隣室への遮音性を高める上で有効である．

⑤ 人間は約 20～20000 Hz の範囲の音を聞くことができるが，敏感さは周波数により異なる．一般に，31.5 Hz や 63 Hz などの低音に対するほうが，高音より敏感である．

⑥ 吸音材料の吸音性には，周波数依存性がある．吸音材料の一種である繊維質材料の吸音率は，一般に低音域のほうが高い．

⑦ 音は，一般に，高音より低音のほうが遠方まで減衰せずに伝搬する．また，空気伝搬音より固体伝搬音のほうが，遠方まで伝搬する．

□**2**　以下に示す遮音材料について次の問に答えよ．

(1) 音のエネルギーが $I = 0.01\,\mathrm{W/m^2}$ のとき，その音の強さのレベル IL を求めよ．

(2) 図 12.3 に示す縦 2 m × 横 5 m の壁の総合透過損失 $-TL$ を求めよ．ただし，

$$-TL = 10\log\frac{\sum S_i}{\sum S_i\tau_i}$$

により求められる．ここで S_i は，各材料の表面積を表す．

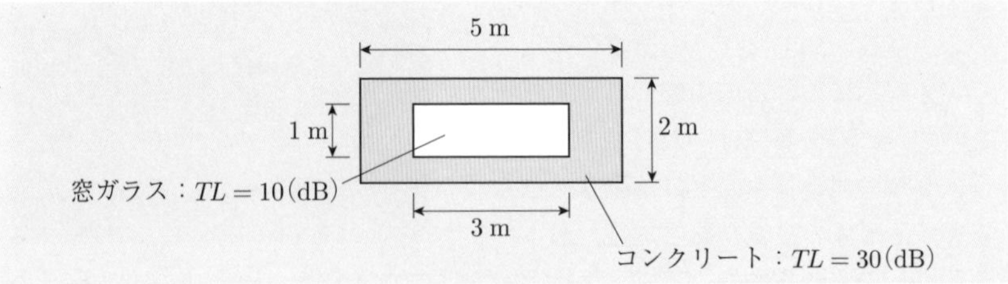

図 12.3

問題略解

第1章

□1

① ○

② ○

③ ×：上階と下階の空間を分割して環境因子を遮断，制御する，火災時に下階からの火，熱，煙を遮断する，地震時に建築物の平面形状の変形を防ぐ機能も要求される．

④ ×：遮断，制御が優先される環境因子は，室の用途ごとに異なる．

⑤ ×：開口部には，例えば換気口など，人間や物品の出入りを可能とする機能が要求されないものも含まれる．

⑥ ○

⑦ ○

⑧ ×：新築時および補修･改修時だけでなく，解体時も考慮する必要がある．

⑨ ×：高い ⇒ 高くない

⑩ ○

□2

(1)　「1.2 節 (1) 構造的安全性」を参照．

(2)　「1.2 節 (2) 日常の安全性・快適性」を参照．

第2章

□1

① ○
② ×：粘土 ⇒ セメント
③ ×：浅い ⇒ 深い
④ ○
⑤ ×：天然材ではなく，セメントおよびケイ酸材料を主原料とした人工物のこと.
⑥ ○
⑦ ○
⑧ ○
⑨ ○
⑩ ×：メンブレン防水材を保護する目的で上部に保護層を設ける場合がある.

□2

(1) 「2.1.2 項 屋根の構成」を参照.
(2) 「ワンポイント建材解説 瓦 (1) 瓦（粘土瓦）の製法」を参照.

第3章

□1

① ○
② ×：木ずり下地 ⇒ こまい（小舞）下地
③ ×：陶器 ⇒ 磁器
④ ○
⑤ ○
⑥ ×：構造耐力を負担しない非耐力壁に分類される.
⑦ ○
⑧ ○

⑨ ×：優れる ⇒ 劣る

⑩ ×：吸水性が小さい ⇒ 吸水性が大きい

□2

(1) 「3.1.2 項 (3) 鋼構造の外壁の構成」を参照.

(2) 「3.2 節 外壁仕上げの種類と材料」を参照.

第4章

□1

① ○

② ○

③ ○

④ ○

⑤ ×：厚すぎるとひび割れなどの不具合が発生する危険性が高くなる.

⑥ ○

⑦ ×：バーナー仕上げは，花崗岩特有の表面仕上げ方法である.

⑧ ○

⑨ ×：ループパイルカーペットのほうが耐久性に富み，歩行量が多い床に多く用いられる.

⑩ ×：畳表 ⇒ 畳床

□2

(1)

特性	特徴
機械的特性	耐荷重性，耐摩耗性，耐衝撃性など，一般に塗り仕上げのほうが優れている.
化学的特性	塗り仕上げの場合，種々の化学物質に対する抵抗性を付与することができる.
一体性	塗り仕上げの場合，継ぎ目のない仕上げ面を得ることができる.

特性	特徴
意匠性	一般に張り仕上げのほうが優れている.
施工性	一般に，塗り仕上げのほうが工期が長く，より専門的な技術を必要とする.
改修の容易性	一般に張り仕上げのほうが優れている.
施工環境の影響	塗り仕上げ，張り仕上げともに影響するが，特に塗り仕上げのほうが大きい.
床下地の影響	塗り仕上げ，張り仕上げともに影響するが，特に塗り仕上げのほうが大きい.

(2) 「ワンポイント建材解説 床仕上げ用木材および木質建材 (1) 床仕上げ用木材および木質材料 (a) フローリング」を参照.

第5章

□1

① ○

② ×：直天井 ⇒ 化粧屋根裏

③ ○

④ ×：10 g/m^2 以上 ⇒20 g/m^2 以上

⑤ ×：優れる ⇒ 劣る

⑥ ○

⑦ ×：50％⇒90％

⑧ ○

⑨ ×：水硬性 ⇒ 気硬性

⑩ ○

□2

- 「ワンポイント建材解説 内装の張り仕上げ用材料 (1) 内壁や天井の壁紙 (a) プラスチック系」を参照.

第6章

□1

① ○
② ○
③ ○
④ ○
⑤ ×：ブリキ板 ⇔ トタン板
⑥ ○
⑦ ×：ニッケル ⇔ クロム
⑧ ×：引張応力層 ⇔ 圧縮応力層
⑨ ×：メタクリル樹脂板 ⇒ ポリカーボネート板
⑩ ×：SSG 構法 ⇔DPG 構法

□2

(1) 「6.2.2 項 (2) ガラスの種類」を参照.
(2) 「ワンポイント建材解説 ガラス (1)Low-E 複層ガラス」を参照.
(3) 「ワンポイント建材解説 ガラス (5) 防火戸・防火設備」を参照.

第7章

□1

① ×：吹付け塗り ⇔ ローラー塗り
② ○
③ ×：劣る ⇒ 優れる
④ ○
⑤ ○
⑥ ○
⑦ ○
⑧ ×：遅い ⇒ 早い

⑨ ×：乾燥と紫外線には弱い.

⑩ ×：明るい ⇒ 暗い

□**2**

(1) 「ワンポイント建材解説 塗料 (1) 塗料の構成」を参照.

(2) 「表 7.1 美装・保護の対象となる主な下地の種類と特徴」を参照.

第8章

□**1**

① ○

② ×：大きい ⇒ 小さい

③ ×：弱い ⇒ 強い

④ ○

⑤ ○

⑥ ○

⑦ ×：濃度 ⇒ 放散速度

⑧ ×：ムーブメントに対する追従性 ⇒ 水密性・気密性

⑨ ○

⑩ ○

□**2**

(1) 「8.2.3 項 建築に使用される接着剤の種類と特徴」を参照.

(2) 「8.2.5 項 接着の長所および短所」を参照.

(3) 「ワンポイント材料解説 高分子材料」を参照.

第9章

□**1**

① ×：透湿防水シート ⇔ アスファルトフェルト

② ×：内防水 ⇒ 外防水

③ ○

④ ○

⑤ ○

⑥ ○

⑦ ○

⑧ ○

⑨ ×：接着剤 ⇒ シーム溶接

⑩ ×：湿潤状態での施工が可能.

□2

(1) 「9.1 節 防水の目的と要求される性能」を参照.

(2) 「9.2.1 項 建築で防水が必要とされる部位」を参照.

第10章

□1

① ○

② ×：ガソリンと灯油の発火点はほぼ同じであるが，ガソリンの引火点は約 −40 °C で，灯油の引火点は約 50 °C である.

③ ○

④ ○

⑤ ○

⑥ ○

⑦ ×：巻付け工法 ⇔ 半湿式吹付け工法

□2

(1) 「10.2 節 (1) 燃焼の原理」を参照.

(2) 「コラム 火災」を参照.

第11章

□1

① ×：熱伝導率が大きいほど熱が伝わりやすい，すなわち断熱性が低いことを意味する．

② ○

③ ○

④ ○

⑤ ×：木造建築物の外断熱構法は，躯体の耐久性確保を主な目的とした構法であり，省エネルギー効果はあまり期待できない．

⑥ ×：大きくなる ⇒ 小さくなる

□2

(1) $R = \frac{1}{a_0} + \sum \frac{d_i}{\lambda_i} + \frac{1}{a_i}$ の式より

$$R = \frac{1}{23} + \frac{0.020}{1.30} + \frac{0.150}{1.6} + \frac{0.025}{0.046} + \frac{0.010}{0.16} + \frac{1}{8}$$
$$= 0.884\ (\mathrm{m^2{\cdot}K/W})$$

(2) $Q = K(\theta_{\mathrm{o}} - \theta_{\mathrm{i}})At$ より

$$Q = (1/R) \cdot (\theta_{\mathrm{o}} - \theta_{\mathrm{i}})At$$
$$= (1/0.884) \times (36.0 \times 26.0) \times 20 \times 3600$$
$$= 814464\ (\mathrm{J})$$
$$\fallingdotseq 814\ (\mathrm{kJ})$$

(3) 境界面温度 $\theta_n = \theta_{n-1} - \dfrac{r_n}{R} \times (\theta_{\mathrm{o}} - \theta_{\mathrm{i}})$ により求められる．

① 外表面（外気とタイル）境界層温度

$$\theta_{\mathrm{so}} = \theta_{\mathrm{o}} - \frac{r_n}{R} \times (\theta_{\mathrm{o}} - \theta_{\mathrm{i}})$$
$$= 36.0 - \frac{1/23}{0.884} \times (36.0 - 26.0)$$
$$= 35.5\ (^{\circ}\mathrm{C})$$

② タイルとコンクリートの境界層温度

$$\begin{aligned}\theta_1 &= \theta_{\mathrm{so}} - \frac{r_1}{R} \times (\theta_{\mathrm{o}} - \theta_{\mathrm{i}})\\ &= 35.5 - \frac{0.020/1.30}{0.884} \times (36.0 - 26.0)\\ &= 35.3\ (^\circ\mathrm{C})\end{aligned}$$

③ コンクリートとグラスウール保温版の温度境界層

$$\begin{aligned}\theta_2 &= \theta_1 - \frac{r_2}{R} \times (\theta_{\mathrm{o}} - \theta_{\mathrm{i}})\\ &= 35.3 - \frac{0.150/1.6}{0.884} \times (36.0 - 26.0)\\ &= 34.2\ (^\circ\mathrm{C})\end{aligned}$$

④ グラスウール保温版と合板との境界層温度

$$\begin{aligned}\theta_3 &= \theta_2 - \frac{r_3}{R} \times (\theta_{\mathrm{o}} - \theta_{\mathrm{i}})\\ &= 34.2 - \frac{0.025/0.046}{0.884} \times (36.0 - 26.0)\\ &= 28.1\ (^\circ\mathrm{C})\end{aligned}$$

⑤ 内表面（合板と室内の）境界層温度

$$\begin{aligned}\theta_{\mathrm{si}} &= \theta_{\mathrm{i}} + \frac{r_{\mathrm{i}}}{R} \times (\theta_{\mathrm{o}} - \theta_{\mathrm{i}})\\ &= 26.0 - \frac{1/8}{0.884} \times (36.0 - 26.0)\\ &= 27.4\ (^\circ\mathrm{C})\end{aligned}$$

もしくは

$$\begin{aligned}\theta_{\mathrm{si}} &= \theta_3 + \frac{r_4}{R} \times (\theta_{\mathrm{o}} - \theta_{\mathrm{i}})\\ &= 28.1 - \frac{0.01/0.16}{0.884} \times (36.0 - 26.0)\\ &= 27.4\ (^\circ\mathrm{C})\end{aligned}$$

第12章

□1

① ○

② ×：床にやわらかい仕上材を施す方法は，一般に重量床衝撃音遮断性能の向上にはほとんど効果がない．

③ ×：6 dB⇒3 dB

④ ○

⑤ ×：高音に対するほうが敏感である．

⑥ ×：高音域のほうが吸音率が高い．

⑦ ○

□2

(1)
$$
\begin{aligned}
IL &= 10\log_{10}(I/I_{\mathrm{o}}) \\
&= 10\log_{10}(0.01/10^{-12}) \\
&= 10\log_{10}(10^{10}) \\
&= 100\ (\mathrm{dB})
\end{aligned}
$$

(2) $TL = 10\log_{10}\dfrac{1}{\tau}$ より

窓ガラスの透過率　$\tau = 0.1$

コンクリートの透過率　$\tau = 0.001$

これにより

$$
\begin{aligned}
\overline{TL} &= 10\log_{10}\frac{5\times 2}{(3\times 1)\times 0.1 + (5\times 2 - 3\times 1)\times 0.001} \\
&= 15.1\ (\mathrm{dB})
\end{aligned}
$$

参 考 文 献

［1］ 日本建築学会編：構造用教材，丸善，2014.

［2］ 日本建築学会編：建築材料用教材，丸善，2013.

［3］ 日本建築学会編：建築工事標準仕様書・同解説 JASS12 屋根工事，丸善，2020.

［4］ 日本建築学会編：建築工事標準仕様書・同解説 JASS9 張り石工事，丸善，2009.

［5］ 日本建築学会編：建築工事標準仕様書・同解説 JASS14 カーテンウォール工事，丸善，2012.

［6］ 日本建築学会編：建築工事標準仕様書・同解説 JASS18 塗装工事，丸善，2013.

［7］ 日本建築学会編：建築工事標準仕様書・同解説 JASS21 ALC パネル工事，丸善，2018.

［8］ 日本建築学会編：建築工事標準仕様書・同解説 JASS23 吹付け工事，丸善，2006.

［9］ 日本建築学会編：建築工事標準仕様書・同解説 JASS26 内装工事，丸善，2006.

［10］ 日本建築学会編：建築工事標準仕様書・同解説 JASS27 乾式外壁工事，丸善，2011.

［11］ 日本建築学会編：建築工事標準仕様書・同解説 JASS17 ガラス工事，丸善，2003.

［12］ 日本建築学会編：建築工事標準仕様書・同解説 JASS8 防水工事，丸善，2014.

［13］ 日本建築学会編：建築工事標準仕様書・同解説 JASS19 陶磁器質タイル張り工事，丸善，2012.

［14］ JIS A 5404　木質系セメント板，日本規格協会，2019.

［15］ JIS A 5411　テラゾ，日本規格協会，2004.

［16］ JIS A 5414　パルプセメント板，日本規格協会，2013.

［17］ JIS A 5416　軽量気泡コンクリートパネル（ALC パネル），日本規格協会，2016.

［18］ JIS A 5422　窯業系サイディング，日本規格協会，2019.

［19］ JIS A 5430　繊維強化セメント板，日本規格協会，2018.

［20］ JIS A 5441　押出成形セメント板（ECP），日本規格協会，2003.

［21］ JIS A 5451　ロックウールシージング板，日本規格協会，1995.

［22］ JIS A 5703　内装用プラスチック化粧ボード類，日本規格協会，1994.

［23］ JIS A 6301　吸音材料，日本規格協会，2020.

[24] JIS A 6711 複合金属サイディング，日本規格協会，2004.
[25] JIS A 6901 せっこうボード製品，日本規格協会，2014.
[26] JIS A 6902 左官用消石灰，日本規格協会，1995.
[27] JIS A 6903 ドロマイトプラスター，日本規格協会，1995.
[28] JIS A 6904 せっこうプラスター，日本規格協会，1997.
[29] JIS A 6909 建築用仕上塗材，日本規格協会，2014.
[30] JIS A 6921 壁紙，日本規格協会，2014.
[31] JIS A 1454 高分子系張り床材試験方法，日本規格協会，2016.
[32] 坪井利弘：桟瓦屋根のデザイン，理工学社，1982.
[33] 彰国社編：建築大辞典 第2版，彰国社，1993.
[34] 嶋津孝之，福原安洋，在永末徳，松尾彰，中山昭夫，蓼原真一：建築材料 第3版，森北出版，2001.
[35] 林業試験場編：木材工業ハンドブック，丸善，1958.
[36] 建築材料設計研究会編：性能からみた建築材料設計用教材，彰国社，1996.
[37] 全国タイル業協会編：新版 タイル手帖，全国タイル業協会，2014.
[38] 資産評価システム研究センター編：家屋評価用語集 第2巻，資産評価システム研究センター，1989.
[39] 日本建築学会編：構法計画パンフレット 2 システム天井，彰国社，1981.
[40] 関西ペイント編：建築塗装ガイドブック 改訂版，関西ペイント，2010.
[41] C. J. Hilado：Flammability Handbook for Plastics, Technomic Pub., 1998.
[42] 若山滋，TEM 研究所：世界の建築術—人はいかに建築してきたか，彰国社，1986.
[43] 田村恭編著：建築材料要説，産業図書，1980.
[44] 日本建築学会編：建築材料実験用材料，丸善，2000.
[45] 高木恒雄：図説 建築の内装工事，理工学社，1983.
[46] 彰国社編：デザイナーのための内外装材チェックリスト 2005 年度版，彰国社，2005.
[47] NNK 日本塗り床工業会編著：塗り床ハンドブック，工文社，2020.
[48] 岡田克也，多葉井宏，金子裕一，持田哲雄：構造形式とスラブ構工法の選択，建築技術，No.615，2001 年 5 月号，pp.106・113.
[49] 建築材料実用マニュアル編集委員会編：建築材料実用マニュアル，産業調査会出版センター，1991.
[50] 軍司敏博，平井郁子：インテリア繊維製品．建帛社，1997.
[51] 今後の日本の窓のあり方について 平成 15 年度窓標準化部会報告書，（社）日本建材産業協会，2004.

[52] 日本建築学会編：ガラスの建築学，学芸出版社，2004.

[53] 十代田三郎，中善寺喜次，田村恭，松嶋重雄：建築構法一般，産業図書，1964.

[54] ガラス建築の設計手法，建築技術，No.653，2004 年 6 月号.

[55] 建築用シーリング材ハンドブック編集委員会編：建築用シーリング材ハンドブック 2017，日本シーリング材工業会，2017.

[56] 旭化成アミダス株式会社,「プラスチックス」編集部共編：プラスチック・データブック，工業調査会，1999.

[57] 永田宏二：接着のおはなし 改訂版，日本規格協会，1997.

[58] 日本材料科学会編：接着と材料，裳華房，1996.

[59] 日本建築学会編：建築材料用ビデオ教材「建築用接着剤」，1996.

[60] 竹内茂彌，北野博巳：ひろがる高分子の世界，裳華房，2000.

[61] エンカルタ総合大百科 2002，マイクロソフト社.

[62] 日本塗料工業会編：家庭用塗料入門，2020.

[63] 建設省告示第 1400 号（最終改正　国土交通省告示第 1178 号）.

[64] 日本塗料工業会：塗料の機能性，2018.

[65] 古賀純子，根本かおり，濱崎仁，鹿毛忠継，本橋健司，大久保孝昭，田中享二，独立行政法人建築研究所：建築物の長期使用に対応した外装・防水の品質確保ならびに維持保全手法の開発に関する研究（https://www.kenken.go.jp/japanese/contents/publications/data/145/index.html）.

索　引

あ　行

か　行

さ 行

た　行

な行

は　行

ま　行

や　行

ら　行

わ　行

英数字

著者略歴

横山《よこやま》　裕《ゆたか》

1988 年　東京工業大学 大学院理工学研究科 建築学専攻 博士課程修了
現　在　東京工業大学 環境・社会理工学院 建築学系・教授
工学博士

三上《みかみ》　貴正《たかまさ》

1985 年　東京工業大学 大学院理工学研究科 建築学専攻 博士課程修了
現　在　東京工業大学 環境・社会理工学院 建築学系・准教授
工学博士

髙橋《たかはし》　宏樹《ひろき》

1989 年　順天堂大学 大学院体育学研究科 保健体育学専攻 修士課程修了
現　在　ものつくり大学 技能工芸学部 建設学科・教授
博士（工学）

宮内《みやうち》　博之《ひろゆき》

1998 年　東京工業大学 大学院総合理工学研究科 環境物理工学専攻 修士課程修了
現　在　国立研究開発法人建築研究所 材料研究グループ・主任研究員
博士（工学）

古賀《こが》　純子《じゅんこ》

1999 年　東京工業大学 大学院理工学研究科 建築学専攻 博士課程修了
現　在　芝浦工業大学 建築学部 建築学科・教授
博士（工学）

横井《よこい》　健《たけし》

2005 年　東京工業大学 大学院理工学研究科 建築学専攻 博士課程修了
現　在　東海大学 工学部 建築学科・准教授
博士（工学）

石原《いしはら》　沙織《さおり》

2011 年　東京工業大学 大学院総合理工学研究科 環境理工学創造専攻 博士課程修了
現　在　千葉工業大学 創造工学部 建築学科・准教授
博士（工学）

建築工学＝EKA-2

新・建築材料 II 〈第２版〉

［部位構成材料・機能材料編］

2005年 4 月 10 日©	初版発行
2019年 3 月 10 日	初版第10刷発行
2021年 4 月 10 日©	第２版発行

著者　横山　裕
　　　三上貴正
　　　髙橋宏樹
　　　宮内博之
　　　古賀純子
　　　横井　健
　　　石原沙織

発行者　矢沢和俊
印刷者　小宮山恒敏

【発行】　株式会社　数理工学社
〒151–0051　東京都渋谷区千駄ヶ谷１丁目３番25号
編集☎（03）5474–8661（代）　サイエンスビル

【発売】　株式会社　サイエンス社
〒151–0051　東京都渋谷区千駄ヶ谷１丁目３番25号
営業☎（03）5474–8500（代）　振替 00170–7–2387
FAX☎（03）5474–8900

印刷・製本　小宮山印刷工業（株）

≪検印省略≫

サイエンス社・数理工学社の
ホームページのご案内
https://www.saiensu.co.jp
ご意見・ご要望は
suuri@saiensu.co.jp

ISBN978–4–86481–072–2

PRINTED IN JAPAN